ÉTUDES

L'HISTOIRE DU DROIT CRIMINEL

DES PEUPLES ANCIENS.

Bruxelles.— Typ. Bruylant-Christophe et Cⁱᵉ, rue Blaes, 33.

ÉTUDES

SUR L'HISTOIRE

DU DROIT CRIMINEL

DES PEUPLES ANCIENS

(INDE BRAHMANIQUE, ÉGYPTE, JUDÉE),

PAR

J.-J. Thonissen,

PROFESSEUR A L'UNIVERSITÉ CATHOLIQUE DE LOUVAIN,
MEMBRE DE L'ACADÉMIE ROYALE DE BELGIQUE.

TOME II.

BRUXELLES,	PARIS,
BRUYLANT-CHRISTOPHE & COMP.,	A. DURAND & PEDONE LAURIEL
33, RUE BLAES.	9, RUE CUJAS.

1869

LIVRE TROISIÈME.

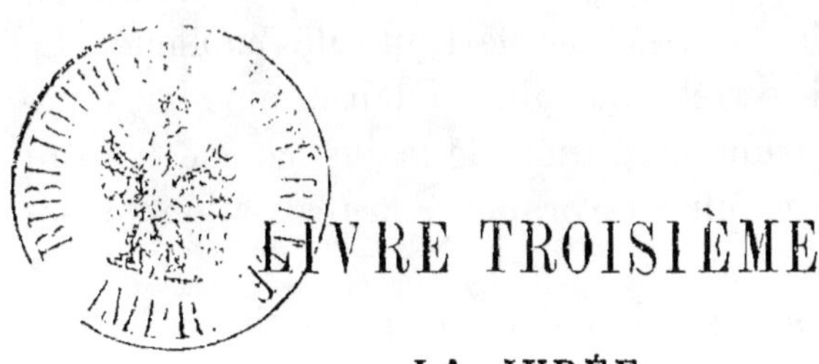

LA JUDÉE.

(Suite.)

CHAPITRE II.

INSTRUCTION CRIMINELLE.

L'instruction criminelle de l'âge mosaïque se distinguait par son extrême simplicité. Le Pentateuque ne renferme qu'un petit nombre de maximes sur les devoirs des juges et des plaideurs. La plupart des règles que nous allons passer en revue appartiennent aux traditions rabbiniques et furent successivement introduites par la jurisprudence.

Le tribunal siégeait à l'une des portes de la ville (1).

(1) Genèse, XXIII, 10, 18. Deutéronome, XVI, 18; XXI, 19; XXII, 15; XXV, 7; 2 Rois, XIX, 8; 4 Rois, VII, 1. Job, V, 4; XXIX, 7. Ruth, IV, I-11. Proverbes, XXII, 22; XXIV, 7. Psaume, CXXVI, 5. Jérémie, Lamentations, V, 14. Zacharie, VIII, 16. Le grand Sanhédrin siégeait dans l'enceinte du temple. (Voy. ci-dessus, t. Ier, p. 232.)

C'était là que se tenaient les marchés et que les citoyens se réunissaient pour s'entretenir de leurs intérêts religieux et politiques. C'était là encore que se dressaient les contrats qui avaient besoin de l'assistance de témoins ou de la sanction de l'autorité publique. Le législateur des Hébreux, qui voulait la plus large publicité dans l'administration de la justice, ne pouvait choisir un lieu plus favorable à la réalisation de ses vues (1).

Les juges s'assemblaient de grand matin, aussi souvent que l'exigeaient les besoins du service (2). Un règlement, que les talmudistes font remonter à Ezra, leur faisait un devoir de se réunir au moins deux fois par semaine, le lundi et le jeudi (3); mais aucun tribunal ne siégeait les jours de sabbath ou de fête. Le culte de Dieu avait le pas sur la justice des hommes (4).

L'instruction était publique et verbale. Tandis que les Égyptiens redoutaient les séductions et les piéges

(1) C'est aux portes qu'Abraham achète des Héthéens le champ destiné à la sépulture de Sarah. (Genèse, XXIII, 10-18.) Hemor y propose à ses sujets une alliance avec Jacob. (Genèse, XXXIV, 20.) Booz va chercher à la porte de Bethlehem les témoins qui lui sont nécessaires. (Ruth, IV, 1, 2.) C'est aux portes que les rois d'Israël et de Juda écoutaient les faux prophètes. (3 Rois, XXII, 10. 2 Paralipomènes, XVIII, 9.)

(2) Psaume C, 8. Jérémie, XXI, 12. Ecclésiaste, X, 16. Ghémare de Jérusalem, *Sanhédrin*, 19; de Babylone, 88.

(3) Mischnah, *Kethuboth*, I, 1. *Baba qama*, 82, a.

(4) Mischnah, *Bezah*, V, 2; *Sanhédrin*, IV, 1. Les membres du tribunal pouvaient cependant, les jours de sabbath et de fête, se réunir dans l'enceinte du temple, pour s'y livrer à des dissertations scientifiques. Voy. *Sanhédrin*, 88. Josèphe nous a conservé un décret d'Auguste qui dispense les Juifs de l'Asie Mineure de l'obligation de comparaître en justice le jour du sabbath. (*Antiq. jud.*, l. XVI, c. 10.)

de la parole, les Juifs craignaient les charmes du style
et les artifices d'une plume exercée. « Les allégations
« verbales des plaideurs, dit Isaak ben Scheschet, font
« ordinairement |ressortir aux yeux du juge le vrai et
« le faux de l'accusation et de la défense. Au contraire,
« dans une procédure écrite, on parvient souvent à
« cacher le mensonge sous les ornements de la rhéto-
« rique. La chicane s'y donne un libre jeu, et l'on fait
« rédiger la plainte et la défense par autrui, non sui-
« vant la vérité, mais suivant le but intéressé que l'on
« se propose d'atteindre (1). » Repoussant l'usage suivi
en Égypte et adoptant le système pratiqué dans l'Inde
brâhmanique, les Hébreux voulaient que le juge s'effor-
çât de découvrir les secrets de la pensée dans les yeux,
la parole et le geste de ceux qui venaient implorer sa
justice (2).

L'accusateur, qui était souvent l'un des témoins du
crime, sommait son adversaire de comparaître devant

(1) Cit. par Fränkel, *Der gerichtliche Beweis nach mosaische-talmu-
dischen Recht*, p. 93.

(2) La procédure était incontestablement verbale (Exode, XVIII, 15,
16; XXII, 1, 2. Deutéronome, XXV, 1, 7. 3 Rois, III, 16 et suiv. Isaïe,
XXIX, 21`; mais, devant le tribunal des Vingt-trois, deux secrétaires
consignaient sommairement les preuves alléguées en faveur des accusés
et celles qui étaient produites contre eux. Devant le grand Sanhédrin,
on dressait un protocole de la séance. (Voy. ci-dessus, t. Ier, p. 229 et 232.)
Même devant le tribunal des Trois, les parties pouvaient faire dresser,
à leurs frais, un protocole des débats. (Mischnah, *Baba meza*, I, 8; *Baba
bathra*, X, 4.)

On a cru découvrir des traces d'une procédure écrite dans un fragment du livre de Job (XIII, 26; XXXI, 25). On se trompe. Job proclame
son innocence à la face de l'univers, et somme les présents et les absents
de réfuter ses paroles. Il ne s'agit pas là d'un procès criminel.

les juges, et, si l'accusé n'obéissait pas, il y était conduit de force, soit par les schoterim attachés au tribunal, soit par les citoyens qui avaient assisté à la perpétration de l'acte. Dans un pays où « le zèle de la loi »
était l'un des traits distinctifs du caractère national,
les méfaits offrant une gravité réelle ne pouvaient
manquer d'être promptement dénoncés. Tout citoyen
dévoué à la patrie s'empressait de seconder et de faciliter, dans la mesure de ses forces, l'action salutaire de
la justice répressive (1). Pour les délits contre les personnes ou les propriétés qui n'attaquaient pas directement les intérêts généraux, l'attribution des amendes
aux parties lésées était un autre stimulant qui manquait rarement son effet (2).

Les débats étaient essentiellement contradictoires.
Quand les circonstances l'exigeaient, on mettait les
prévenus en état d'arrestation préventive (3) ; mais, le

(1) Quoique la partie lésée eût incontestablement le droit de réclamer
la punition du coupable (Deutéronome, XXII, 15), l'Écriture indique
souvent les témoins comme auteurs de l'accusation. (Nombres, XXXV,
30 ; Deutéronome, XVII, 6. Comp. Exode, XXI, 6, 22 ; XXII, 8, 9.) Il y
avait, en effet, plusieurs crimes qui n'entraînaient pas de lésion individuelle et que chaque citoyen, animé du zèle de la loi, était appelé à poursuivre ; par exemple, la violation du sabbath, l'idolâtrie, l'inceste, la
sodomie, etc. Michaëlis s'est complétement trompé lorsque, par une
fausse interprétation du v. 16 du chap. XIX du Lévitique (lisant *dénonciateur* au lieu de *calomniateur*), il prétend que les dénonciateurs
étaient mal vus de Moïse. (*Mosaisches Recht*, § 290.) Plusieurs fois le
texte biblique donne aux témoins l'ordre de conduire le coupable devant
les juges. (Voy. notamment Exode, XXI, 22 ; XXII, 8, 9.) Le Talmud
parle d'un ajournement fait par les schoterim. (*Baba qama*, 113.)

(2) Voy. ci-après le § 6 du chap. III.

(3) La Bible en donne plusieurs exemples. Voy. Lévitique, XXIV, 12.
Nombres, XV, 32 et suiv. Jérémie, XXVI, 8 et suiv. 2 Maccabées,
XIII, 21.

jour de l'audience, ils étaient conduits au prétoire et placés à la droite de leurs adversaires (1). Tout ce qui se faisait en leur absence était entaché d'une nullité radicale (2).

La coutume voulait que l'accusé, vêtu de noir et la chevelure négligée, gardât constamment une attitude humble et respectueuse (3). Mais il n'en avait pas moins le droit de récuser, avec une liberté entière, tous les magistrats qui pouvaient être légitimement soupçonnés de partialité. Il ne suffisait pas que le juge fût compétent pour statuer sur la cause soumise à son appréciation; il fallait encore et surtout que, dégagé de haines et d'affections, il fût prêt à n'écouter d'autres voix que celles de la justice et de la vérité. Les amis, les ennemis et les proches parents des parties étaient obligés de quitter leurs siéges (4).

Le demandeur lui-même exposait l'accusation et en produisait les preuves (5). Le prévenu, de son côté, était tenu de répondre en personne aux griefs articulés

1) Deutéronome, I, 16; XXV, 1. 3 Rois, III, 16 et s. Psaume XXIV, 1; CVIII, 6, 7. Zacharie, III, 1. Jean, VII, 51.

(2) Cela était vrai même en matière civile. Voy. *Schebuoth*, 31. *Sanhédrin*, 7, b. *Kethuboth*; 20, a.

(3) Voy. le discours de Saméas dans les *Antiquités* de Josèphe (l. XIV, c. 17), et Zacharie, III, 3.

(4) Mischnah, *Sanhédrin*, III, 1, et la Ghémare *Baba bathra*, 43, a. *Kethuboth*, 105. La Mischnah cite comme ami le paranymphe, et comme ennemi l'homme auquel par inimitié on a refusé d'adresser la parole pendant trois jours. (*Sanhédrin*, III, 5.) Elle indique comme parenté autorisant la récusation des juges et des témoins les grades suivants : frère, oncle paternel, oncle maternel, beau-frère, mari de la tante, beau-père, parâtre, avec leurs fils et leurs descendants. (*Ibid.*, 4.)

(5) Mischnah, *Baba qama*, III, 11.

à sa charge ; car on ne connaissait pas les avocats devant les tribunaux d'Israël (1). Quant aux juges, ils cherchaient naturellement la manifestation de la vérité, mais sans se livrer eux-mêmes à des investigations complémentaires (2). Leur rôle se bornait à statuer sur les preuves produites et les raisons alléguées de part et d'autre. Si l'accusateur n'établissait pas clairement le fondement de la dénonciation, ils renvoyaient son adversaire des fins de la poursuite. Toutes les présomptions étaient en faveur de ce dernier. Loin d'accueillir avec faveur les moindres indices de culpabilité, les magistrats se mettaient en garde contre les embûches et les ruses de l'accusation. Moïse leur avait recommandé de procéder avec une extrême réserve, avec une prudence méticuleuse, surtout dans les causes capitales. Il leur avait dit : « Recherchez la vérité, « informez-vous bien, pesez scrupuleusement les té-

(1) M. de Wette (*Lehrbuch des hebräisch-jüdischen Archäologie,* § 176) se trompe en croyant que les avocats sont peut-être mentionnés au v. 17 du chap. Ier d'Isaïe et aux v. 12 et suiv. du chap. XXIX de Job. Ces passages ne concernent que les juges. Job déclare lui-même qu'il est le juge de son pays. On ne peut pas davantage admettre les prétendus *patrons* dont Michaëlis (*Mosaïsches Recht,* § 298) croit découvrir l'existence dans le même chapitre du livre de Job. — Il y avait cependant en Judée des hommes qui enseignaient aux plaideurs comment il fallait répondre aux juges. Ils sont mentionnés dans le Talmud (Mischnah, *Aboth,* I, 8, 9); mais ils ne paraissaient pas devant les juges.

(2) Nous ne voyons pas, avec M. Fränkel (*Der gerichtliche Beweis,* etc., p. 84), une exception à cette régle dans les recommandations faites par Moïse au sujet de la poursuite du crime d'idolâtrie. Le législateur n'ordonne pas ici une espèce d'instruction à faire d'office par les juges ; il se borne à dire qu'on ne doit condamner que lorsque le crime est bien prouvé. Ses paroles s'adressent au peuple entier. (Deutéronome, XIII, 13 et suiv. ; XVII, 2 et suiv.)

« moignages, et si l'accusation est fondée, si le fait
« est incontestable, si le crime a été réellement com-
« mis, infligez aux coupables la peine qu'ils ont mé-
« ritée (1). « *Le juge doit chercher à sauver* était l'une
des maximes fondamentales du droit hébraïque (2).
C'était le système accusatoire dans toute la force des
termes, et le tribunal devenait une sorte de champ
clos, où l'accusateur subissait une défaite humiliante,
s'il ne réussissait pas à accabler l'accusé sous des
preuves précises et irrécusables. Dans le dernier état
de la jurisprudence, s'il faut ajouter foi à la doctrine
unanime des rabbins, l'aveu même du défendeur, dégagé
de toute autre preuve, ne suffisait pas pour motiver
un jugement de condamnation. Les docteurs d'Israël
voyaient dans cet aveu un acte contraire à la nature de
l'homme, un mouvement désavoué par tous les instincts
de l'âme, en d'autres termes, le résultat d'une situation
anormale produite par le désespoir, le dégoût de la vie
ou une folie momentanée. Selon l'énergique expression
de Maïmonide, « ceux qui s'accusaient eux-mêmes
« étaient assimilés à ces individus fatigués de l'existence
« qui plongent un glaive dans leur propre cœur. » Un
autre docteur, plus subtil encore, se prévaut de l'inca-

(1) Ces lignes sont la paraphrase exacte des recommandations faites
aux v. 13 à 18 du chap. XIII du Deutéronome. Voy. encore XVII, 2-5 ;
XIX, 18.

(2) *Sanhédrin*, 37. Il semble cependant que ces règles comportaient
une exception. Quand le mari renvoyait sa femme sous prétexte qu'elle
avait perdu sa virginité avant d'entrer au lit conjugal, c'étaient les parents de l'épouse qui devaient justifier celle-ci. Une présomption de
véracité existait en faveur du mari. (Deutéronome, XXII, 15 et suiv.)

pacité des parents de témoigner en faveur ou au détriment d'un membre de leur famille. « L'accusé, dit-il, « étant à lui-même son plus proche parent, les charges « résultant de ses propres allégations ne sauraient être « accueillies par les juges (1). » Le principe était tellement absolu que, même dans le cas où la poursuite avait pour seul but l'application d'une peine pécuniaire, l'aveu n'entraînait d'autre conséquence que la restitution du corps du délit et la réparation civile du tort causé par le fait avoué (2).

Dans un tel système de procédure, où non-seulement les accusateurs et les accusés étaient mis sur la même ligne, mais où toutes les présomptions favorables se

(1) Raschi, cité par Fränkel, *Der gerichtliche Beweis*, p. 178.

(2 Toutefois, pour obtenir de Dieu le pardon de son péché et être complétement réhabilité aux yeux du peuple, le coupable devait ajouter aux objets dérobés le cinquième de leur valeur et, de plus, faire célébrer un sacrifice expiatoire. Voy., à l'Appendice, les §§ 1 et 2 du chap. VI du code pénal extrait du Pentateuque, et la Mischnah *Baba qama*, IX, 7, 8.

Pour l'inefficacité de l'aveu en matière pénale, voy. Mischnah, *Kethuloth*, III, 9; *Baba qama*, IX, 7, 8; *Schebuoth*, V, 4, avec la Ghémare. — Il est assurément très-remarquable que Filangieri, repoussant la preuve résultant de l'aveu de l'accusé, ait précisément indiqué la raison alléguée par Maïmonide « Le juge ne peut prendre pour base « de son jugement, dit-il, l'assertion d'un insensé, d'un fanatique, d'un « homme qui se trouve dans la même situation d'âme qu'un suicide, « lequel s'arrache la vie de ses propres mains, parce qu'il croit « trouver, dans la perte de l'existence, une source de bonheur ou le « terme de ses maux. » (*Science de la législation*, l. III, c. X.) On trouve la même pensée dans Quintilien, *Déclam.*, 314. — La question avait sérieusement occupé les jurisconsultes romains, mais leurs décisions sont loin d'être précises et concordantes. Voy. L. I, § 17, 23 et 27, Dig.. l XLVIII, t. XVIII; L. 2, Cod., l. VII, t. LXV; L. 8, pr., Cod.. l. IX, t. XII; L. 16, Cod., l. IX, t. XLVII.

trouvaient du côté des citoyens poursuivis, on ne pouvait placer ceux-ci dans la dangereuse alternative de violer leur conscience ou de blesser leurs intérêts, en les forçant à répondre, sous la foi du serment, à toutes les demandes des juges. En matière pénale, il n'y avait que deux cas où les magistrats possédaient le pouvoir de déférer le serment aux prévenus, non pour les faire condamner, mais pour les affranchir des poursuites auxquelles ils étaient en butte. Si le dépositaire prétendait que les choses déposées avaient été volées; si l'homme à qui l'on avait confié la garde d'un animal soutenait que celui-ci était mort ou lui avait été soustrait, ils étaient mis hors de cause s'ils attestaient leurs allégations par serment (1).

On pouvait moins encore concevoir la pensée de faire subir aux accusés ces tortures raffinées et atroces qui ont si longtemps souillé la législation criminelle de l'Asie et de l'Europe (2). Pourquoi leur arracher un aveu par la souffrance, quand cet aveu ne pouvait con-

---

(1) Exode, XXII, 7, 8, 10, 11. Josèphe dit que, par suite du serment, le dépositaire était déchargé du dépôt (*Antiq. jud.*, l. IV, c. 8), et c'est peut-être dans le même sens que S. Paul, écrivant aux Hébreux (VI, 16), dit que le serment termine les procès. — Au surplus, dans la législation hébraïque, le serment n'était pas un moyen de preuve. Voy. Fränkel, *Der gerichtliche Beweis*, p. 301 et suiv. Si, dans les deux cas cités, le serment était refusé, on procédait suivant les régles ordinaires

Les dépositaires infidèles pouvaient plus tard s'affranchir du *péché* en faisant l'aveu du délit, en réparant le dommage, avec le payement d'un cinquième en sus, et en offrant un sacrifice d'expiation. (Voy., à l'Appendice, le § 2 du chap. VI du *Code pénal extrait du Pentateuque.*)

(2) Voy., pour l'Égypte, ci-dessus, t. Ier, p. 130.

duire à l'application d'une peine? Non-seulement ce mode d'investigation absurde et barbare était inconnu en Judée, mais la jurisprudence nationale obligeait le juge à interroger les accusés avec humanité, à s'abstenir de toute menace, à éviter toute demande captieuse. On se bornait à leur rappeler les châtiments divins qui ne manqueraient pas de les atteindre, s'ils osaient mentir devant les représentants de la justice de Jéhovah (1). Si plus tard, sous le règne d'Hérode, nous voyons mettre à la question des accusés et même des témoins, cette manière d'agir était évidemment un oubli des lois nationales, une innovation venue du dehors (2).

Dans les matières pénales, la preuve ordinaire, pour ne pas dire unique, était la preuve par témoins.

Ici encore, laissant aux générations futures une latitude suffisante, Moïse se borne à poser deux règles fondamentales, dont l'une s'adresse aux citoyens et l'autre aux juges.

Aux citoyens, il impose l'obligation de faciliter la tâche des magistrats, en prêtant un témoignage loyal et complet chaque fois qu'ils en sont requis; il fait de la révélation de la vérité l'accomplissement d'un devoir de conscience. « Si quelqu'un, dit-il, entend la voix de « l'adjuration et qu'il ait été témoin et qu'il ne dise pas « ce qu'il a vu ou entendu, il portera la peine de son

---

(1) Comp. Matthieu, XXVI, 63. On trouve un remarquable exemple de cette douceur de l'interrogatoire, dans celui que devait subir la femme accusée d'adultère et qui nous a été conservé par la Mischnah. (*Sotah*, I, 4)

(2) Josèphe, *Ant. jud.*, l. XV, c. 11 ; l. XVI, c. 11, 16 ; l. XVII, c. 4, 6, 7.

« péché (1). » Les juges étant les lieutenants de Jéhovah, le refus de comparaître devant eux, comme celui
de répondre à leurs demandes, devient un crime dont
la répression est abandonnée à la justice divine (2).

L'obligation que le législateur impose aux juges est
d'une autre nature.

Au livre des Nombres, il dit : « On punira l'homi-
« cide après avoir ouï les témoins ; nul ne sera con-
« damné sur le témoignage d'un seul (3). » Au Deutéronome, il commence par répéter ce précepte, en disant
de nouveau aux juges que nul ne doit être condamné à
mort que sur la déposition de deux ou de trois témoins (4) ; mais, un peu plus loin, laissant de côté les
accusations capitales et s'occupant de toutes les pré-
ventions indistinctement, il ajoute : « Un seul témoin
« ne suffira pas contre quelqu'un, quel que soit le délit
« ou le péché qu'on lui impute ; mais tout sera confirmé
« par la déposition de deux ou de trois témoins (5). »

(1) Lévitique, V, 1. Cette sommation de venir déposer devant les
juges, adressée au témoin d'un crime et dont nous parlerons plus loin,
a fait commettre à Michaëlis une erreur importante. Il y a vu la formule d'un serment lue par le président du tribunal. (*Mosaïsches Recht*,
§§ 256, 257 et 302.) — Le verset 24 du chap. XXIX des Proverbes, si
souvent cité en cette matière, ne s'occupe, lui aussi, que de la sommation de venir prêter un témoignage, adressée par la partie lésée à celui
qui a vu commettre l'infraction. Voy. ci-après, p. 13.

(2) Le témoin qui avait refusé de déposer n'était affranchi du *péché*
que par un sacrifice d'expiation. (Lévitique, V, 5 et suiv.) Cette obligation de témoigner en justice fut de tout temps reconnue en Orient. (Voy.,
pour l'Inde brâhmanique, ci-dessus, t. Ier, p. 23, et, pour les temps pos-
térieurs, le Koran, Sourates II, 282 ; IV, 134.)

(3) Nombres, XXXV, 30.

(4) Deutéronome, XVII, 6.

(5) Deutéronome, XIX, 15.

Rien de plus précis, de plus lucide que ce précepte trois fois répété par le législateur inspiré d'Israël. Rejetant la preuve par présomptions ou par indices, enlevant même toute valeur à un témoignage isolé, Moïse impose aux juges le devoir impérieux de prendre pour base de leurs arrêts les déclarations formelles et concordantes de deux témoins du crime. Tenant compte des passions ardentes du peuple destiné à vivre sous ses lois, préférant les inconvénients éventuels de l'impunité à l'horrible malheur de l'exécution d'un innocent, il n'hésite pas à se prononcer en faveur d'un système qui, dans bien des cas, devait rendre la preuve des infractions extrêmement difficile (1).

Après avoir posé ces grands principes, le libérateur d'Israël s'arrête et ne s'occupe plus de la preuve testimoniale. Il garde un silence absolu sur l'appel, la capacité, la récusation et les formes de l'audition des témoins.

Tous ces points importants furent successivement fixés par la jurisprudence. Dans les deux siècles qui précédèrent le début de l'ère chrétienne, on avait adopté le système que nous allons exposer.

---

(1) Dans l'Inde brâhmanique, il fallait, en général, trois témoins. (Voy. ci-dessus, t. Ier, p. 27.) Mahomet, dans le Koran, en exige quatre pour la preuve de l'adultère (Sourate IV, 19), à moins que le mari ne jure cinq fois que la femme est coupable (XXIV, 6, 7). — On sait que le système de Moïse, adopté par plusieurs peuples de l'antiquité, passa plus tard dans les lois des nations chrétiennes Voy., pour le droit romain, 1 12, Dig., XXII, V, et pour le droit canon, c. V, 10, tit. *de testibus*. A Rome, la règle était : *Ubi numerus testium non adjicitur, etiam duo sufficient.*

Les citoyens qui avaient assisté à la perpétration du fait étaient solennellement adjurés de comparaître devant les juges compétents, soit par la partie lésée, soit par tout autre citoyen qui assumait le rôle d'accusateur. La formule de cette adjuration ne nous est pas exactement connue; mais on sait que la religion et les mœurs lui donnaient une sanction efficace. Nous venons de voir que, suivant la parole de Moïse, le témoin récalcitrant encourait la colère divine (1). Les rabbins ajoutent qu'il était exclu de l'assemblée des fidèles, et que les traditions nationales lui imposaient l'obligation morale de réparer le dommage qu'il avait causé, par son absence, à la partie qui réclamait son témoignage (2).

Au jour fixé, quand les témoins étaient réunis au pied du tribunal, le président leur faisait comprendre la nature et l'importance du rôle qu'ils avaient à rem-

(1) Lévitique, V, 1. Voy. ci-dessus, p. 10. Comp. Proverbes, XXIX, 24.

(2) Il est longuement parlé de l'adjuration dans la Mischnah. (*Schebuoth*, IV, 3 et suiv.) Pour la sanction religieuse, voy. ci-dessus, p. 10, le Talmud de Babylone, *Baba qama*, 56, a; *Moëd qaton*, 16, a, et le Talmud de Jérusalem, 81, d. Tous les citoyens, y compris le grand-prêtre, étaient obligés de fournir leur témoignage à la justice. Il n'y avait d'exception que pour le roi. (Mischnah, *Sanhédrin*, II, 1, 2.) — La nécessité du témoignage obligatoire avait été comprise par tous les législateurs de l'antiquité. A Athènes, celui qui refusait de déposer était obligé de jurer qu'il n'avait aucune connaissance du fait, et, s'il ne prêtait pas ce serment, il était condamné à payer une amende de mille drachmes. (Potter, *Archæologia græca*, p. 101 et suiv.) A Rome, la loi des XII Tables disait : *Qui se sicret testarier libripensve fuerit, ni testimonium fariatur, improbus intestabilisque esto.* (Tab. VIII, fragm. 2, texte de Dirksen.) Comp. 1. 1, Dig., l. XXII, t. V, et l. 16, Cod., l. IV, . XX

plir devant la justice. Il leur rappelait qu'ils ne devaient parler que de faits parvenus à leur connaissance personnelle, sans se livrer à des conjectures douteuses et sans accepter les indications si souvent erronées de la rumeur publique. Il leur recommandait surtout de parler sans haine et sans crainte, de révéler la vérité tout entière. La Mischnah renferme le type du discours qu'il devait leur adresser dans les causes capitales. « Nous ne vous demandons, disait-il, ni des conjec-
« tures ni ce que vous pouvez avoir appris de la bouche
« d'un autre homme, quel qu'il soit. Songez que vous
« êtes sous le poids d'une grande responsabilité. Rap-
« pelez-vous que les causes capitales ne ressemblent
« pas aux affaires d'argent, où l'argent peut effacer le
« péché en réparant les conséquences du faux témoi-
« gnage. Si vous faisiez mourir un innocent, son sang
« et celui de toute sa postérité, dont vous auriez privé
« la terre, retomberait sur vos têtes. Comme le sang
« d'Abel, il crierait contre vous jusqu'au trône de
« l'Éternel!... Peut-être vous dites-vous : « Que nous
« importent toutes ces misères? » Rappelez-vous ce que
« dit l'Écriture : « Si un témoin ne déclare pas ce qu'il
« a vu et appris, il portera la peine de son péché. »
« Peut-être vous dites-vous encore : « Pourquoi nous
« rendrions-nous responsables du sang de cet homme? »
« Souvenez-vous de ce qui est dit dans les Proverbes :
« On éprouve de la joie à voir mourir les mé-
« chants (1). »

A la suite de cette admonition, les témoins étaient

____

(1) Mischnah, *Sanhédrin*, III ; 6, IV, 5 ; V, 1 et suiv.

entendus séparément en présence des parties et du public, mais sans prêter serment (1). Le président, en commençant par le plus âgé d'entre eux, les interrogeait sur le mois, le jour, l'heure et le lieu où s'était accompli l'acte incriminé. Il les questionnait minutieusement sur toutes les circonstances qui avaient accompagné et suivi la perpétration du délit. Il s'efforçait surtout de bien constater si les témoignages étaient concordants et ne se détruisaient pas les uns les autres ; car, aussitôt que les témoins se contredisaient sur un point important, leurs dépositions étaient radicalement nulles (2).

Après chaque témoignage, l'accusé pouvait faire valoir ses moyens de défense, et c'était pour lui garantir l'exercice de ce droit que la jurisprudence, prohibant sévèrement la lecture d'une déposition écrite, avait unanimement adopté la maxime : « C'est de la bouche « et non de l'écriture des témoins que doit jaillir la « vérité (3). » L'accusé avait de plus le droit de récu-

(1) Aucune trace d'un témoignage assermenté ne se rencontre ni dans l'Ancien Testament ni dans le Talmud. Nous avons indiqué ci-dessus, p. 11, l'origine de l'erreur commise par Michaëlis.

(2) Mischnah, *Sanhédrin*, III, 6 ; V, 1 4 et suiv., avec la Ghémare. Suivant le droit rabbinique, le public devait se retirer pendant les enquêtes en matière civile (Mischnah, *Sanhédrin*, III, 6) ; mais on ne trouve aucune trace de cette règle dans les parties du Talmud qui s'occupent de la procédure criminelle. — Il est digne de remarque que ces parties essentielles de la jurisprudence hébraïque se trouvent clairement attestées par les Évangélistes, dans le récit de la passion du Sauveur. Voy. notamment Marc XIV, 55-99 ; Matthieu, XXVI, 59 et suiv. Voy. aussi Mischnah, *ibid.*, III, 6.

(3) Mischnah, *ibid.*, V, 3, 4, et *Jebamoth*, 31, b ; *Kethuboth*, 20, a ; *Gittin*, 71, a ; *Schebuoth*, 32, a.

ser les témoins incapables, quand le tribunal ne les écartait pas d'office; car, dans les matières pénales, les juges israélites ne pouvaient recevoir le témoignage des femmes (1), des esclaves (2), des enfants (3), des insensés, des sourds-muets, des sourds, des aveugles (4), des usuriers, des joueurs de profession (5), des proches parents des plaideurs (6), des individus intéressés dans la solution du procès (7), de ceux qui avaient reçu de l'argent pour déposer (8), des idolâtres (9), des amis,

(1) Josèphe exclut les femmes à cause de la hardiesse et de la légèreté de leur sexe. (*Antiq. jud.*, l. IV, c. 8.) Salvador ajoute une autre raison qui n'est pas dépourvue de valeur. Il la déduit de l'obligation imposée aux témoins de concourir à l'exécution des peines capitales, tâche qui ne saurait être imposée à une femme (*Institutions de Moïse*, l. IV, c. 10.) Voy. Mischnah, *Schebuoth*, IV, 1 ; *Rosch ha-schana*, 1, 8. Talmud de Babylone, *Schebuoth*, 30, a ; de Jérusalem, *Sanhédrin*, 12, a.— Dans l'Inde brâhmanique, les femmes étaient admises à rendre témoignage pour des femmes. (Voy. ci-dessus, t. 1er, p. 27.)

(2) Mischnah, *Rosch ha-schana*, 1, 8; *Baba qama*, 88, a. Josèphe (*Ant. jud*, *loc. laud.*) fonde l'incapacité de l'esclave sur la dégradation de son âme, qui permet de supposer qu'il se laisserait dicter une déposition par crainte ou par appât du gain.

(3) *Baba qama*, 88, a. *Kethuboth*, 28, a.

(4) Le droit hébraïque voulait des témoins sains de corps et d'esprit. C'est sur cette considération, et non sur une foule de subtilités alléguées par quelques rabbins, que se fondait l'exclusion des insensés, des sourds et des aveugles. Voy. *Baba batra*, 128, a. *Gittin*, 71, a. *Niddah*, 50, b. *Erachin*, 18, a. Maïmonide, *Edut*, X, XI. Les talmudistes y ajoutent l'hermaphrodite, parce que son sexe est incertain et que les femmes sont incapables de déposer. (Maïmonide, *Edut*, c. IX.) C'est précisément la raison pour laquelle à Rome l'hermaphrodite était déclaré incapable d'être témoin d'un testament (l. 15, § 1er, D., XXII, 5.

(5) Mischnah, *Rosch ha-schana*, I, 8; *Sanhédrin*, III, 3, et la Ghémare.

(6) Mischnah, *Sanhédrin*, III, 1, 4. Voy. ci-dessus, p. 5, note 4, l'indication des grades de parenté autorisant la récusation.

(7) *Baba bathra*, 43-47.

(8) Mischnah, *Becoroth*, IV, 6. Comp. l. 6, § 1er, Dig., XLVIII, 11.

(9) *Baba qama*, 88, a. Comp. *Bechoroth*, 30, a, 35, a.

des ennemis (1) et de ceux qui, par une conduite répré-
hensible, s'étaient rendus indignes de confiance (2).
Lorsqu'il s'agissait de statuer sur la vie ou l'honneur de
l'homme, les juges d'Israël exigeaient la production de
témoins désintéressés, irréprochables, indépendants,
honorés de l'estime publique, capables d'apprécier
sainement les faits, soumis à la loi divine et voyant
dans les magistrats de la nation les mandataires de la
justice de Jéhovah.

Quand les débats étaient clos, les schoterim faisaient sortir les assistants, et les juges délibéraient,
séance tenante, dans le plus profond secret. Le magistrat qui divulguait les votes de ses collègues était
réputé parjure et traître. « Le juge, porte la Mischnah,
« ne doit jamais dire à la partie condamnée : J'avais
« voté pour vous ; mes collègues ont émis une opinion
« contraire. Que pouvais-je faire? Ils l'ont emporté
« par le nombre (3). »

Dans les affaires civiles, le membre le plus âgé et le
plus savant du tribunal opinait le premier. Ici, au
contraire, ce rôle appartenait au plus jeune et, par
suite, au moins considérable des juges. On voulait que

(1) Voy. ci-dessus, p. 5, note 4.

(2) Dans cette dernière catégorie figurent les usuriers, les voleurs,
les impies, les individus condamnés pour faux témoignage, les dépositaires infidèles, etc. Voy. Mischnah, *Rosch ha-schana*, I, 8. *Sanhédrin*,
26, 27, b, 89, a.

A toutes ces classes de témoins incapables, mais dans un tout autre
ordre d'idées, il faut ajouter le roi, à cause de l'éminence de sa dignité,
qui ne permet pas de l'attraire devant les tribunaux. Mischnah, *Sanhédrin*, II, 2. Voy., pour l'Inde brâhmanique, ci-dessus, t. Ier, p. 26.

(3) Mischnah, *Sanhédrin*, III, 7. Comp. Proverbes, XI, 13.

l'influence de l'âge, de l'autorité et de la science ne vînt pas contrarier la libre manifestation des avis favorables à l'accusé (1).

Les délibérations étaientlongues et approfondies. Les disciples étaient autorisés à y prendre part, mais uniquement pour plaider la cause des accusés. S'ils voulaient se faire les auxiliaires de l'accusation, on leur refusait la parole. Les juges seuls avaient le droit d'opiner dans le sens de la condamnation (2), et le châtiment même devait être aussi peu sévère que le permettait la loi nationale. On évitait en général de cumuler les peines. On n'infligeait pas à la fois l'amende et la flagellation (3). On n'ajoutait pas une condamnation pécuniaire à une condamnation capitale (4). Quand un individu avait encouru plusieurs supplices, on se bornait à lui faire subir celui d'entre eux qui était réputé le plus rigoureux (5).

Dans les causes ordinaires ou lorsqu'il s'agissait de prononcer l'acquittement, la simple majorité des suffrages emportait la décision; mais, pour une sentence capitale, il fallait au moins une majorité de deux voix. Il en résultait que le tribunal des Vingt-trois était souvent obligé d'élargir ses rangs. Si douze voix seulement se prononçaient contre l'accusé, les juges s'adjoignaient

(1) Mischnah, *Sanhédrin*, IV, 2.
(2) Mischnah, *ibid.*, V, 4.
(3) Mischnah, *Maccôth*, I, 2.
(4) Mischnah, *Kethuboth*, III, 2.
(5) Mischnah, *Sanhédrin*, IX, 4. Quelquefois cependant Moïse avait formellement ordonné le cumul des peines. (Voy., à l'Appendice, les §§ 3 et 8 du chap. IV et le § 7 du chap. V du *Code pénal extrait du Pentateuque.*)

deux disciples et ensuite, au besoin, deux autres, jusqu'à ce qu'on fût arrivé au nombre de soixante et onze ; et si, malgré ces adjonctions successives, il y avait trente-cinq voix pour l'acquittement et trente-six pour la condamnation, l'assemblée devait délibérer jusqu'à ce que l'un des partisans de la condamnation passât dans le camp contraire (1).

Les sentences, autres que les condamnations capitales, étaient prononcées sur-le-champ. Les dernières, pour devenir définitives, avaient besoin d'être confirmées dans une délibération nouvelle. Ainsi que nous le verrons plus loin, elles n'étaient rendues que le surlendemain de la clôture des débats (2). Mais cette exception, qui s'explique par le caractère irréparable du châtiment, ne doit pas être étendue au delà de ses termes. Un usage constant voulait que le procès fût, autant que possible, commencé et terminé le même jour. Les remises de cause n'étaient accordées que lorsque l'accusé prouvait que le temps lui avait manqué pour réunir les éléments de sa défense. La justice devait être rendue avec autant de promptitude que de vigilance et d'impartialité (3).

On procédait avec la même rapidité à l'exécution des jugements. La peine, une fois prononcée, était immédiatement subie par le condamné. Celui-ci n'avait pas le droit de déférer la sentence à l'appréciation d'un tribunal supérieur. Les juges seuls pouvaient révoquer leur

(1) Mischnah, *Sanhédrin*, IV, 1 ; V, 5.
(2) Voy., ci-après, le § 1er du chap. III.
(3) Mischnah, *Sanhédrin*, III, 7, 8.

arrêt, si, au moment suprême, de nouveaux moyens de défense, que tout citoyen était sommé de produire, venaient leur prouver qu'ils s'étaient trompés (1).

Quelquefois, il est vrai, dans un petit nombre de cas déterminés par la jurisprudence, toutes ces garanties disparaissaient pour faire place à la répression vigoureuse et immédiate du crime. Les témoins de l'infraction, transformés en agents de la justice nationale, se ruaient sur le coupable et, sans autre forme de procès, le lapidaient ou le perçaient de leurs glaives. Il en était ainsi pour le vol sacrilége, l'union publique avec une femme idolâtre et le blasphème proféré contre Dieu au nom des idoles. Dans la législation éminemment théocratique des Hébreux, où tant de précautions étaient prises pour maintenir une barrière solide entre les descendants de Jacob et les adorateurs des dieux étrangers, ces méfaits étaient envisagés comme une atteinte directe aux bases mêmes de l'ordre social. Le coupable se mettait en révolte ouverte contre les lois de sa patrie; il brisait l'association religieuse conclue sous les auspices du Seigneur, et l'Israélite qui le surprenait en flagrant délit se trouvait, à certains égards, en état de légitime défense contre un ennemi public. C'est cette exécution prompte et sommaire que les interprètes de l'Écriture ont désignée sous le nom de *Jugement de zèle*. Elle n'était légitime qu'au moment même de la perpétration de l'acte. Une fois le crime consommé, le zélateur devait s'abstenir, sous peine d'encourir le châti-

____

(1) Voy. ci-dessus, t. Iᵉʳ, p. 230 et suiv., et Mischnah, *Sanhédrin*, III, 8; VI, 1.

ment du meurtre. Il subissait le même sort si, égaré
par des indices trompeurs, il portait la main sur un
innocent (1).

La Mischnah limite ces exécutions sommaires aux
trois cas que nous venons d'énumérer. Philon, dans
plusieurs de ses écrits, allonge la liste et admet le jugement de zèle pour l'excitation publique à l'idolâtrie, la
sodomie et l'adultère (2). A l'égard du premier de ces
crimes, son opinion peut se concilier avec plusieurs
exemples cités dans le Pentateuque et dans les livres
historiques de la Bible ; mais il se trompe manifestement au sujet des deux autres. Il n'existe ni un texte
ni une tradition orale qu'on puisse invoquer pour soustraire à la juridiction des tribunaux les pédérastes et
les violateurs de la foi conjugale. On ne doit pas oublier
que le jugement de zèle fut toujours une dérogation

(1) Mischnah, *Sanhédrin*, IX, 6, avec la Ghémare. Aux trois cas cités,
le texte de la Mischnah ajoute un jugement de zèle d'une nature spéciale. « Si un fils de prêtre, dit Juda, exerce en état d'impureté les
« fonctions du saint ministère, ses frères les prêtres ne le traînent pas
« en jugement ; mais les fils des prêtres l'arrachent du parvis et lui
« brisent le crâne à coups de bâton. » (*Ibid.*) — Il est assez étrange que
la mort sans jugement fût autorisée pour l'union publique avec une
femme idolâtre, puisque cet acte, dans les lois de Moïse, n'était pas
même frappé du *kerith*. (Il n'est menacé de cette dernière peine que dans
le livre de Malachie, II, 12 et suiv.) Les talmudistes donnent les raisons
qui suivent. Le vol sacrilége, disent-ils, profanait le temple, l'union
publique avec une idolâtre déshonorait la nation, le blasphème jetait
l'insulte à la face de Dieu, et de tels outrages, ajoutent-ils, ne pouvaient
être assez rapidement châtiés par des hommes qu'animait le zèle de la
loi du Seigneur. (Voy. Selden, *De jure naturali et gentium, juxta disciplinam Ebrœorum*, l. IV, c. 4.)

(2) *De Vita Moysis*, l. 1. *De specialibus legibus. De victimas offeren-
tibus. Liber de Josepho.*

aux règles ordinaires, et que Moïse, dans une foule de
passages du Pentateuque, recommande avec instance
de conduire les accusés devant les juges (1). Philon, du
reste, n'a pas été seul à dénaturer ici les mœurs judiciaires de ses ancêtres. L'historien Josèphe se trompe à
son tour lorsque, tombant dans l'excès contraire, il
affirme que les lois des Juifs ne permettaient jamais de
tuer un homme, quelque coupable qu'il fût, sans une
sentence préalable des magistrats compétents (2). On
trouve dans ses propres écrits plus d'un incontestable
vestige de l'intervention immédiate de la justice populaire (3). Il est certain que le jugement de zèle fut de
tout temps connu en Judée. Moïse, descendant du
Sinaï, ordonne aux Israélites de tuer leurs frères, leurs
amis, leurs proches, et trois mille hommes, coupables
d'idolâtrie, tombent en un seul jour sous le fer de leurs
compatriotes (4). Phinées, fils d'Éléazar, perce de son
glaive un Israélite, au moment où il le surprend avec
une fille de Madian, et Moïse, loin de blâmer Phinées,
le loue publiquement « d'avoir été animé du zèle du
« Seigneur (5). » Plusieurs siècles après, Mathathias
abat, au pied de l'autel, un officier d'Antiochus et
l'Israélite qui, par ses ordres, sacrifiait aux divinités

____

(1) Voy. notamment Exode, XXI, 6, 22 ; XXII, 8, 9.

(2) *Antiq. jud.*, l. XIV, c. 17.

(3) Voy. *Antiq. jud.*, l. XII, c. 8. Comp. *Bell. jud.*, l. II, c. 7 ; l. IV,
c. 5 ; l. VII, c. 28.

(4) Exode, XXXII, 26, 28. Au livre des Nombres (XXV, 5), nous
voyons encore Moïse ordonner aux Israélites de tuer ceux de leurs
proches qui s'étaient consacrés au culte de Beelphégor.

(5) Nombres, XXV, 6-18.

étrangères (1). Plus tard encore, à une époque où les
Juifs n'avaient plus même le droit de prononcer une
peine capitale, nous voyons une troupe de zélateurs
s'emparer de saint Étienne et le lapider hors des murs
de Jérusalem, sous prétexte de mettre fin aux blas-
phèmes qu'il proférait contre le Dieu d'Israël (2). Ces
exécutions brutales ne sauraient se concilier avec le
sentiment profond de la légalité qui distingue aujour-
d'hui les nations chrétiennes; mais elles n'avaient rien
de contraire à l'esprit général du monde ancien. Le
jugement de zèle était, dans un autre ordre d'idées,
quelque chose d'analogue à l'obligation découlant du
serment des Athéniens : « Je tuerai de ma propre
« main, si je puis, tout homme qui voudra renverser
« les institutions démocratiques (3) ! »

En résumé, sauf le cas exceptionnel du jugement de
zèle, la procédure hébraïque, telle qu'elle nous est pré-
sentée par le Talmud, consacrait la plupart des grands
principes recommandés par la science moderne : con-
frontation de l'accusateur et de l'accusé, audition des
témoins en présence des plaideurs et des juges, défense
de lire une déposition écrite, caractère essentiellement
contradictoire de l'instruction, innocence présumée du
défendeur, proscription de l'interrogatoire assermenté,

____

(1) I Maccabées, II, 23-25.
(2) Actes des apôtres, VII, 57-60. Jean, XVIII, 31.
(3) Petit, *Leges atticæ*, l. III, tit. 2, p. 317 (édit. de 1741). — Les
Égyptiens avaient aussi leur jugement de zèle, pour la punition immédiate de ceux qui tuaient des animaux sacrés. (Voy. ci-dessus,
t. Ier, p. 145.)

absence de tortures physiques et morales, examen mi-
nutieux de la capacité et de l'impartialité des témoins,
exigence de preuves positives et manifestes, publicité
sans limite des débats, du jugement et de l'exécution.
Tout en se conformant à l'esprit général de l'Orient, le
système offrait incontestablement aux citoyens poursuivis des garanties nombreuses et solides. Il est assurément très-remarquable que la Judée, malgré le caractère essentiellement religieux de ses lois, ne connaissait
pas ces épreuves cruelles, ces ordalies téméraires,
où Dieu était en quelque sorte sommé de venir révéler
la vérité aux juges de la terre (1). La production de
preuves légales, de témoins irréprochables, pouvait
seule amener la condamnation du délinquant (2). C'est
bien à tort que Michaëlis voit un oracle judiciaire dans
la recherche de la volonté divine à l'aide de l'*Urim* et
du *Thummim*, placés dans le rational du grand-prêtre (3).

(1) Ce fait est d'autant plus remarquable que les ordalies étaient loin
d'être inconnues en Orient. (Voy., pour l'Inde brâhmanique, ci-dessus,
t. Ier, p. 33.)

(2) La découverte du coupable par le sort se trouve deux fois mentionnée dans les livres historiques de la Bible ; mais ce mode d'investigation, présenté d'ailleurs comme un fait exceptionnel, n'a aucun rapport avec la procédure criminelle proprement dite ; considéré en
lui-même, il est plutôt l'antithèse que la conséquence du système
mosaïque. (Josué, VII, 16-18 ; 1 Rois, XIV, 41 et suiv. Comp. Jonas, I,
7 et suiv.) Si le livre des Proverbes désigne le sort parmi les moyens
d'éviter les procès (XVIII, 18), il est évident que le texte ne se rapporte
qu'à des contestations d'intérêt privé et à la solution (*mischpât*) de
celles-ci. (Voy. Saalschütz, p. 620 en note.) D'ailleurs, dans les deux
exemples cités, la condamnation n'eut lieu qu'à la suite de l'aveu des
accusés.

(3) On est loin d'être d'accord sur la nature des objets désignés par
les mots *Urim* et *Thummim*. D. Calmet, dans son *Commentaire littéral*

On n'avait recours à ce moyen suprême que lorsqu'on craignait de méconnaître les vues de Dieu, par l'exécution ou l'abandon d'une entreprise en rapport direct avec les intérêts généraux de la nation (1).

Mais, ici encore, se présente naturellement la question de savoir si le système tout entier s'appuie sur une base historique ; en d'autres termes, si, parmi les formalités qui ne sont pas mentionnées dans l'Écriture, il n'en est pas un certain nombre qu'il convient d'attribuer au domaine illimité de la spéculation. Il est certain que, chez un peuple où toutes les classes se livraient à l'étude de la loi avec un amour ardent et passionné, où de nombreux docteurs étaient constamment occupés à rattacher de nouvelles maximes au texte du Pentateuque, la procédure criminelle n'avait pas conservé, pendant quinze siècles, la simplicité toute primitive qui la caractérisait au temps de Moïse. Dans ce long intervalle, l'interrogatoire de l'accusé, l'audition et la capacité des témoins, le mode de délibération des juges, les formes de l'exécution des jugements, en

(sous le v. 30 du chap. XXVIII de l'Exode) énumère une vingtaine d'opinions différentes. Josèphe (*Antiq. jud.*, l. III, c. 8 et 9) insinue que l'*Urim* et le *Thummim* n'étaient autre chose que les pierres du rational qui, par leur éclat extérieur, faisaient découvrir au grand-prêtre le résultat éventuel des entreprises projetées.

(1) Par exemple, lorsqu'il s'agissait d'entreprendre une guerre, de déterminer laquelle des douze tribus devait commencer les hostilités, etc. Voy. Nombres, XXVII, 21. — On pourrait voir une espèce d'ordalie dans l'épreuve des eaux amères imposée à la femme soupçonnée d'adultère (voy., à l'Appendice, le § 1er du chap. IV du *Code pénal extrait du Pentateuque*) ; mais, ici même, on ne trouve pas les caractères d'une véritable épreuve judiciaire. Les juges n'avaient pas à se préoccuper du résultat. La punition de l'épouse infidèle était réservée à Dieu seul.

un mot, toutes les parties essentielles du procès
doivent avoir nécessairement fixé l'attention et provoqué l'activité des chefs du peuple. A moins qu'on ne
veuille méconnaître le caractère et les tendances manifestes de l'esprit des Hébreux, il faut bien avouer
qu'ils n'étaient guère d'humeur à ne pas profiter de la
latitude que leur grand législateur avait laissée aux
générations futures. Mais quelles sont les règles qui
furent réellement suivies devant les tribunaux de la
Palestine? Quelles sont celles qui ne datent pas du
siècle de Moïse? Quelles sont celles qu'on peut, avec
certitude, attribuer à l'imagination des rabbins? La
solution de ces questions laissera toujours beaucoup à
désirer, parce que, pour le plus grand nombre de cas,
le Talmud lui-même est la seule source à laquelle on
puisse recourir, et qu'il n'indique presque jamais la
date des institutions dont il parle. A notre avis, quand
les traditions rabbiniques, unanimes et constantes, ne
heurtent ni la raison ni les documents historiques parvenus jusqu'à nous, le système le plus sage et le plus
rationnel consiste à les accepter jusqu'à preuve du contraire. C'est en suivant ce procédé que, tout en admettant le système dans son ensemble, nous n'hésitons pas à
repousser la doctrine de la Mischnah sur l'inefficacité
absolue de l'aveu dans les matières pénales. Des jugements n'ayant d'autre base que l'aveu du coupable sont
mentionnés au premier et au deuxième livre des
Rois (1), et, plusieurs siècles plus tard, le grand-prêtre

____

(1) 1 Rois, XIV, 43, 44. 2 Rois, I, 13-16 ; IV, 8-12.

Caïphe, s'adressant à ceux qui demandaient la mort de
Jésus, s'écria : « Qu'avons-nous besoin de témoins?
« Vous avez entendu son blasphème : que vous en sem-
« ble? » Et les autres répondirent : « Il est digne de
« mort (1). » Il est probable que des jurisconsultes
éclairés avaient signalé le danger de s'en rapporter
uniquement à l'aveu de l'accusé, quand cet aveu se
présente isolé et dégagé de toute circonstance extérieure qui en atteste la sincérité. Ils avaient dit aux
juges : « Méfiez-vous de l'aveu ». Les talmudistes, exagé-
rant cette maxime prudente, ont dit à leur tour : « L'aveu
est essentiellement inefficace. » Mais on peut leur demander pourquoi, si telle était la jurisprudence, on
attachait tant d'importance à l'interrogatoire des accusés? pourquoi l'un des souverains pontifes de la nation,
dans un procès à jamais mémorable, adjurait Jésus,
par le Dieu vivant, de répondre avec sincérité sur les
faits mis à sa charge (2)?

(1) Matthieu, XXVI, 65.
(2) *Ibid.*, 63.

CHAPITRE III.

§ 1er. *Les peines capitales*.

Selon la Mischnah, il existait chez les Hébreux quatre supplices capitaux échelonnés dans l'ordre suivant : la lapidation, le feu, la décapitation, l'étranglement (1).

La lapidation, réputée la plus rigoureuse des peines, frappait l'inceste avec la mère, l'épouse du père ou la bru, le commerce illicite avec la fiancée d'autrui, la sodomie, la bestialité, le culte des idoles, la consécration des enfants à Moloch, la pratique de la magie et de la divination, l'excitation à l'idolâtrie, le blasphème, la profanation du sabbath, la malédiction jetée au père ou à la mère, la désobéissance obstinée aux ordres des parents (2).

____

(1) La lapidation était réputée une peine plus rigoureuse que le feu, le feu que la décapitation, la décapitation que l'étranglement. (Voy. Mischnah, *Sanhédrin*, VII, 1, et IX, 3 ; Maïmonide, *Sanhédrin*, XIV, 4.)

(2) En subdivisant quelques-unes de ces espèces, le rédacteur de la

Outre la femme de race sacerdotale qui déshonorait son père en se prostituant, le supplice du feu atteignait celui qui commettait un inceste avec sa propre fille, sa petite-fille, la fille ou la petite-fille de sa femme, sa belle-mère, la mère de sa belle-mère ou la mère de son beau-père (1).

Le châtiment du glaive était réservé aux meurtriers et aux habitants d'une ville qui avait abandonné le culte de Jéhovah (2).

L'étranglement, applicable dans tous les cas où Moïse n'avait pas désigné un autre genre de mort, était infligé au juge qui refusait d'obéir aux arrêts de la juridiction suprême, au faux prophète, à celui qui prophétisait au nom des idoles, aux adultères, au sé-ducteur de la fille d'un prêtre, à celui qui accusait

Mischnah arrive à dix-sept crimes punis de la lapidation : 1° *qui rem habet cum matre;* 2° *cum uxore patris;* 3° *cum nuru;* 4° *cum mare;* 5° *cum puella desponsata;* 6° *cum bestia;* 7° *mulier quæ jumentum admittit;* 8° *blasphemus;* 9° *qui dedit ex semine suo Molocho;* 10° *pythomantis;* 11° *hariolus;* 12° *idololatra;* 13° *qui ad apostasiam impellit;* 14° *magus;* 15° *profanator sabbati;* 16° *qui maledicit patri itemque matri suæ;* 17° *filius degener et rebellis* (Mischnah, *Sanhédrin,* VII, 4). — Il est étrange que, dans cette longue énumération, le rédacteur de la Mischnah ait oublié la femme qui se présente au lit nuptial après avoir perdu sa virginité. Cette femme, suivant un texte formel, devait être lapidée devant la porte de son père. (Deutéronome, XXII, 13-21.)

Voy., à l'Appendice, pour les caractères spéciaux de tous ces crimes, les chap. I, III et IV du *Code pénal extrait du Pentateuque.*

(1) Mischnah, *Sanhédrin,* IX, 1. Les rabbins arrivent ainsi à dix crimes punis par le feu : 1° *filia sacerdotis scortata;* 2° *concumbens cum filia sua;* 3° *cum nepte ex filia;* 4° *cum nepte ex filio;* 5° *cum uxoris filia;* 6° *cum uxoris nepte ex filia ejus;* 7° *cum nepte ex filia ejus;* 8° *cum socru sua;* 9° *cum socrus matre;* 10° *cum matre soceri.*

(2) Mischnah, *Sanhédrin,* IX, 1.

faussement une fille de prêtre de s'être prostituée, à ceux qui volaient un Israélite, à ceux qui frappaient leur père ou leur mère (1).

Le lieu destiné à la lapidation était une éminence de la hauteur de deux hommes. On y plaçait le condamné, les mains liées et complétement dépouillé de ses vêtements. Le premier témoin à charge le précipitait de cette espèce de plate-forme, de manière à le faire tomber sur le dos. S'il n'était pas mort de sa chute, le deuxième témoin lui jetait une lourde pierre sur la poitrine. S'il respirait encore, le peuple accourait, ramassait les cailloux disséminés sur le sol et achevait l'exécution (2).

La peine du feu ne s'accomplissait pas sur le bûcher. Quand le coupable avait été mis dans le fumier jusqu'aux genoux, pour le forcer à se tenir immobile, on lui entourait le cou d'un linge dur enveloppé d'une étoffe molle et souple. Les témoins de son crime tiraient les extrémités de ce linge en sens divers, jusqu'à ce qu'il ouvrît la bouche, qu'on remplissait aussitôt de plomb fondu. Si, malgré les efforts des exécuteurs, il refusait d'ouvrir la bouche, on lui desserrait les dents avec des tenailles (3).

(1) Mischnah, *Sanhédrin*, X, 1.

(2) Mischnah, *Sanhédrin*, VI, 3 et 4. Suivant l'opinion commune des rabbins, la femme condamnée à la lapidation conservait ses vêtements. (Mischnah, *Sotah*, III, 8.) — Maïmonide, *Sanhédrin*, XV, dit qu'on enlevait les vêtements du condamné pour le faire mourir plus vite.

(3) Mischnah, *Sanhédrin*, VII, 2. Maimonide, *Sanhédrin*, XV. Bartenora, dans son commentaire sur ce passage, prétend qu'on plaçait les

La décapitation, également abandonnée aux témoins, s'opérait à l'aide du glaive. L'usage d'appuyer la tête sur un bloc et de la trancher avec une hache avait été rejeté, comme étant le supplice le plus infâme qu'il fût possible d'imaginer (1).

A part l'emploi du plomb fondu, le condamné à la strangulation subissait sa peine de la même manière que celui qui devait mourir par le feu. Les témoins tiraient le linge en sens divers jusqu'à ce que la suffocation fût complète (2).

Toutes les exécutions capitales étaient précédées et suivies de formalités minutieuses, qui attestaient, à côté d'un profond respect de la vie de l'homme, un désir vif et constant d'éviter les erreurs judiciaires.

Après la clôture des débats, si la majorité des juges était convaincue de l'innocence de l'accusé, la sentence était rendue sur-le-champ; mais si, au contraire, la majorité penchait vers une déclaration de culpabilité, la cause était remise au surlendemain. Pendant la journée intermédiaire, les magistrats, nourris avec modération et s'abstenant soigneusement de vin, se réunissaient pour repasser en revue toutes les circonstances

---

jambes du condamné dans le fumier pour l'empêcher de se jeter à droite ou à gauche, parce qu'on ne voulait pas que le métal en fusion vînt endommager ses chairs extérieures. Mais on peut se demander pourquoi, si tel était le dessein de la loi, on se servait plutôt de fumier que de terre, matière plus compacte et mieux appropriée à ce but. (Voy. Surenhusius, t IV, p. 237.)

(1) Mischnah, *Sanhédrin*, VII, 3. Maïmonide, *Sanhédrin*, XIII et XV.

(2) Mischnah, *Sanhédrin*, VII, 3. Maïmonide, *locis cit.*, prétend que le linge dur était enveloppé d'une étoffe molle et souple pour que la peau du cou ne fût pas déchirée.

révélées par l'instruction. Le troisième jour, ils remontaient sur leurs siéges et procédaient à une délibération définitive. Ceux qui avaient antérieurement opiné en faveur de l'accusé étaient liés par leur suffrage ; tandis que ceux qui, la première fois, s'étaient prononcés dans le sens de la culpabilitě, avaient le droit d'émettre une opinion contraire. La condamnation capitale, comme nous l'avons déjà dit, n'était rendue que lorsqu'elle obtenait au moins une majorité de deux voix (1).

L'exécution suivait immédiatement. Les juges restaient en séance ; mais un schoter, tenant un drapeau à la main, se plaçait à l'entrée du prétoire, généralement situé aux portes de la ville, dans le voisinage du champ destiné au supplice des criminels (2). Un autre schoter montait à cheval et précédait le condamné, en ayant soin de tourner fréquemment la tête du côté de son collègue. Si, pendant cette marche lugubre et solennelle, quelqu'un se présentait et se disait en mesure de fournir la preuve de l'injustice de la condamnation, le premier schoter agitait son drapeau, et le second, prenant le condamné en croupe, le ramenait de toute la vitesse de sa monture. Le condamné lui-

______

(1) Comme les condamnations à mort n'étaient pas immédiatement prononcées et que, d'autre part, les juges n'étaient pas autorisés à siéger les jours de sabbath et de fête, on n'entamait aucune cause capitale la veille de ces jours, pour ne pas prolonger inutilement les angoisses de l'accusé. (Mischnah, *Sanhédrin*, IV, 1.)

Cette abstinence de boisson et même de nourriture avant le jugement criminel se retrouve chez quelques peuples germaniques. Suivant le *Miroir de Saxe*, le juge doit être à jeun. (Voy. Grimm, *Deutsche Rechts-alterthümer*, p. 763.) — Voy. ci dessus, p. 19.

(2) Maïmonide, *Sanhédrin*, XII.

même, quand il prétendait avoir trouvé de nouveaux
moyens de justification, pouvait se faire ramener devant
ses juges jusqu'à cinq fois, pourvu que ses paroles
offrissent un caractère tant soit peu sérieux. S'il se
justifiait ou s'il était justifié par autrui, le jugement
prononcé contre lui était annulé; sinon, il était recon-
duit vers le lieu de l'exécution. Un héraut, marchant à
la tête du cortége, criait à haute voix : « Cet homme N.,
« fils de N., s'avance pour subir telle peine. Les
« témoins de son crime sont N. et N. Que celui qui
« prétend que cet homme est innocent s'avance et
« expose ses raisons (1) ! »

Parvenu à la distance de dix coudées de l'endroit
désigné, on arrêtait le condamné, et deux Disciples,
qui l'avaient accompagné jusque-là, l'engageaient à se
recueillir et à confesser son crime, afin d'attirer sur lui
la miséricorde divine et d'écarter tout soupçon de partialité de la tête des juges et des témoins (2). Ils lui
disaient, comme Josué à Achan : « Tu nous as causé
« du trouble, et Dieu t'en cause aujourd'hui (3). » Ils
ajoutaient : « En confessant ton crime, tu souffriras
« aujourd'hui, mais non pas dans la vie future. » Si le

(1) Mischnah, *Sanhédrin*, VI, 1. Bartenora, dans son commentaire
sur ce texte, prétend que le condamné avait le droit de se faire ramener deux fois devant les juges, quand même ses paroles n'offraient rien
de sérieux ; parce que sa raison, momentanément troublée par l'idée de
la mort, pouvait lui revenir en présence du tribunal. (Surenhusius,
t. IV, p. 233.)

(2) Pour les fonctions des Disciples attachés aux tribunaux, voy. ci-
dessus, t. Ier, p. 231.

(3) Josué, VII, 25.

coupable était trop troublé pour pouvoir raconter en détail les circonstances qui avaient accompagné la perpétration du crime, il satisfaisait au vœu de la loi en témoignant son repentir et en disant : « Que ma mort « serve d'expiation pour tous mes péchés! » On le dépouillait alors de ses vêtements et on lui présentait un breuvage stupéfiant, composé de vin et de myrrhe, pour qu'il ne sentît pas trop vivement les angoisses inséparables de l'exécution (1). Il était ensuite livré aux principaux témoins à charge, et ceux-ci, avant de procéder à l'exécution de la sentence, plaçaient leurs mains sur sa tête, pour attester de nouveau la vérité des paroles qu'ils avaient prononcées devant les juges (2).

Les cadavres du blasphémateur et de l'apostat étaient suspendus par les mains à un poteau élevé, la face

---

(1) Mischnah, *Sanhédrin*, VI, 2 et 3. Maïmonide, *Sanhédrin*, XIII. — Maïmonide et Bartenora disent avec raison que la confession du condamné n'était pas nécessaire pour son exécution. Cela est d'autant plus incontestable que, suivant la doctrine du Talmud, l'aveu du condamné ne suffisait pas pour le faire mourir. (Voy. Surenhusius, t. IV, p.234, et ci-dessus, p. 7.) — Les Égyptiens donnaient aussi une boisson stupéfiante aux condamnés à mort. (Voy. ci-dessus, t. Ier, p. 157.)

(2) Cette intervention des témoins ne doit pas être jugée suivant nos idées modernes. Chez un grand nombre de nations de l'antiquité, aucun caractère de honte ou d'infamie n'était attaché à l'exécution d'un jugement criminel. Chez les Hébreux notamment, les témoins n'étaient pas plus flétris que ne le sont en Europe les soldats qui concourent à la fusillade d'un de leurs compagnons d'armes. Il existe à ce sujet une dissertation aussi curieuse que rare de J. Dunze, intitulée : *De execulionis pœnarum capitalium honestate*. Halæ, 1758.— Il en était autrement dans l'Inde brâhmanique, où l'exécution des criminels était abandonnée à la caste impure des Tchandâlas. (Voy. ci-dessus, tome Ier, p. 41.)

tournée du côté du peuple; mais ils étaient détachés et inhumés avant le coucher du soleil (1).

Deux cimetières avaient été désignés par le Sanhédrin, l'un pour ceux qui mouraient par la lapidation ou le feu, l'autre pour ceux qui subissaient la peine du glaive ou de l'étranglement. On enfouissait, en même temps que les corps des condamnés, mais dans un lieu séparé, le poteau, le glaive, le linge, les pierres, en un mot, tous les instruments du supplice (2). Quand les chairs étaient consumées, les parents pouvaient exhumer les ossements et les transporter dans les sépulcres privés; mais, en retour de cette faveur, les héritiers du condamné étaient obligés de saluer les juges et les témoins, comme pour leur dire : « Soyez persuadés « que nous ne nourrissons aucun ressentiment contre « vous; vous avez jugé selon la justice. » Il leur était même défendu de se livrer à des démonstrations publiques de douleur ou de désespoir; mais on leur permettait de pleurer en silence ceux qu'ils avaient perdus, parce que, dit la Mischnah, l'affliction vient du cœur (3).

---

(1) Mischnah, *Sanhédrin*, VI, 4. Maïmonide, *Sanhédrin*, XV, 6. L'homme seul était suspendu au poteau. La femme échappait à cette peine accessoire. (Mischnah, *Sotah*, III, 8.)

(2) Voy. les preuves recueillies par Surenhusius dans son édition de la Mischnah, t. III, p. 227. On ne voulait pas qu'on pût dire : « Voilà « le poteau auquel N... fut suspendu. » — L'Écriture parle de cadavres brûlés et de sépulcres couverts d'un amas de pierres; mais c'étaient évidemment des mesures exceptionnelles. (Josué, VII, 26. 2 Rois, XVIII, 17.) — Josèphe dit que la sépulture était accordée à tous les condamnés à mort. (*Antiq. jud.*, l. IV, c. 8.)

(3) Mischnah, *Sanhédrin*, VI, 5 et 6. Selden, *De Synedriis Ebræorum*, lib. II, c. 13, § 4.

On voit que, dans le système qui nous est présenté par les rabbins, tous les détails du jugement et de l'exécution sont prévus et réglés avec une précision rigoureuse. S'il faut en croire Juda le Saint, on avait poussé la prudence et l'humanité au point de défendre sévèrement aux magistrats de prononcer, le même jour, plus d'une condamnation capitale (1).

Toutes ces traditions rabbiniques ont été vivement contestées par un grand nombre de jurisconsultes et d'interprètes de la Bible. On a prétendu notamment que le texte du Deutéronome qui prévoit la suspension du corps et ordonne de l'enlever avant la nuit, désigne manifestement la mort sur la croix.

Des centaines de savants appartenant à toutes les églises chrétiennes, théologiens, jurisconsultes, philologues, interprètes de l'Écriture, défendent cette thèse avec une conviction profonde. Ils citent une foule d'exemples pour prouver que le condamné ne subissait pas la lapidation avant d'être attaché *au bois* (2). Les

______

(1) Il y avait une exception à cette règle pour le cas où les coupables avaient agi comme coauteurs du même fait. (Mischnah, *Sanhédrin*, VI, 4; *Maccôth*, c. I. Selden, *De Synedriis Ebræorum*, l. II, c. 13.) — Les juges d'Israël, s'il faut s'en rapporter à Juda le Saint, éprouvaient une répugnance extrême pour les condamnations capitales. A la fin du premier chapitre du traité *Maccôth*, il a placé les lignes suivantes : « Un « tribunal qui prononce une seule condamnation à mort en sept ans « peut être appelé cruel. Rabbi Eliezer, fils d'Asarias, dit qu'il mérite « cette qualification, s'il prononce une seule fois une telle sentence dans « l'espace de soixante et dix ans. Rabbi Tarphon et rabbi Abika disent : « Si nous avions été membres du Sanhédrin, nous n'aurions jamais « condamné un homme à mort. Mais rabbi Siméon, fils de Gamaliel, « leur répond : « Vous auriez multiplié les homicides en Israël. »

(2) Le mot hébraïque *'éts* signifie en même temps *bois* (poteau) et *arbre*.

adorateurs de Phégor, disent-ils, furent suspendus tout
en vie (1), aussi bien que le roi de Haï (2), les descendants de Saül livrés aux Gabaonites (3) et les enfants
qui, au témoignage de Jérémie, furent attachés au
poteau par les Chaldéens (4). Ils invoquent l'autorité de
Josèphe qui raconte qu'Alexandre, roi des Juifs, ayant
fait crucifier huit cents rebelles, ordonna de mettre à
mort, au pied de leurs croix et pendant qu'ils vivaient
encore, les femmes et les enfants de ces infortunés (5).
Ils se prévalent enfin du fait incontestable que le supplice de la croix était connu en Égypte, en Phénicie
et dans la plupart des pays avec lesquels les Juifs
entretenaient des relations. Qui pourra se persuader,
s'écrient-ils, que les Hébreux seuls, parmi tant de peuples contemporains, se soient abstenus de crucifier des
hommes vivants, eux dont l'esprit vindicatif et les passions sanguinaires ne sont que trop connus (6)?

Mais d'autres savants, tout aussi érudits et non

(1) Nombres, XXV, 4.
(2) Josué, VIII, 29.
(3) 2 Rois, XXI, 9.
(4) Lamentat., V, 13.
(5) *Antiq. jud*, l. XIII, c. 22.
(6) Les noms seuls des savants qui ont défendu cette thèse rempli-
raient plusieurs pages. Leurs écrits sont très-volumineux; mais ils y
ont accumulé une foule de faits et de digressions sans rapport direct
avec le problème à résoudre. Nous nous contenterons de citer, outre le
livre de notre compatriote Juste Lipse (*De cruce libri tres, ad sacram
profanamque historiam utiles;* Opera, Ves. 1670, t. III, p. 1141-1216),
Baronius, *Annales ecclesiastici,* an. XXXIV, § 93; Gretser, *De Cruce,*
l. Ier, c. 19; Sigonius, *De republicâ Hebræorum,* l. VI, c. 8. Les principales raisons qu'on allègue ont été très-bien résumées par Dom Calmet,
dans la *Dissertation sur les supplices dont il est parlé dans l'Ecriture,*
qu'il a placée en tête de son *Commentaire littéral* du Deutéronome.

moins énergiques dans la défense de leur opinion, combattent ce système et prétendent, avec Juda le Saint, que les cadavres seuls étaient suspendus au poteau. Ils citent à leur tour des exemples empruntés à l'histoire biblique. Aux faits invoqués par leurs adversaires, ils opposent le panctier de Pharaon décapité avant d'être hissé à la potence (1), les rois de Chanaan que les soldats de Josué tuèrent avant de les suspendre au *bois* (2), les assassins d'Isboseth que David fit mettre à mort et pendre au bord de la piscine d'Hébron, après avoir ordonné de leur couper les mains et les pieds (3).

Le débat doit être placé sur un autre terrain. Les exemples cités de part et d'autre sont loin d'être décisifs. Il n'est nullement prouvé que les adorateurs de Phégor furent suspendus vivants; car le texte, littéralement traduit, donne le résultat suivant : « Saisissez « les instigateurs de la multitude et abattez-les (*vehoqa'*) « devant l'Éternel, à la face du soleil (4)! » Les talmudistes enseignent, non sans raison, qu'on les lapida et qu'on suspendit ensuite leurs cadavres au poteau; en d'autres termes, qu'on leur infligea la peine ordinaire de l'apostasie (5). Il n'est pas certain, d'autre part, que le panetier de Pharaon fut décapité avant d'être attaché à la potence; car les mots que la Vulgate traduit par *auferet caput tuum* ne signifient pas toujours l'acte de

(1) Genèse, XL, 13, 19.
(2) Josué, X, 26.
(3) 2 Rois, IV, 12.
(4) Saalschütz, *Das Mosaische Recht*, c. LVIII, § 6.
(5) Telle est notamment l'explication de la Ghémare de Babylone, sous le chap. IV du titre *Sanhédrin*.

séparer la tête du corps (1). Les Gabaonites et le roi de Haï, en supposant que ce prince fût suspendu vivant, n'étaient pas des Hébreux, et les Chaldéens, assez barbares pour crucifier des enfants, ne se proposaient pas assurément d'appliquer à ces innocentes victimes les lois pénales d'Israël. Les ordres donnés par Josué et par David n'étaient pas des sentences judiciaires, et les rois de Chanaan appartenaient à des peuples étrangers. Des faits de guerre ne sauraient être raisonnablement transformés en décisions strictement légales. Où se trouve, par exemple, le passage du Pentateuque qui, en cas d'assassinat, exige qu'on suspende les coupables au *bois,* après leur avoir coupé les pieds et les mains?

A défaut de faits et de témoignages qui se rapportent directement ou indirectement à l'application du texte controversé, il faut chercher ailleurs la solution du problème.

« Si un homme, dit Moïse, a commis un crime qui
« mérite la mort selon le droit, et que vous le tuiez et
« que vous le pendiez à l'arbre (*au bois*), vous ne lais-
« serez point pendant la nuit son cadavre à l'arbre (*au*
« *bois*), mais vous l'ensevelirez le même jour; car le
« pendu est une malédiction de Dieu, et vous ne profa-
« nerez pas la terre que l'Éternel votre Dieu vous a
« donnée en héritage (2). »

(1) Dom Calmet prétend que les mots *lever la tête des prisonniers* désignent ici le fait de les passer en revue, d'opérer leur dénombrement. Il cite, entre autres, à l'appui de son opinion, le texte suivant : *Evilmerodach leva la tête de Joachim, roi de Juda, et le tira de prison* (4 Rois, XXV, 27). Voy. *Dissertation sur les supplices*, p. XLIII.

(2) Deutéronome, XXI, 22, 23. Nous avons déjà dit que le mot

Tout en avouant que ces termes, envisagés dans leur sens littéral, ne sont pas de nature à dissiper tous les doutes, ils nous semblent conduire à des conséquences manifestement favorables à l'opinion des rabbins.

On conviendra que si Moïse avait admis au nombre de ses moyens de répression la mise en croix du coupable vivant, ce supplice eût été incontestablement le plus redoutable, le plus douloureux, le plus terrible de tous ceux dont nous trouvons des traces dans le Pentateuque. Par son intensité, par sa durée, par son caractère horriblement exemplaire, il eût figuré, sans contestation possible, au sommet de l'échelle pénale. Mais comment, dans cette hypothèse, Moïse se serait-il abstenu de désigner les crimes auxquels la croix devait servir de châtiment? Pourquoi aurait-il puni de la lapidation, et non de la croix, le culte public des idoles, l'excitation à l'idolâtrie, la magie, le blasphème, la profanation du sabbath, crimes qui, au sein de « la na-« tion sacerdotale des Hébreux, » devaient naturelle-

---

hébraïque *'ets* signifie en même temps *bois* (poteau) et *arbre*. — La traduction de la Vulgate, fidèle quant au fond, pèche par trop de concision : *Quando peccaverit homo quod morte plectendum est, et adjudicatus morti appensus fuerit in patibulo...* - Les mots : « le pendu est une « malédiction de Dieu » ont donné lieu à une vingtaine d'interprétations différentes. Grotius les explique de la manière suivante : le cadavre a porté le poids de la colère, de la malédiction de Dieu, c'est une victime immolée à la justice divine ; ne prolongez pas son supplice, et donnez-lui la sépulture avant la nuit.(*Annotata ad Vetus Testamentum*, t. Ier, p. 163 ; Paris, 1644.) Le texte chaldéen porte : « Vous ense-« velirez le même jour celui qui aura été attaché à la potence, parce « qu'il y a été attaché pour avoir péché contre Dieu. » Les autres interprétations ont été réunies par Dom Calmet, dans son *Commentaire littéral* du Deutéronome, p. 231 (édit. in-4° de 1719 .

ment attirer, en première ligne, les sévérités du législateur (1)? Pourquoi surtout aurait-il laissé à la jurisprudence la faculté d'appliquer ou d'écarter ce supplice, latitude qui ressort clairement des termes du seul passage du Pentateuque qui traite de la peine du poteau? Il importe, en effet, de remarquer que Moïse, quelle que soit l'énormité de l'acte déféré à la connaissance du tribunal, n'ordonne pas l'emploi du poteau; il veut simplement que, si l'on prescrit la suspension du condamné au poteau, le corps soit détaché du bois et enseveli avant le coucher du soleil. Non-seulement le grand législateur d'Israël se serait abstenu de déterminer les infractions auxquelles il destinait le plus redoutable des supplices admis dans ses lois, mais il aurait poussé la condescendance au point de subordonner l'application de ce châtiment terrible à la volonté, au caprice des juges! Dans son aversion de l'arbitraire, il se serait donné la peine de limiter le nombre des coups que les magistrats pouvaient faire infliger aux délinquants, et il aurait laissé à ces mêmes magistrats le pouvoir immense d'ordonner ou de rejeter la mise en croix, pour tous les crimes auxquels il n'avait pas lui-même attaché la lapidation ou le glaive (2)! Ce n'est

(1) En donnant aux Hébreux le titre de peuple sacerdotal, nous ren-dons exactement la pensée de Moïse : « Dieu lui cria du sommet de la « montagne : Voici ce que vous direz à la maison de Jacob... : Vous « serez mon royaume sacerdotal et une nation toute consacrée à mon « service. » Exode, XIX, 3-6.

(2) Suivant le Deutéronome (XXV, 1-3), le nombre des coups ne pouvait dépasser quarante, « afin que le condamné ne fût pas déshonoré « aux yeux de ses frères. » (Voy., ci-après, le § 4 de ce chapitre.)

pas tout encore. Moïse exige que le corps du condamné soit détaché et mis au sépulcre avant la nuit. Or, les annales du droit pénal, d'accord avec l'opinion de tous les anatomistes, nous apprennent que les souffrances des crucifiés se terminaient rarement le jour de l'exécution; on a même vu l'agonie de quelques-uns de ces malheureux se prolonger pendant toute une semaine (1)! L'exigence de la sépulture avant l'arrivée des ténèbres est incompatible avec la nature même du supplice de la croix (2). Aussi la langue hébraïque ne renferme-t-elle pas un seul mot auquel on puisse, avec quelque apparence de raison, rattacher l'idée du crucifiement (3).

On peut donc sans témérité se ranger à l'avis de Juda le Saint, qui fait de la suspension au poteau une peine accessoire de la lapidation, un châtiment supplémentaire réservé à deux catégories de coupables qui, plus que tous les autres, devaient inspirer une aversion profonde aux Israélites fidèles. On le peut d'autant mieux que le texte de la Mischnah se trouve en parfait accord avec le langage de Josèphe qui, dans son énumération des lois de Moïse, dit que le blasphémateur

(1) Michaëlis, *Mosaisches Recht*, § 235.

(2) L'Evangile nous apprend que les soldats romains, pour se conformer à la coutume des Juifs, qui exigeait l'inhumation des cadavres des suppliciés avant la nuit, furent obligés de rompre les articulations des malfaiteurs crucifiés en même temps que Jésus Christ. (Jean, XIX, 31, 32.) — Josèphe a eu soin de rappeler que les corps de tous les condamnés, quel que fût le genre du supplice, devaient être enterrés au coucher du soleil. (*Antiq. jud.*, l. IV, c. 8; l. V, c. 1.)

(3) Voy., à ce sujet, Pastoret, *Histoire de la législation*, t. IV, p. 486.

est lapidé et ensuite pendu au poteau pendant un jour (1). Sans doute, nous l'avons déjà constaté, la croix a fait son apparition en Judée bien avant le jour mémorable où le sang divin du Rédempteur coula sur le Golgotha (2); mais il n'en résulte pas que la croix fût un supplice national en Palestine. Il était d'origine étrangère, comme tant d'autres peines qui se trouvent mentionnées dans le texte biblique (3).

En somme, rien ne s'oppose à ce qu'on admette les traditions rabbiniques concernant le nombre, le classement et le mode d'exécution des peines capitales. Assu-

(1) *Antiq. jud.*, l. IV, c. 8.

(2) Voy. ci-dessus, p. 37, l'épisode emprunté au l. XIII des *Antiqui tés judaïques*. Déjà Cyrus et Darius avaient menacé du supplice de la croix ceux qui s'opposeraient à la reconstruction du temple de Jérusalem. (*Esdras*, I-VI. Josèphe, *op. cit.*, l. XI, c. 1.)

(3) Voy. l'indication de ces supplices à l'Appendice, litt. S. — Le supplice de la croix a provoqué des controverses d'autant plus vives qu'on y a mêlé, bien à tort, un problème théologique concernant l'accomplissement des prophéties. L'objection consistant à dire que les rabbins auraient dénaturé le texte, pour porter une atteinte indirecte aux prophéties annonçant le crucifiement de Jésus-Christ, ne résiste pas à un examen sérieux. La croix cesse-t-elle d'être la croix, parce qu'elle ne figure pas au nombre des supplices énumérés dans le Pentateuque ? Ce furent en réalité les membres du Sanhédrin qui crucifièrent le Rédempteur par les mains des soldats, à l'aide d'une sentence qu'ils avaient obtenue de Pilate. Ils lui dirent qu'ils n'avaient plus le droit de condamner à mort. Pilate se chargea de cette tâche, et, gouverneur romain, il choisit le supplice romain destiné aux esclaves. La flagellation même, dont il fit précéder la mise en croix, était une peine que les Romains infligeaient aux esclaves et aux hommes de basse condition (l. 6, § 2 ; l. 7, l. 10 princ., l. 28, §§ 2 et 5, Dig., l. XLVIII, t. XIX; l. 3, Dig., l. XLIX, t. XVIII). Suivant la loi judaïque, Jésus, dans le système de ses accusateurs, eût été condamné à la lapidation comme blasphémateur et faux prophète. (Jean, X, 30, 38; XIX, 7; Matthieu, XXVI, 61, 65, 66.)

rément, dans le tableau lucide et complet qui nous est présenté par la Mischnah, tout n'appartient pas au siècle de Moïse. La procédure, le jugement et l'exécution étaient alors plus rapides et plus simples. Cette accumulation de préceptes et de règles destinés à rendre les erreurs judiciaires aussi rares que le permettent les imperfections de l'intelligence humaine, ce vaste ensemble de formalités protectrices, cette mise en scène savamment combinée, tout cela dénote une époque où le droit national avait fait l'objet des méditations approfondies de plusieurs générations de jurisconsultes. Mais nous verrons plus loin qu'aucune objection sérieuse ne peut être opposée au système de Juda le Saint, quand on rapporte ses affirmations à la Palestine du deuxième Temple (1). Lorsqu'on remonte aux sources du droit hébraïque, pour peser impartialement les témoignages et les objections, on ne rencontre qu'un seul point où la doctrine de la Mischnah se trouve ici en contradiction manifeste avec la raison, la logique et le texte de l'Écriture : c'est lorsqu'elle efface l'adultère du catalogue des crimes passibles de la lapidation, pour le placer au nombre des méfaits punis de l'étranglement. On n'a qu'à se rappeler l'épisode évangélique où Jésus, répondant à ceux qui lui amenaient une femme infidèle à ses serments, leur dit : « Que celui « d'entre vous qui est sans péché lui jette la première « pierre ! » Moïse punit de la lapidation la femme qui

---

(1) Voy., à l'Appendice, la note intitulée : *La peine de mort dans le Talmud* (litt. C). Nous y avons répondu à toutes les objections.

entre au lit nuptial sans avoir conservé sa virginité. Il condamne au même châtiment la fiancée qui oublie ses promesses et se livre à un Israélite autre que son futur époux. Comment aurait-il assigné un supplice moins rigoureux à la femme devenant infidèle après la conclusion de son mariage (1)? On doit aussi reprocher au rédacteur de la Mischnah d'avoir omis de placer dans son catalogue des crimes capitaux trois infractions auxquelles Moïse avait formellement attaché le dernier supplice : la fausse virginité (2), les mauvais traitements ayant amené la mort instantanée de l'esclave (3), les blessures mortelles causées par un animal domestique que son maître a laissé à l'abandon, tout en connaissant ses vices (4).

(1) Rien de plus clair que l'épisode de l'Évangile de saint Jean, que nous venons de citer. « Les Scribes et les Pharisiens amenèrent à Jésus « une femme surprise en adultère, et, l'ayant placée au milieu, ils lui « dirent : Maître, cette femme a été surprise sur le fait même, commet- « tant un adultère. Or, Moïse nous a commandé de lapider celles qui « sont dans cet état. Toi donc, qu'en dis-tu ? (Jean, VIII, 1 5.) » Il n'est pas permis d'alléguer, avec M. Saalschütz (*Das Mosaische Recht*, p. 464), que les Scribes et les Pharisiens, n'étant pas des jurisconsultes, pouvaient ignorer la peine réellement applicable à l'adultère! — Au XVIIe siècle, Coccejus fit déjà remarquer que les rabbins eux-mêmes, reculant devant les inconséquences de ce système d'interprétation, n'étaient pas d'accord pour accepter ici la décision de la Mischnah. (Voy. Surenhusius, t. IV, p. 255.)

(2) Deutéronome, XXII, 20, 21. Voy., à l'Appendice, le § 4 du chap. 4 du *Code pénal extrait du Pentateuque*.

(3) Exode, XXI, 20. Voy. le § 2 du chap. V du Code cité à la note précédente.

(4) Exode, XXI, 29. Voy. le § 4 du chap. V du Code cité à la note 2.

§ 2. *Le kerith ou le retranchement.*

La peine du retranchement (*kerith*) est ordinairement désignée par l'une de ces deux formules : *Il sera retranché du milieu de son peuple, son âme sera retranchée du milieu d'Israël.*

On la trouve comminée, en même temps que la peine de mort, pour la violation du sabbath, le culte de Moloch, l'adultère, la sodomie, la bestialité, le mariage simultané avec la mère et la fille, l'inceste avec la mère, l'épouse du père ou la bru (1). On la rencontre isolément, comme peine principale et unique, pour le châtiment des actions suivantes : consulter les magiciens (2) ; sacrifier en dehors du lieu déterminé par la loi (3) ; ne pas amener les victimes à la porte du tabernacle, pour les offrir à l'Éternel (4) ; contrefaire l'huile d'onction, pour son usage ou pour l'usage d'autrui (5) ; contrefaire le parfum sacré (6) ; manger en état d'impureté la chair des hosties pacifiques (7) ; entrer en état

(1) Exode, XXXI, 14. Lévitique, XVIII, 7, 8, 15, 17, 20, 21, 22, 23, 29 ; XX, 1-5.

(2) Lévitique, XX, 6.

(3) *Ibid.*, XVII, 3-9.

(4) *Ibid.*, XVII, 3-9.

(5) Exode, XXX, 33.

(6) Exode, XXX, 38. « Il était défendu, dit Maïmonide, d'imiter l'huile d'onction et le parfum sacré, afin que cette odeur ne fût sentie que dans le lieu saint et que l'impression en fût d'autant plus grande. » (*Moré nebochim*, IIIe part., c. XLV.)

(7) Lévitique, VII, 20, 21.

d'impureté dans le temple (1) ; exercer en état d'impureté les fonctions du sacerdoce (2) ; manger la graisse des victimes immolées (3) ; manger du sang (4) ; manger les restes de l'hostie pacifique trois jours après l'immolation (5) ; ne pas se purifier après l'attouchement d'un cadavre (6) ; manger du pain levé pendant la fête de Pâque (7) ; ne pas observer la fête de Pâque (8) ; ne pas s'affliger le jour de l'expiation solennelle (9) ; négliger de recevoir la circoncision (10) ; approcher de sa femme à l'époque des menstrues (11) ; épouser deux sœurs (12) ; commettre un inceste avec sa sœur (13), avec la tante (14), avec la femme de l'oncle paternel ou

(1) Nombres, XIX, 13.

(2) Lévitique, XXII, 3.

(3) *Ibid.*, VII, 25.

(4) *Ibid.*, III, 17 ; VII, 27 ; XVII, 10, 14. Le sang jouait alors un grand rôle dans les pratiques de l'idolâtrie et de la magie. (Maïmonide, *Moré nebochim*, III⁰ part , c. XLI et XLVI.) Chez les Grecs, le sang était employé pour évoquer les âmes des morts. (*Odyssée*, XI, v. 20 et suiv.) — La défense de manger du sang est fréquemment reproduite dans le Koran. (Sourate II, 168 ; V, 4 ; VI, 146.)

(5) Lévitique, XIX, 5-8.

(6) Nombres, XIX, 14-20.

(7) Exode, XII, 15.

(8) Nombres, IX, 13.

(9) Lévitique, XXIII, 29.

(10) Genèse, XVII, 14.

(11) Lévitique, XVIII, 19, 29 ; XX, 18. Dans le Zend-Avesta (*Vendidad-Sadé*, Fargard, XVIII, v. 137), le même fait entraîne comme peine le sacrifice de mille têtes de petit bétail. Il est également prohibé par le Koran. (Sourate II, 222.)

(12) Lévitique, XVIII, 18, 29.

(13) *Ibid.*, XVIII, 11, 29.

(14) *Ibid.*, XVIII, 12, 13, 29 ; XX, 19. Dans ce dernier verset, le législateur ajoute : « Ils porteront la peine de leur iniquité. »

maternel (1) ; avec la belle-sœur (2), avec la petite-
fille (3) ; enfin mépriser la parole de Dieu, en violant
de dessein prémédité (*la main levée*) les prescriptions
impératives de la loi religieuse (4).

On n'est pas d'accord sur la détermination du caractère juridique de ce châtiment. Les uns y voient simplement la peine capitale infligée par les juges de la
terre. Les autres en font une menace de mort prématurée, survenant, par la volonté divine, avant le terme
fixé par la nature.

Un grand nombre d'interprètes de la Bible placent
le *kerith* dans la catégorie des peines capitales. Ils
disent que la signification naturelle des termes et, plus
encore, la nature des méfaits démontrent qu'on mettait à mort, qu'on exterminait les coupables. Après
avoir rappelé que la profanation du sabbath, l'idolâtrie,
le blasphème, l'inceste, d'autres crimes encore, punis
de la lapidation ou du feu, figurent également dans le
catalogue des actes qui entraînent le « retranchement
« du milieu du peuple, » ils en concluent que la peine
d'extermination et la peine capitale étaient des châtiments identiques dans la législation des Hébreux.

(1) Lévitique, XVIII, 14, 29 ; XX, 20. Ce dernier verset ajoute : « Ils
« mourront sans enfants. »

(2) Lévitique, XVIII, 16, 29 ; XX, 21. Le dernier verset ajoute : « Ils
« n'auront pas d'enfants. » — Il est évident que ce verset suppose le cas
où il n'y avait pas lieu à user du lévirat. (Deutéronome, XXV, 5.)

(3) Lévitique, XVIII, 10, 29.

(4) Nombres, XV, 30, 31. Voy., sur le sens des mots : *violer un précepte, la main levée*, le § 8 du chap. Ier du *Code pénal extrait du Pentateuque* (à l'*Appendice*, litt. A).

Quand l'Écriture, ajoutent-ils, condamne au supplice de la lapidation, c'est-à-dire à une mort immédiate et douloureuse, l'enfant qui désobéit à son père, on ne saurait placer dans une position plus favorable, en d'autres termes, menacer simplement d'un décès prématuré l'Israélite qui, par orgueil et par mépris des lois de Dieu, pèche, la main levée, contre le Seigneur. Et cependant le législateur n'attache que le *kerith* à cet acte d'impiété et de révolte qui, dans l'organisation éminemment religieuse de la Judée, renfermait à la fois un crime contre Dieu et un crime contre l'État (1)! Résumant l'opinion d'un grand nombre de commentateurs modernes, dom Calmet, dans sa *Dissertation sur les supplices dont il est parlé dans l'Écriture,* termine ainsi le paragraphe qu'il consacre à la peine du retranchement : « Lorsque l'Écriture nous parle de la destruc-
« tion totale des Chananéens (2), ou de la perte de la
« famille de Jéroboam qui fit pécher Israël (3), ou de
« la peine des plus grands scélérats dont la mémoire
« doit être effacée de dessous le ciel (4), ou de la ruine
« des nations criminelles dont Dieu jure l'extermina-
« tion (5), ou du divorce que Dieu fait avec son peuple
« ingrat, indocile et infidèle (6), l'Écriture, dans toutes
« ces occasions, ne se sert pas d'autres termes que de
« ceux qu'elle emploie pour marquer le retranchement

(1) Nombres, XV, 31.
(2) Deutéronome, XII, 29.
(3) 3 Rois, XIV, 10.
(4) Psaumes, XXXIII, 17 ; XXXVI, 9, 28 et suiv.
(5) Ezéchiel, XXV, 7. Jérémie, XLVIII, 2.
(6) Isaïe, L, 1. Jérémie, III, 8.

« d'un homme du milieu de son peuple. C'est donc ce
« divorce, cette destruction, cette abolition, cette perte
« totale, cette mort, qui est marquée dans l'Écriture,
« par ces termes : Il sera retranché du milieu
« d'Israël (1). »

Ce système d'interprétation est énergiquement repoussé par les talmudistes. Invoquant les traditions unanimes et constantes des Hébreux, ils soutiennent que le retranchement était une punition divine, indépendante et séparée de la justice des hommes. A leurs yeux, le *kerith* n'est que la menace d'une mort prématurée (2).

Nous n'hésitons pas à nous ranger à l'avis des rabbins.

Neuf fois Moïse menace les coupables en même temps du retranchement et de la peine de mort. Pourquoi aurait-il indiqué l'un et l'autre de ces châtiments, si le *kerith* lui-même était en réalité le supplice capital? Pourquoi, surtout, aurait-il pris ce parti précisément à l'égard des faits les plus graves, tels que l'inceste, la bestialité et le culte de Moloch? S'il avait voulu, comme

---

(1) Dom Calmet examine encore la question du retranchement dans plusieurs parties de ses commentaires. (Voy. Genèse, XVII, 14 ; Exode, XII, 15.) — Michaëlis est d'avis que le *kerith* désigne quelquefois la peine de mort et, le plus souvent, la perte des droits civiques. (*Mosaisches Recht*, § 237.) Warnecros, au contraire, émet l'opinion que ce mot désignait, le plus souvent, le dernier supplice ; mais il ajoute que le retranchement, après le retour du peuple de l'exil de Babylone, n'était plus que le bannissement accompagné de la confiscation des biens ! (*Entwurf der hebraïschen Alterthumer*, c. XIX, § 12.)

(2) Mischnah, *Maccóth*, III, 15. Maïmonide, *Moré nebochim*, III° part., c. XLI.

on le prétend, parler en même temps du *kerith* et du retranchement, pour dissiper le doute que les Juifs auraient pu concevoir sur l'identité absolue des deux peines, il eût choisi de préférence les faits les moins graves, pour lesquels ce doute, en le supposant possible, devait naturellement surgir dans l'esprit des magistrats. A certains coupables la loi dit : « Vous subirez « la peine de mort et, si vous échappez à la main de « l'homme, vous n'en serez pas moins retranchés du « milieu de votre peuple. » Aux autres, elle se contente de dire : « Vous serez retranchés du milieu du « peuple. » Si ces deux menaces, si différentes dans la forme, étaient identiques au fond, le législateur n'aurait pas manqué d'en avertir nettement les juges.

Or, loin d'avoir donné cet avertissement aux magistrats d'Israël, Moïse a eu soin de s'exprimer de manière à rendre complétement impossible la confusion du *kerith* et de la peine capitale. Dans le passage on ne peut plus lucide où il repousse et condamne le culte odieux de Moloch, il s'exprime ainsi : « L'Éternel « parla encore à Moïse et lui dit : Voici ce que vous « répéterez aux enfants d'Israël : Si un homme d'entre « les enfants d'Israël ou des étrangers qui demeurent « parmi eux, donne de ses enfants (de sa semence) à « Moloch, qu'il soit puni de mort et que le peuple réuni « le lapide... Mais si le peuple détourne ses yeux de « cet homme et qu'il ne le mette pas à mort, je tourne- « rai ma face contre le coupable et je le retrancherai « du milieu de son peuple avec tous ceux qui auront

« participé à son crime (1)..» La peine de mort et la
peine du retranchement n'étaient donc pas un seul et
même moyen de répression, puisque la seconde ne devait recevoir son application qu'à défaut de la première.
Le retranchement n'était pas davantage une pénalité
mise à la disposition des juges de la terre, puisque Dieu
lui-même s'en réservait l'usage pour châtier les coupables « dont le peuple détournait les yeux.» On pourrait
difficilement fournir un commentaire plus clair et plus
précis de ces termes tant de fois répétés dans toutes les
parties du Pentateuque : « Je tournerai ma face contre
« lui et je l'exterminerai du milieu de son peuple (2). »

Plus on se livre à l'examen approfondi des textes,
plus on se raffermit dans la conviction que le *kerith*
offre réellement le caractère que lui assignent les rabbins. Quand Moïse attache la peine du retranchement
à l'inceste commis avec la belle-sœur et la femme de
l'oncle paternel ou maternel, il ajoute : « Ils mourront
« sans enfants (3). » Quand il applique le même châtiment à l'union incestueuse avec la tante, il ajoute
encore : « Ils porteront la peine de leur iniquité (4). »
Il n'en faudrait pas plus pour prouver qu'on ne saurait
voir dans le *kerith* un supplice devant être subi sans
retard, à la suite d'une condamnation prononcée par les
juges. Dans le premier de ces textes, les termes « ils

____

(1) Lévitique, XX, 1-5.
(2) Voy. notamment, pour ceux qui consultent les magiciens, Lévitique, XX, 6 ; pour ceux qui mangent du sang, XVII, 10.
(3) Lévitique, XX, 20, 21. Comp. XVIII, 14-16.
(4) *Ibid.*, XX, 19. Comp. XVIII, 12, 13.

« mourront sans enfants » désignent évidemment la déception d'un espoir pouvant se réaliser après la perpétration du délit. Dans le second, les mots « ils porte« ront la peine de leur iniquité » n'auraient pas de sens, si une sentence judiciaire devait immédiatement faire retrancher les coupables du nombre des vivants. Le législateur suppose manifestement que les délinquants étaient destinés à rester en vie pendant un terme plus ou moins prolongé, et cette conséquence résulte plus clairement encore du texte de la Genèse qui menace du retranchement l'Israélite persistant à rester incirconcis. Comme la circoncision était toujours possible, cet oubli d'un précepte divin ne pouvait jamais offrir aux yeux des juges de ce monde le caractère d'une infraction consommée (1).

On peut ajouter que, lorsqu'ils voient dans le *kerith* un châtiment divin, indépendant et séparé de la justice des hommes, les rabbins se placent dans un ordre d'idées qui n'a rien d'incompatible avec l'esprit ou la lettre des livres de l'Ancien Testament. Il serait fastidieux d'énumérer les nombreux passages de l'Écriture où des menaces de mort sont proférées contre les Israélites qui refusent de conformer leur conduite aux ordonnances de l'Éternel (2). Parfois même cette menace se réalisait sous les yeux du peuple. Nadab et

(1) Genèse, XVII, 14; Saalschütz, *Das Mosaische Recht*, p. 476. Au chap. V, v. 17 et 18 du Lévitique, on trouve l'expression « ils porteront « leur iniquité » appliquée à des cas où le coupable peut, dans la suite, obtenir son pardon à l'aide d'un sacrifice expiatoire.

(2) Exode, XXII, 24; XXXIII, 3, 5. Lévitique, VIII, 35; X, 6, 7, 9; XV, 31; XVI, 2, 13; XX, 22; XXII, 9. Nombres, XIV, 12. Deutéro-

Abihu sont dévorés par le feu du ciel pour avoir violé les prescriptions rituelles (1). Korah, Dathan et Abiram sont engloutis vivants dans la terre, parce qu'ils ont murmuré contre l'autorité de Moïse (2). Le lendemain, quatorze mille hommes, coupables de sédition, périssent dans les flammes d'un incendie allumé par la colère divine (3). Tous les Israélites qui avaient murmuré contre les ordres de Dieu et de Moïse périssent dans le Désert, et leurs enfants atteignent seuls les rives si ardemment désirées du Jourdain (4). Moïse lui-même est condamné à mourir avant l'arrivée de son peuple dans la terre promise, parce qu'il avait un instant douté de la toute-puissance et de la miséricorde infinies de Dieu (5). Par contre, une vie heureuse et longue est maintes fois promise à l'Israélite qui marche dans les voies de la justice, qui observe fidèlement les ordonnances de Jéhovah (6). Après avoir énuméré, devant la nation tout entière, les prescriptions de la loi qu'il avait reçue du Seigneur, le glorieux libérateur d'Israël, près de descendre au sépulcre, s'écria, les mains et les yeux levés vers la voûte céleste : « Je prends aujourd'hui à

nome, I, 35, 36 ; II, 14, 15 ; IV. 23, 26 ; VI, 15 ; VII, 10 ; VIII, 19 ; XI. 17 ; XXIX, 21 ; XXX, 18, 19 ; XXXII, 39.

(1) Lévitique, X, 1, 2.

(2) Nombres, XVI, 1-32. Deux cents conjurés, leurs complices, sont dévorés par le feu céleste. (*Ibid.*, 35.)

(3) Nombres, XVI, 49, 50.

(4) Deutéronome, I, 35.

(5) *Ibid.*, I, 37 ; II, 14, 15 ; IV, 21, 22.

(6) Lévitique, XVIII, 5 ; XXV, 18. Deutéronome, V, 2 ; VIII, 1 ; XI. 9, 21 ; XVI, 20 ; XXII, 7 ; XXV, 15 ; XXX, 16. (Voy. encore Lévitique, XXV, 3, 4-14.)

« témoin le ciel et la terre, que je vous ai proposé la
» vie et la mort, la bénédiction et la malédiction. Choi-
« sissez donc la vie, afin que vous viviez, vous et votre
« postérité (1) ! »

Dans un code où l'intervention directe et immédiate
de la Divinité était ainsi annoncée et invoquée à toutes
les pages, on pouvait, sans rompre l'harmonie et la
force des lois pénales, placer au nombre des châtiments la mort du coupable, survenant par un décret du
ciel, avant le terme fixé par la nature. On le pouvait d'autant mieux que, dans plusieurs cas, Moïse
profère, en termes formels, la menace d'une mort à
subir par la main de Dieu. Il agit ainsi à l'égard de
ceux qui n'écoutent pas les prophètes (2); des profanes
qui, poussés par une curiosité criminelle, cherchent à
voir ce qui se passe dans le sanctuaire (3); des Israélites qui exercent des fonctions sacerdotales sans
appartenir à l'ordre des prêtres (4); des lévites qui tou-
chent à l'autel et aux vases sacrés (5); des prêtres qui
remplissent leurs fonctions sans porter les vêtements
sacerdotaux (6); des prêtres qui souillent le sanctuaire

(1) Deutéronome, XXX, 19. La même pensée se retrouve dans toutes
les parties de l'Ancien Testament. David s'écrie : « Les hommes san-
« guinaires et trompeurs n'arriveront pas à la moitié de leurs jours
« (Psaume LIV, 24). » Salomon ajoute : « La crainte de l'Éternel accroît
« le nombre des jours; mais les ans des méchants seront retranchés
« (Proverbes, X, 27). » Voy. encore Ezéchiel, XVIII, 27.

(2) Deutéronome, XVIII, 19.

(3) Nombres, IV, 19, 20.

(4) *Ibid.*, I, 51; III, 10, 38; XVIII, 7.

(5) *Ibid.*, XVIII, 3.

(6) Exode, XXVIII, 43.

en négligeant les prescriptions relatives à la purification (1) ; du pontife qui pénètre dans le sanctuaire en dehors du temps prescrit et sans avoir revêtu les ornements sacrés (2) ; des parents qui consacrent leurs enfants à Moloch (3) ; de ceux qui travaillent le jour de l'expiation solennelle (4). Le retranchement n'était que cette même menace exprimée sous une autre forme.

C'est en vain qu'on s'efforce d'écarter cette conclusion, en soutenant qu'elle détruit l'économie générale des lois criminelles du Pentateuque. Quand Moïse, dit-on, condamne à la lapidation le fils rebelle, il n'est pas possible d'assigner un traitement moins rigoureux à l'Israélite qui, par orgueil et par mépris de la parole de Dieu, pèche, la main levée, contre le Seigneur (5). L'argument est loin d'avoir la portée qu'on se plaît à lui attribuer. Pour apprécier sainement les raisons qui ont déterminé Moïse à ranger parmi les crimes capitaux la désobéissance obstinée aux ordres des parents, on devrait connaître, avec une certitude entière, l'importance des besoins auxquels il avait à pourvoir, la fréquence et l'intensité des désordres auxquels il voulait porter remède au sein de la famille hébraïque. Ces éléments d'appréciation nous manquent, et dès lors nul

(1) Lévitique, XXII, 2-9. Comp. Exode, XXX, 20.
(2) *Ibid.*, XVI, 2 Exode, XXVIII, 35. Comp. Lévitique, XVI, 17.
(3) *Ibid.*, XX, 1-3.
(4) Lévitique, XXIII, 30. Les rabbins, toujours à la recherche de distinctions subtiles, prétendent que la mort par la main de Dieu efface le péché, tandis que le coupable qui subit la peine du retranchement doit encore souffrir dans l'autre vie. (Voy. le commentaire de Maïmonide sur le § 6 du c. IX du titre *Sanhédrin*. Surenhusius, t. IV, p. 253.)
(5) Voy. ci-dessus, p. 49.

n'est en droit de prétendre que le retranchement désigne une condamnation capitale, parce que le législateur ordonne de lapider le fils rebelle! La perversité
intrinsèque de l'acte n'est pas toujours et nécessairement la mesure unique de la pénalité.

Sous quelque face qu'on envisage le problème, l'exégèse rationnelle conduit à la conclusion que le *kerith*
était un châtiment divin, réservé aux transgresseurs de
la loi qui échappaient à la justice des hommes. Le
« retranchement du milieu du peuple » est l'une des
formules dont Moïse s'est servi pour désigner la menace
d'une mort à subir par un décret du ciel. Comme
d'autres codes célèbres de l'Orient, l'Exode et le Lévitique montrent la main de Dieu toujours prête à frapper
les grands coupables (1).

(1) Voy., pour l'Égypte, ci-dessus, t. Ier, p. 129, 130 et 147, note 2.
Beaucoup de rabbins, parmi lesquels on compte Maïmonide, ont divisé
le retranchement en trois espèces : la mort prématurée du corps, la
mort de l'âme, la mort de l'âme et du corps. Ils prétendent que la mort
prématurée du corps est seule désignée, quand le texte se sert de l'expression suivante : *Cet homme sera retranché du milieu de son peuple.*
(Exode, XXX, 33, 38. Lévitique, XVII, 4, 9.) Ils voient la désignation
de l'anéantissement de l'âme dans ces termes : *Ces âmes seront retran-*
chées du milieu de leur peuple. (Genèse, XVII, 14. Exode, XII, 15 ;
XXXI, 14. Lévitique, VII, 20, 27 ; XIX, 6 8 ; XXIII, 29. Nombres, IX,
13 ; XIX, 13.) Ils découvrent l'anéantissement de l'âme et du corps dans
les mots : *Cette âme sera retranchée, son iniquité demeurera sur elle.*
(Nombres, XV, 30, 31.) Ces distinctions subtiles, incompatibles avec le
dogme de l'immortalité de l'âme, et qui sont loin d'être admises par
tous les docteurs hébraïques, ne méritent pas d'être discutées. — D'autres rabbins se sont donné des peines infinies pour déterminer la limite
d'âge que pouvait atteindre l'Israélite coupable, qui se trouvait sous la
menace du retranchement. Les uns le font mourir avant le terme de sa
cinquante-deuxième année ; les autres lui permettent d'arriver jusqu'à
douze lustres ; d'autres encore lui assignent une carrière plus ou moins

Cependant, selon la Mischnah, le danger d'encourir la colère divine n'avait pas suffi pour maintenir les hommes endurcis dans les voies tracées par le législateur d'Israël. A la peine religieuse du retranchement, la jurisprudence nationale avait ajouté la peine mondaine et immédiate de la flagellation. Dans tous les cas où Moïse menaçait le coupable du retranchement, les juges lui faisaient donner trente-neuf coups de verges, et cette souffrance, en vertu du principe du non-cumul des châtiments, le faisait échapper à la vengeance de Dieu (1). De plus, si le délinquant, après avoir été deux fois flagellé, commettait pour la troisième fois un crime punissable du *kerith*, on le condamnait à une sorte de peine capitale indirecte, résultant d'un système d'incarcération qui devait promptement amener la mort du prisonnier. Suivant une tradition qui peut être sérieusement contestée, il recevait pour séjour un étroit cachot, où un homme de taille ordinaire ne pouvait ni se tenir debout, ni s'étendre et dormir à l'aise. On le nourrissait *du pain de la misère et de l'eau de la détresse,* en d'autres termes, on le soumettait à un jeûne des plus sévères ; puis, quand toutes ses forces morales et physiques avaient disparu, on lui fournissait abondamment des gâteaux d'orge qui, toujours suivant les rabbins, faisaient gonfler et crever ses entrailles (2).

longue, suivant la gravité intrinsèque des infractions qu'il a commises. (Voy. la Ghémare de Babylone, titre *Moëd katon,* fol. 280. Selden, *de Synedriis Ebræorum,* 1. I, c. 6.) Ces controverses, dépourvues de tout point d'appui, appartiennent plutôt au domaine de l'imagination qu'à celui du droit et de l'histoire.

(1) Voy. ci dessus, p. 18.

(2) Mischnah, *Keritoth,* I, 1 ; *Maccôth,* III, 1 et 15 ; *Sanhedrin,* IX, 5,

On ne saurait prendre au sérieux l'opinion de quelques Israélites modernes qui voient dans le *kerith* l'exclusion de la communauté nationale, en d'autres termes, la mort civile (1). Il n'existe ni un fait ni un texte qu'on puisse raisonnablement invoquer en faveur de ce singulier système d'interprétation.

§ 3. *La peine du talion.*

Pour la répression des blessures et des mutilations faites de propos délibéré, Moïse admet le principe rigoureux du talion, avec toutes les conséquences qui en dérivent : œil pour œil, dent pour dent, pied pour pied, plaie pour plaie, fracture pour fracture. Il l'admet encore pour le cas où deux hommes engagés dans une lutte blessent, même involontairement, une femme enceinte. Il en fait une règle absolue, également applicable aux Israélites et aux étrangers qui se trouvent sur le sol de la terre promise (2).

avec les commentaires de Maïmonide et de Bartenora (Surenhusius, t. IV, p. 253), Maïmonide, *Moré nebochim*, IIIᵉ part., c. XLI. — Assurément, si cet étrange système d'emprisonnement a jamais existé, il n'avait rien de commun avec le droit mosaïque.

(1) Munk, *Palestine*, p. 215. Salvador, *Institutions de Moïse*, t. IV, c. 1, p. 3 (édit. belge de 1829). — M. Salvador ne possédait pas en cette matière des idées nettement arrêtées. Après avoir émis l'avis que nous venons de citer, il semble adopter, une page plus loin, l'opinion des talmudistes qui font du retranchement « un genre de mort venant de « la main de Dieu. »

(2) Exode, XXI, 22 25. Lévitique, XXIV, 19-22. Deutéronome, XIX, 16-21. — Pour les mutilations faites aux esclaves, voy., ci-après, le § 6 de ce chapitre et, à l'Appendice, le § 5 du chap. V du *Code pénal extrait du Pentateuque*.

Il existe de longues et vives controverses sur la portée réelle des textes qui consacrent cette règle sévère. Tandis que les uns y voient une prescription impérative, devant être exécutée à la lettre, les autres n'y aperçoivent qu'une indication de mesure, une base d'évaluation du montant des dommages et intérêts exigibles de ceux qui commettent des actes de violence.

C'est dans ce dernier sens que la question est résolue par les rabbins. Suivant la Mischnah, l'individu qui mutile ou blesse un homme est obligé de payer à sa victime une quintuple indemnité : pour la lésion corporelle (*Neseq*), pour la douleur et l'inquiétude (*Tsaar*), pour les frais de guérison (*Rippui*), pour le travail négligé (*Schebeth*), et enfin pour la honte ou le mépris jeté sur la personne lésée (*Boscheth*). Dans ce système, si quelqu'un a perdu un œil, une main, un pied, on le considère comme appartenant à la condition servile; on se demande de combien sa valeur vénale se trouve diminuée par les actes de violence dont il a été la victime, et l'on condamne son adversaire à payer une somme en rapport avec l'importance de la dépréciation (1). La loi est censée dire au coupable. : « Vous avez causé « telle lésion à votre prochain; vous méritez de subir la « même lésion dans votre propre corps; libérez-vous en « réparant le dommage qui est votre œuvre (2). » Tou-

____

(1) *Baba qama*, VIII, 1, et la Ghémare, *Ketuboth*, 32, a, b.

(2) Maïmonide. *Hôbel ou-mazzik*, c. I (*Mischné Torá*, l. XI). Cependant, au ch. XLI, IIIe part., du *Moré nebochim*, Maïmonide semble préférer l'opinion qui prend la peine du talion à la lettre. Il s'exprime à ce sujet avec un embarras visible.

tefois, quand il s'agit de punir le faux témoignage, les rabbins se montrent plus sévères. Celui qui accuse injustement un autre d'avoir commis un crime capital, doit être condamné au dernier supplice (1). Le faux témoin doit supporter de même les peines corporelles ou pécuniaires qu'il cherche à faire infliger à son prochain ; et, si la rétribution identique est matériellement impossible, il subit la peine du fouet (2).

Que la personne blessée ou mutilée eût le droit de soustraire l'agresseur à l'action de la justice répressive en acceptant une compensation pécuniaire, c'est ce qui ne saurait être sérieusement contesté (3). Mais n'avait-elle pas, d'autre part, la faculté d'exiger que le coupable subît, dans toute la rigueur des termes, la peine du talion comminée dans l'Exode, le Lévitique et le Deutéronome ?

Beaucoup de jurisconsultes et d'interprètes de la Bible prétendent, comme les rabbins, qu'il est impossible de prendre à la lettre les mots : œil pour œil, dent pour dent, plaie pour plaie, blessure pour blessure. Comment, disent-ils, pourrait-on, dans tous ces cas, rétribuer le mal par un mal absolument semblable ? Comment l'individu appelé à se venger dirigerait-il ses

----

(1) Pourvu qu'une sentence capitale ait été prononcée contre l'accusé. (Mischnah, *Maccôth*, 1, 6.) Sinon, ils ne subissent que la flagellation. (*Ibid.*, 3.) Voy., à l'Appendice, le § 8 du chap. V du *Code pénal extrait du Pentateuque.*

(2) *Maccôth*, I, 1 et suiv. Ils citent comme exemple du dernier cas, celui où l'on accuse un prêtre d'être inhabile à exercer ses fonctions, etc.

(3) Moïse ne défend, en effet, les compositions que pour le meurtre. (Nombres, XXXV, 31.)

coups, pour briser exactement le même nombre de dents, pour produire des fractures et des plaies d'une intensité, d'une profondeur et d'une étendue pareilles? Le bourreau n'existant pas en Judée, et les citoyens lésés étant eux-mêmes chargés de l'exécution de la peine, comment les juges se conduisaient-ils quand les exécuteurs outre-passaient les limites fixées par le jugement? Quelle était l'attitude du tribunal, quand l'opération causait la mort du coupable? On ajoute que, dans plusieurs hypothèses, l'application matérielle de la peine du talion aurait pour conséquence un mal plus grand que le tort causé par le coupable; notamment si, arrachant un œil à celui qui n'en possède qu'un seul, on le rendait aveugle pour le punir d'avoir éborgné son adversaire. On allègue encore la barbarie du châtiment et le triste spectacle qu'aurait offert un grand nombre de mutilés, étalant leurs difformités dans toutes les villes de la Palestine. On se prévaut des inconvénients et des périls qu'aurait entraînés cette consécration légale du principe de la vengeance individuelle. On dit enfin que, dans les livres historiques de la Bible, il n'est jamais question d'yeux ou de dents arrachés, de mains ou de pieds coupés, à la suite d'un jugement et à titre de peine (1).

Aucun de ces raisonnements n'est de nature à renverser le système de ceux qui soutiennent que Moïse a employé les termes de la loi dans leur sens vulgaire et naturel.

(1) Michaëlis a longuement énuméré toutes ces objections. (*Mosaisches Recht*, § 242.)

Les nations anciennes de l'Orient ne connaissaient
pas les susceptibilités et les délicatesses des peuples
modernes. Les voyageurs qui visitaient la Perse
louaient Cyrus, parce qu'ils rencontraient, sur tous les
chemins, des individus qui, par les mutilations qu'ils
avaient subies, attestaient l'inexorable rigueur avec
laquelle il faisait rendre la justice criminelle (1). Moïse
ne devait pas reculer ici devant la maladresse que des
bourreaux improvisés pouvaient mettre dans l'exécution des peines, puisque cette maladresse ne l'avait
pas empêché de confier aux témoins, et même à la multitude, l'exécution des sentences capitales, au risque
d'aggraver considérablement l'intensité du supplice.
L'objection déduite de la barbarie et de la rudesse des
châtiments n'est pas plus difficile à écarter. Quand
l'ordre public et le maintien de la sécurité générale
exigent une répression vigoureuse, rien ne s'oppose à ce
que le code criminel aille, au besoin, jusqu'à prescrire
la rétribution du mal par un mal identique. Sans doute,
un exécuteur inexpérimenté pouvait, sans le vouloir,
dépasser la limite du châtiment; mais cette éventualité,
que les législateurs de l'antiquité connaissaient aussi
bien que nous, n'avait pas empêché plusieurs d'entre
eux d'admettre la règle rude et primitive du talion. Ils
n'y voyaient qu'une chance mauvaise à laquelle ceux
qui commettaient des actes de violence étaient censés
se soumettre. C'était, à leur avis, un moyen de renfor-
cer le caractère d'intimidation qu'ils cherchaient à im-

(1) **Xénophon**, *Anabase*, l. 1, c. 9.

primer à toutes les parties de la législation criminelle. Comme Aulu-Gelle le fait dire à Sextus Cecilius, ils voulaient qu'il y eût égalité de coups et parité de membres, sans se préoccuper d'une égalité absolue dans l'effet (1). Le juge d'ailleurs était présent pour empêcher les excès et régler les détails de l'exécution (2). Josèphe dit positivement que, pour répondre complétement aux vœux de Moïse, les juges devaient faire crever les yeux de celui qui avait crevé les yeux d'un autre, à moins que l'individu lésé ne préférât être satisfait en argent (3).

Les objections qu'on oppose à l'interprétation littérale sont d'autant moins décisives que, dans le droit mosaïque, l'application matérielle du talion était nécessairement un fait rare et exceptionnel. D'une part, sauf le cas d'une lésion causée à une femme enceinte, le principe n'était admis que pour la répression des blessures et des mutilations faites de propos délibéré, avec exclusion de celles qui étaient reçues dans une lutte réciproque (4); de l'autre, la composition étant per-

---

(1) *Noctes Atticæ*, l. XX, c. 1. Dans ce chapitre, les principaux arguments qu'on peut faire valoir à l'égard du talion sont très-ingénieusement indiqués.

(2) Comp. Deutéronome, XXV, 2, 3.

(3) *Antiq. jud.*, l. IV, c. 8. — La loi des XII tables disait : *Si membrum rupsit, ni cum eo pacit, talio esto.* A Athènes, on trouvait une législation analogue. Solon avait même décidé que celui qui priverait un borgne de son œil unique devait être condamné à perdre ses deux yeux. (Voy. Petitus, *Leges atticæ*, l. VIII, t. 3, § 2, p. 632.) Les anciens connaissaient cependant les objections qu'on fait aujourd'hui contre l'usage du talion. Pour en avoir la preuve, on n'a qu'à lire le chapitre d'Aulu-Gelle, cité ci-dessus, note 1.

(4) Voy., à l'Appendice, le § 2 du chap. V du *Code pénal extrait du Pentateuque.*

mise, le coupable, pour conserver l'intégrité de son corps, s'empressait d'offrir une indemnité aussi large que possible. Les deux parties étaient intéressées à ne pas pousser les choses à l'extrême : l'agresseur, pour échapper à un châtiment redouté ; la victime, pour remplacer par des avantages réels une vengeance toujours stérile (1). A certains égards, Salvador a eu raison de dire : « La peine du talion est un principe plutôt qu'une « loi. Comme loi, elle ne ... veut pas, en général, « être exécutée (2). »

Nous croyons cependant que l'opinion des rabbins doit être admise, en ce sens qu'elle nous expose l'état réel de la jurisprudence dans la dernière période de la vie nationale des Hébreux. A Rome aussi, on avait commencé par appliquer à la lettre les dispositions de la loi des XII Tables qui réglaient l'exercice du talion ; mais plus tard, les mœurs devenant plus douces et la protection des lois plus efficace, on avait substitué aux blessures et aux mutilations une indemnité pécuniaire, fixée de commun accord ou déterminée par les juges. Il se sera produit, sur les rives

---

(1) On ne voit nulle part que les Juifs aient attaché la moindre idée de défaveur ou de honte à l'acceptation d'une indemnité pour cause de blessures ou de mutilations. Il en était autrement quand ils négligeaient de venger le meurtre de leurs proches. (Voy., à l'Appendice, la note intitulée : *La vengeance du sang dans la législation mosaïque.*) Toute transaction était alors interdite. Et cependant, même dans ce cas, il y en avait parmi eux qui étaient prêts à se laisser indemniser. Sans cette circonstance, on ne comprendrait pas la défense faite au v. 31 du chapitre XXXV des Nombres.

(2) *Institutions de Moïse*, t. II, p. 36 (édit. cit.).

du Jourdain, un phénomène juridique analogue à celui qui se manifesta, quelques siècles plus tard, sur les bords du Tibre (1). Les traditions consignées dans la Mischnah ne doivent être rejetées que lorsqu'il est impossible de les concilier avec la raison, le texte biblique et l'histoire (2).

Quand des publicistes ignorants ou prévenus se plaisent à parler de la « barbarie » des lois de Moïse, c'est toujours la pratique rude et primitive du talion qui sert de point de départ à leurs critiques. Ils ne savent pas que, dans le système du Pentateuque, le talion n'est autre chose qu'une barrière opposée aux excès et aux désordres de la vengeance privée. Au moment où les Hébreux traversèrent la mer Rouge, l'exercice implacable de cette vengeance était l'une de leurs coutumes les plus enracinées, et ils ne semblaient

(1) Comme nous l'avons déjà dit, la loi des XII Tables portait : *Si membrum rupsit, ni cum eo pacit, talio esto.* (Tab. VIII.) Or, voici comment les Institutes (l. IV, t. IV, § 7) s'expriment à ce sujet : *Pœna injuriarum ex lege duodecim tabularum propter membrum quidem ruptum talio erat... sed postea prœtores permittebant ipsis, qui injuriam passi erant, eam œstimare, ut judex vel tanti reum condemnet, quanti injuriam passus œstimaverit, vel minoris, prout ei visum fuerit. Sed pœna quidem injuriœ, quœ ex lege duodecim tabularum introducta est, in desuetudinem abiit : quam autem prœtores introduxerunt (quœ etiam honoraria appellatur) in judiciis frequentatur. Nam secundum gradum dignitatis, vitœque honestatem, crescit aut minuitur œstimatio injuriœ.*

(2) Les paroles de Jésus-Christ (Matthieu, V, 39) ne sauraient être invoquées comme une preuve de l'exécution littérale des textes qui prescrivent la peine du talion, à l'époque où ces paroles furent proférées. Elles ne renferment qu'un conseil moral donné à tous les hommes en général ; elles n'ont évidemment pas pour but de tracer une règle aux juges criminels des Hébreux.

guère disposés à y renoncer (1). Sous peine de voir mépriser ses préceptes par une nation turbulente et vindicative, le législateur devait tenir compte d'un sentiment qui règne énergiquement chez tous les peuples
primitifs, parce que, pour nous servir d'une expression
de Cicéron, il constitue à certains égards une partie de
la nature humaine (2). Ne croyant pas le pouvoir social
assez fort pour remplacer la vengeance par des moyens
répressifs qui supposent une civilisation avancée, Moïse
dut se contenter de la circonscrire dans d'étroites
limites. A l'action désordonnée de l'individu offensé, il
substitua la sentence calme et méditée des juges ; il
proclama le principe que le châtiment ne pourrait
pas dépasser les proportions de l'offense ; il écarta
complétement le talion pour les blessures reçues dans
une lutte ; il alla, en un mot, aussi loin que le permettaient les idées et les mœurs du peuple destiné à
vivre sous ses lois. Bien des siècles après lui, un autre
législateur de l'Orient fut forcé de maintenir la règle
du talion, comme un moyen de prévenir des inconvénients beaucoup plus graves. C'est à peine si Mahomet
ose timidement recommander aux croyants de se contenter d'une composition pécuniaire. « Dans le talion,
« s'écrie-t-il, est votre vie, ô hommes doués d'in-
« telligence ! Peut-être finirez-vous par craindre
« Dieu (3). »

(1) Voy. les preuves de ce fait, à l'Appendice, dans le fragment intitulé
La vengeance du sang dans la législation hébraïque (litt. D).

(2) *Natura partes habet duas, tuitionem sui et ulciscendi jus.* Cicero,
Topica, c. XXIII.

(3) Koran, Sourate II, v. 173-175. Ailleurs il ajoute : « Les blessures

D'ailleurs, lorsqu'il s'agit de déterminer l'intensité du châtiment, il n'est pas possible de formuler une règle absolue et invariable. Les temps, les lieux, les mœurs et les besoins doivent incontestablement entrer en ligne de compte. Quand les nécessités de l'ordre public et le maintien de la sécurité générale l'exigent, le législateur criminel a incontestablement le droit d'aller jusqu'à la rétribution du mal par un mal identique.

§ 4. *Peines corporelles autres que le talion.*

En dehors du talion, les peines corporelles du droit mosaïque sont la mutilation et le fouet.

La mutilation, si largement prodiguée par les autres législateurs de l'Orient, ne figure qu'une seule fois dans le texte du Pentateuque, pour la répression d'un acte que réprouvent à la fois l'humanité et la pudeur. « S'il « arrive, dit Moïse, un démêlé entre deux hommes et « qu'ils commencent à se quereller, et que la femme « de l'un, voulant tirer son mari d'entre les mains de « l'autre plus fort que lui, étende la main et le prenne « par un endroit que la pudeur défend de nommer, « vous lui couperez la main, sans vous laisser fléchir « par aucune compassion pour elle (1). »

La flagellation était plus fréquemment employée par

seront punies par la loi du talion. Ceux qui, recevant le prix de la peine, la changeront en aumône feront bien; cela leur servira d'expiation de leurs péchés. (Sourate V, v. 49.)

(1) Deutéronome, XXV, 11, 12. Les derniers mots du texte, qui semblent exclure la composition, prouvent que l'acte était devenu fréquent chez les Israélites.

les juges. Moïse l'attache à deux délits spéciaux :
l'adultère perpétré avec une esclave mariée, et la calomnie répandue par l'époux qui prétend faussement que
sa femme avait perdu sa virginité avant d'entrer au lit
conjugal (1) ; mais les termes que le législateur emploie,
dans un autre passage de l'Écriture, permettent de supposer que cette indication n'était pas limitative. « Si un
« différend, dit-il, surgit entre deux hommes et que
« l'affaire soit portée devant la justice, celui qui aura le
« bon droit gagnera son procès et celui qui sera coupable
« devra être déclaré tel. Si alors le coupable mérite
« d'être battu, le juge le fera coucher et battre sous
« ses yeux, suivant la gravité de la faute en nombre
« déterminé. Il lui fera donner quarante coups, mais
« pas au delà,... afin que votre frère ne soit pas dés-
« honoré à vos yeux (2). »

Les rabbins, en se fondant sur la généralité de ces
termes, appliquent le fouet à tous les délits qui, dans
le texte du Pentateuque, sont frappés de la peine du
retranchement (3). Ils l'appliquent même à la violation
de cent soixante-huit préceptes légaux qu'ils ont soigneusement énumérés (4). Il paraît, en effet, certain

(1) Lévitique, XIX, 20. Deutéronome, XXII, 13-19.

(2) Deutéronome, XXV, 1-3. Voy. aussi, à l'Appendice, les §§ 3 et 4 du
chapitre IV du *Code pénal extrait du Pentateuque*.

(3) Voy. ci-dessus, p. 58.

(4) Mischnah, *Maccóth*, III, 1 et suiv. — Voici quelques exemples :
Faire un faux serment (Exode, XX, 7 ; imputer à quelqu'un une action
honteuse qu'il n'a pas commise ; châtrer un animal (Lévitique, XXII,
24) ; porter les vêtements d'un autre sexe (Deutéronome, XXII, 5) ; consulter les devins, etc. (Deutéronome, XVIII, 10); se rendre coupable de

que, principalement depuis l'adoption du régime monarchique, les coups étaient devenus la peine ordinaire de toutes les infractions à la loi que les juges considéraient comme dangereuses et qui n'étaient pas autrement réprimées par un texte formel. Les magistrats voyaient dans l'emploi de ce mode de correction l'un des attributs inhérents à leurs fonctions; ils y trouvaient le moyen de faire respecter les commandements d'un intérêt secondaire (1).

Le législateur d'Israël prend ici trois précautions qui ne doivent pas être perdues de vue.

Il pose en principe que les Israélites ne peuvent être flagellés qu'en vertu d'une sentence judiciaire; il veut ensuite que la peine soit exécutée sous les yeux des magistrats qui l'ont prononcée; il exige enfin que le nombre des coups ne dépasse pas celui de quarante. Le coupable n'était pas le jouet du caprice ou de la cruauté des exécuteurs, et le châtiment, infligé dans la mesure fixée, n'avait rien de flétrissant aux yeux du peuple. Moïse lui-même avait pris soin de mettre le condamné à l'abri du déshonneur et de la honte. L'Israélite qui avait expié le délit reprenait son rang

violences légères; se raser la tête quand on est prêtre (Lévitique, XXI, 5); se faire des incisions dans le corps pour pleurer les morts (Lévitique, XIX, 28); prendre en même temps de petits oiseaux et leur mère (Deutéronome, XXII, 6), etc. Voy. Mischnah, *Maccóth*, III, 1 et suiv.; *Cholin*, XII, 4; Selden, *de Synedriis Ebræorum*, l. II, c. 13, § 8 et 9.

(1) Dans le livre des Proverbes, il est fréquemment parlé de coups pour la répression d'actes répréhensibles auxquels cette peine n'est pas formellement attachée dans le Pentateuque. (Voy. X, 13; XVII, 26; XXVI, 3.) La Mischnah y soumet le grand-prêtre, quand il n'accomplit pas les devoirs inhérents à ses hautes fonctions (*Maccóth*, III, 1, 2).

dans la société ; il n'avait pas à redouter les préjugés qui, même dans les temps modernes, s'opposent trop souvent à la réhabilitation réelle de ceux que la justice, parfois à plusieurs années de distance, a frappés de ses rigueurs (1).

Puisque les quarante coups indiqués dans le texte étaient un maximum, une limite extrême tracée par le législateur, les juges avaient incontestablement la faculté de se contenter d'un châtiment moins sévère. La peine, selon le texte du Deutéronome, devait être fixée « suivant la qualité de la faute. » Les rabbins enseignent même qu'on ne donnait jamais que trente-neuf coups de fouet, afin de ne pas dépasser par erreur le nombre de quarante (3).

(1) Deutéronome, XXV, 2, 3. La Vulgate dit.: *Ita dumtaxat, ut quadragenarium numerum non excedant : ne fœde laceratus ante oculos tuos abeat frater tuus.* Le texte hébraïque porte, au contraire : « Afin « que votre frère ne devienne pas vil à vos yeux. » Michaëlis prétend que ce passage doit être traduit de la manière suivante : « Afin que « votre frère ne soit pas battu jusqu'au sang. » Il demande comment les coups, non flétrissants jusqu'au nombre de quarante, perdraient ce caractère en dépassant la limite. (*Mosaisches Recht,* § 239.) Mais cette interprétation est victorieusement réfutée par M. Saalschütz. Il prouve que le mot *veniqla* veut réellement dire : « Afin qu'il ne soit pas « avili. » Il fait remarquer qu'il n'y a rien d'absurde à voir un châtiment correctionnel dans une peine légère et un châtiment flétrissant dans une peine plus forte. (*Das Mosaische Recht,* p. 469.) — Aux yeux des talmudistes, la flagellation, telle que Moïse l'avait autorisée, était si peu flétrissante qu'ils y soumettaient même le grand-prêtre. (*Maccôth,* III, 1.) On ne comprend pas comment Josèphe a pu dire que ce châtiment était une peine servile et flétrissante au plus haut degré. (*Antiq. jud.,* liv. IV, c. 8.) En écrivant ces lignes, il subissait visiblement l'influence des idées étrangères.

(2) Cette affirmation, qui provoque les railleries de Michaëlis (*Mosaisches Recht,* § 239), trouve, à notre avis, une justification éclatante

Le Deutéronome n'indique pas clairement la manière dont la flagellation était exécutée en Palestine. Il se borne à dire : « Les juges feront coucher le condamné, « et les coups seront donnés sous leurs yeux. » Selon le Talmud, on plaçait le coupable dans une position inclinée, les mains liées à une colonne, et les coups étaient donnés avec des lanières de cuir de bœuf, deux tiers sur le dos et un tiers sur la poitrine. Les exécuteurs étaient les Schoterim attachés au tribunal.

Si le condamné devait subir deux flagellations pour deux délits distincts, il ne subissait la seconde que lorsque toutes les traces de la première avaient disparu (1).

Quand Roboam, écoutant les excitations perfides de ses courtisans, disait aux délégués du peuple : « Je « vous châtierai avec des fouets garnis de pointes, » il menaçait ses sujets d'un supplice inconnu dans le droit mosaïque.

dans ces paroles de saint Paul : « J'ai reçu des Juifs cinq fois quarante « coups moins un. (2 Corinth , XI, 24.) » Josèphe, de son côté, dit formellement qu'on ne donnait que trente-neuf coups.(*Ant. jud.*, l. IV, c. 8.) Voy. Mischnah, *Maccôth*, III, 10.

(1) 3 Rois, XII, 11, 14. Tous les détails de la flagellation sont minutieusement décrits dans la Mischnah (*Maccôth*, III, 10-14). Si, pendant l'exécution, il devenait manifeste que les forces du patient ne lui permettaient pas de recevoir sans danger le nombre de coups fixé par les juges, on lui faisait la remise du restant. Pendant la flagellation, un crieur public récitait à haute voix les versets 58 et 59 du chap. XXVIII du Deutéronome, ensuite le verset 8 du chapitre XXX, et enfin le Psaume LXXVII jusqu'au verset 38.

§ 5. *L'emprisonnement.*

Beaucoup de jurisconsultes et d'interprètes de l'Écriture placent l'emprisonnement au nombre des peines admises dans la législation hébraïque.

Cette opinion peut être sérieusement contestée. Le Pentateuque mentionne deux fois l'arrestation d'individus accusés d'avoir violé les lois religieuses de la nation; mais cette mesure n'était prise que pour les empêcher de se soustraire par la fuite au châtiment qu'ils avaient mérité (1). Nulle part on ne voit attacher la détention, comme peine proprement dite, à l'un des nombreux actes incriminés par le législateur. Pendant la longue pérégrination dans les déserts de l'Arabie pétrée, quand le peuple, campé sous la tente, attendait chaque jour le signal du départ, l'existence d'une prison proprement dite était impossible. Moïse ne voulait que des peines qui, même avant l'arrivée des Hébreux dans la terre promise, étaient susceptibles d'être utilement infligées par les juges.

On prétend, il est vrai, que, dans les siècles suivants, sous les rois d'Israël et de Juda, la détention fut admise, à titre de peine, par la jurisprudence nationale (2). On cite les passages des Chroniques et du livre de Jérémie où il est parlé de prisons, de cachots, de fers, d'entraves et de fosses humides (3); mais, ici

(1) Lévitique, XXIV, 12. Nombres, XV, 34.
(2) Saalschütz, p. 465. Munk, *Palestine,* p. 406.
(3) 2 Chroniques, XVI, 10; XVIII, 26. Jérémie, XX, 2; XXVII, 2, 3,

encore, rien ne nous oblige à voir dans ces textes la preuve de l'introduction d'une peine nouvelle. On peut très-bien les appliquer à des lieux de détention où l'on enfermait les accusés qui attendaient leur jugement, et où ceux-ci étaient soumis à un régime plus ou moins sévère, suivant leur conduite, leur caractère ou la nature du crime dont ils s'étaient rendus coupables. Il se peut aussi que les rois aient eu recours à un système d'emprisonnement plus ou moins rigoureux, pour se débarrasser momentanément de ceux qui leur inspiraient de l'ombrage et qu'ils ne voulaient pas envoyer au supplice (1). Des tyrans firent enfermer Michée et Jérémie parmi les malfaiteurs et les insensés (2). Plus tard, nous voyons les Asmonéens et leurs successeurs les Hérodiens user du même procédé à l'égard de leurs proches et de leurs adversaires (3). Mais ces faits ne

12; XXVIII, 10, 13; XXIX, 26; XXXII, 2, 8; XXXIII, 1; XXXVII, 14, 15, 16, 20; XXXVIII, 3-13. On cite aussi le Psaume CVIII, mais ses v. 10 et suivants sont évidemment allégoriques. Voy. encore Ezéchiel, XXXIV, 27. Isaïe, XXIV, 22; XLII, 7. Ecclésiastique, VI, 25; XXI, 22.

(1) Au chap. XVI, v. 10, du 2ᵉ livre des Paralipomènes, on lit : « Asa « fut irrité contre le prophète et le mit en prison, car il fut fort indi- « gné... Asa *opprima aussi* en ce temps-là quelques-uns du peuple. »

(2) 3 Rois, XXII, 27. 2 Paralipomènes, XVIII, 26; Jérémie, XXXII, 2, 8. Le v. 26 du chapitre XXIX de Jérémie permet de supposer qu'on jetait dans les prisons, en les faisant passer pour insensés, les hommes qu'on voulait soustraire à l'accusation capitale de fausse prophétie (Voy. ci-dessus, p. 29.)

(3) Aristobule fait mourir de faim en prison sa propre mère. (Josèphe, *Antiq. jud.*, 1. XIII, c. 19.) A partir de ce règne, les exemples d'emprisonnement pour cause politique deviennent fréquents. (Voy. Josèphe, 1. XVI, c. 11, 16 et 17; 1. XVII, c. 7; 1. XIX, 7.) Déjà sous Jean Hyrcan, ce système se manifeste dans une circonstance curieuse. Jean ayant demandé aux Pharisiens quel traitement méritait Eleazar qui avait

sauraient être envisagés comme preuve d'un changement radical de la législation hébraïque. Il faut y voir
un de ces abus de pouvoir, de ces actes de vengeance
et de despotisme, qu'on rencontre si fréquemment dans
les annales de la Palestine. Hérode faisait lutter les
condamnés à mort contre les lions du cirque qu'il avait
construit aux portes de Jérusalem. Dira-t-on que ce
supplice horrible était devenu l'un des modes d'exécution consacrés par le droit national des Hébreux (1)?

Quoi qu'il en soit, à l'arrivée des Chaldéens conduits
par Nebuchadnezzar, il y avait déjà au moins trois
prisons à Jérusalem : une à la porte de Benjamin, une
seconde dans la maison de Jéhonathan le secrétaire,
une troisième dans la cour du palais royal (2). Il est
également certain que, vers la même époque, les lieux
de détention étaient désignés par des expressions en
rapport avec le régime auquel les prisonniers s'y trouvaient soumis, telles que *Beth ha-keli* (maison de détention), *Beth ha-asourim* (maison des enchaînés), *Beth
ha-mahpecheth* (du nom d'un instrument qui servait à
enchaîner les pieds et les mains), et *Bor* (citerne, sou-
terrain) (3).

Au retour de Babylone, Artaxerxès permit à Ezra
de faire condamner à l'emprisonnement tous ceux qui
désobéiraient à ses ordres; mais ce châtiment n'était

calomnié le chef de l'État, ils répondirent qu'il devait être battu de
verges et mis en prison. (Josèphe, XIII, 18.)

(1) Josèphe, *Antiq. jud.*, l. XV, c. 11. Voy. aussi l. XX, c. 7.

(2) Jérémie, XX, 2; XXXII, 2; XXXVII, 15.

(3) Voy. le livre de Jérémie, et Munk, *Palestine,* p. 406 (Paris, Didot,
1845).

pas plus une peine hébraïque que celles de l'exil et de la confiscation des biens, mentionnées dans le même décret (1).

Il est difficile, d'autre part, de prendre au sérieux l'enseignement des talmudistes concernant le système de reclusion destiné à l'individu que les juges voulaient faire mourir sans le condamner à mort, parce que le texte de la loi ne leur permettait pas de prononcer une sentence capitale. Au dire des rabbins, l'assassin qu'on ne pouvait envoyer au supplice, parce que sa culpabilité, quoique constante aux yeux des juges, ne résultait pas des dépositions concordantes de deux témoins, était soumis au régime abrutissant et mortel *du pain de la misère et de l'eau de la détresse*, dont nous avons antérieurement indiqué la nature barbare et les conséquences funestes ; on le traitait, en un mot, comme l'Israélite impénitent qui, après avoir été deux fois flagellé, commettait pour la troisième fois un acte punissable du retranchement (2).

Si cet étrange système d'incarcération a réellement existé, il est impossible de ne pas y voir, dans le cas actuel, une violation flagrante des lois mosaïques. Le *pain de la misère* et l'*eau de la détresse*, arbitrairement substitués à un supplice prohibé par la loi, étaient la suppression de l'une des garanties essentielles que Moïse accordait à tout individu poursuivi en justice. Le législateur n'avait pas voulu qu'une sentence de mort fût prononcée sur le témoignage d'un seul. Tenant compte des

(1) 1 Ezra, VII, 26.
(2) Voy. ci-dessus, p. 58, et Mischnah, *Sanhédrin*, IX, 5.

passions fougueuses du peuple destiné à vivre sous ses lois, il avait exigé, comme condition préalable et nécessaire de tout jugement de ce genre, les dépositions concordantes de deux témoins. Placé entre les inconvénients éventuels de l'impunité et le malheur irréparable de l'exécution d'un innocent, il n'avait pas hésité à sacrifier, dans une certaine mesure, les exigences de la sécurité publique. Respecter la lettre de cette loi, s'abstenir de prononcer une sentence capitale contre l'individu inculpé par la déposition d'un seul témoin, mais, en même temps, soumettre cet infortuné à un régime équivalent à un empoisonnement prémédité, c'était ajouter l'hypocrisie au mépris de l'un des préceptes fondamentaux du Deutéronome (1).

§ 6. *Les peines pécuniaires.*

Les peines pécuniaires apparaissent dans le droit mosaïque sous des formes diverses. On y voit figurer la perte de la propriété mobilière, la rançon (*qofer*) et l'amende (*'onesch*).

L'Israélite qui maltraite ses esclaves au point de leur faire perdre un œil, une dent ou un membre, est obligé de les mettre en liberté (2). Le propriétaire de l'ani-

(1) On invoque quelquefois ces paroles d'Achab : « Qu'on le nourrisse « (Michée) de pain de tribulation et d'eau d'angoisse jusqu'à mon « retour. » (3 Rois, XXII, 27.) Mais il est évident qu'Achab voulait simplement désigner une détention rigoureuse.

(2) Exode, XXI, 26, 27. Voy., à l'Appendice, le § 5 du chap. V du *Code pénal extrait du Pentateuque.*

mal qui tue un homme est puni de son défaut de surveillance par la perte de la bête (1).

Les hommes qui, en se battant, heurtent une femme enceinte et la font accoucher d'un enfant mort, sont obligés de payer au mari une rançon à déterminer par les juges (2). De même, si un taureau tue un homme ou une femme libre, le maître de l'animal, qui en connaît les vices et ne l'a pas enfermé, est déclaré coupable de meurtre; il est obligé de payer, pour le rachat de sa vie (*pidjon nephesch*), « tout ce qu'on lui demande (3). »

L'amende proprement dite est fixe ou proportionnelle. La première varie de trente à cent sicles. La seconde s'élève du double au quintuple de la valeur du corps de délit.

Une amende de cent sicles est due par le mari au père de la femme qu'il accuse faussement d'avoir perdu sa virginité avant le mariage (4). Le séducteur d'une vierge est condamné à l'épouser et à payer au père une amende de cinquante sicles (5). Une autre amende de trente sicles est imposée au propriétaire du taureau

(1) Exode, XXI, 28. Voy., à l'Appendice, le § 4 du chap. V du *Code pénal extrait du Pentateuque.*

(2) Exode, XXI, 22-25. Voy., à l'Appendice, le § 2 du chap. V du Code cité.

(3) Exode, XXI, 29-31. Le taureau ne figure ici que pour exemple, et les mots « tout ce qu'on lui demande » n'excluent évidemment pas le droit des juges de réduire une demande excessive. (Voy. le § 4 du ch. V du Code cité.)

(4) Deutéronome, XXII, 19. Le calomniateur était, en outre, flagellé et déclaré déchu du droit de répudiation. (Voy., à l'Appendice, le § 7 du chap. V du *Code pénal extrait du Pentateuque.*)

(5) Deutéronome, XXII, 29. Le séducteur était de plus privé du droit de répudiation. (Voy. le § 8 du chap. IV du Code cité.)

qui tue un esclave à coups de cornes, quand on prouve
que le propriétaire connaît les vices de son animal
et ne l'a pas enfermé (1).

L'amende proportionnelle est le moyen de répression
du vol, de la violation de dépôt et de l'abus de confiance. Le voleur de bétail, qui n'a pas encore détruit
ou aliéné l'animal dérobé, doit rendre le double, sous
peine d'être vendu comme esclave (2). Si l'animal n'est
plus en sa possession, il est obligé de restituer cinq
bœufs pour un bœuf et quatre brebis pour une brebis (3).
L'auteur d'une violation de dépôt ou d'un abus de confiance est tenu de payer le double à la personne
lésée (4). Toutefois, si les coupables font l'aveu du méfait et restituent spontanément les choses dont ils se
sont indûment emparés, ils peuvent se soustraire au
châtiment légal. Le payement du cinquième de la
valeur du corps de délit, accompagné d'un sacrifice
d'expiation, leur procure alors un pardon intégral, et la

____

(1) Exode, XXI, 32. Le bœuf lui-même était lapidé. (Voy. le § 4 du
chap. V du *Code pénal extrait du Pentateuque*.)

Le Talmud nous apprend que, dans les siècles suivants, d'autres
amendes furent établies par la jurisprudence nationale. Le coup de
poing était puni de l'amende d'un sicle ; le soufflet, d'une amende de
200 *zuz* et même de 400 *zuz*, s'il était donné par le revers de la main.
Cette dernière amende était également imposée à celui qui tirait quelqu'un par l'oreille, qui arrachait le manteau d'un autre, lui crachait
à la figure ou découvrait, dans la rue, la tête d'une femme. (Mischnah,
Baba qama, II, 6 ; III, 1 et s. ; VIII, 6.)

(2) Exode, XXII, 4.

(3) Exode, XXII, 1, 4. Le taureau et la brebis ne figurent ici que
pour exemple. (Voy., pour les détails et les motifs, à l'Appendice, le
§ 1er du chap. VI du *Code pénal extrait du Pentateuque*.)

(4) Exode, XXII, 7.

prière du prêtre leur rend, aux yeux de tous, l'honneur qu'ils ont perdu par leurs méfaits. Le législateur, par cet adoucissement considérable de peine, s'efforçait de provoquer la réparation volontaire d'une classe d'infractions difficiles à constater dans l'organisation politique et judiciaire de la Judée (1).

L'amende du droit mosaïque, qu'elle soit fixe ou proportionnelle, présente ainsi ce remarquable caractère qu'elle est toujours payée aux parties lésées et jamais au trésor public. Les citoyens, par l'attrait du bénéfice, étaient stimulés à poursuivre les coupables.

On peut aussi considérer comme une sorte de peine pécuniaire le sacrifice que l'Israélite devait, dans certains cas, offrir à Jéhovah pour obtenir le pardon de son péché (2). Mais le droit national des Juifs ne connaissait pas la confiscation générale des biens. La perpétuité des mêmes héritages dans les mêmes familles étant l'une des règles fondamentales de l'organisation économique du pays, cette peine si dangereuse par la cupidité qu'elle provoque, si injuste par les souffrances qu'elle inflige à la famille du coupable, ne pouvait obtenir l'assentiment de Moïse (3). Plus tard, nous voyons

(1) Lévitique, VI, 1-6. Nombres, V, 6-8. Voy., à l'Appendice, *loc. laud.*

(2) L'Israélite coupable d'adultère avec une femme esclave était obligé d'offrir un sacrifice. (Voy. le § 3 de ce chapitre, et, à l'Appendice, le § 3 du chap. IV du *Code pénal extrait du Pentateuque*) Nous venons de voir que la même obligation existait pour le voleur qui, par un aveu et une restitution spontanés, voulait échapper à la peine ordinaire. D'autres sacrifices étaient prescrits pour la rémission de certains péchés. (Voy. les chap IV, V et XXII du Lévitique et le chap V des Nombres.)

(3) L'année jubilaire, chaque famille rentrait dans la possession de

les rois d'Israël et de Juda confisquer et donner des héritages (1). Après le retour de la captivité, nous voyons même la confiscation des biens figurer, en même temps que l'exil, dans un décret promulgué par Ezra (2). Mais les rois commettaient des abus de pouvoir, et le chef des Juifs revenus de Babylone, agissant au nom et comme délégué d'Artaxerxès, subissait l'influence des idées étrangères. C'est en vain qu'on cherche dans le Pentateuque la moindre trace de la confiscation d'un immeuble à titre de peine (3).

Au surplus, il ne faut pas confondre les peines pécuniaires avec l'obligation de réparer le tort causé par négligence ou par imprudence ; car cette obligation subsiste toujours, alors même que le législateur n'a pas imprimé à l'acte le caractère d'un délit proprement dit. Quand un bœuf en tue un autre, son propriétaire est obligé de rendre bœuf pour bœuf (4) ; et, à plus

son héritage. (Lévitique, XXV, 8-13.) La Mischnah dit que les biens des condamnés à mort passaient à leurs héritiers, sauf le cas où une ville entière était détruite pour cause d'apostasie collective. (*Sanhédrin*, XI, 4 ; *Kethuboth*, III, 2.) Voy. aussi Maïmonide, *Moré nebochim*, IIIᵉ part., c. XLI.

(1) 1 Rois, XXII, 7. 2 Rois, IX, 9 ; XVI, 4 ; XIX, 29. 3 Rois, IX, 11 ; XXI, 3 et suiv. Des docteurs illustres, entre autres Maïmonide, ont même enseigné que chaque fois que le roi prononçait la peine de mort, la confiscation était la suite ordinaire de la sentence. (*Melachim*, IV, 9.)

(2) 1 Ezra, X, 8 Voy. le § 7 de ce chapitre.

(3) On ne saurait, avec le marquis de Pastoret (*Histoire de la législation*, t. IV, p. 163), voir un exemple de confiscation dans l'inaliénabilité des biens que leurs propriétaires avaient « voués à l'Éternel. » (Lévitique, XXVII, 21, 28. Nombres, XVIII, 14.)

(4) Exode, XXI, 36. Toutefois, si le maître n'avait pas été averti des défauts de son animal, et qu'ainsi aucune négligence grave ne pouvait

forte raison, la même règle reçoit son application quand c'est l'homme qui tue le bétail d'autrui (1). Celui qui laisse paître son troupeau dans les champs du voisin, ou met involontairement le feu aux récoltes, doit réparer complétement le dommage occasionné par sa faute (2). Celui qui construit une citerne est tenu de la couvrir, sous peine d'être responsable de la perte des animaux qui y tombent et meurent (3).

La distinction fondamentale de l'action publique et de l'action privée, parfaitement connue en Égypte et dans l'Inde brâhmanique, n'était pas ignorée sur les rives du Jourdain.

§ 7. *Le bannissement, l'excommunication et la résidence obligatoire dans une ville de refuge.*

Au premier livre d'Ezra, on lit un décret ainsi conçu : « Que tous ceux qui sont revenus de captivité « s'assemblent à Jérusalem. Quiconque ne s'y trouvera « pas, dans trois jours, verra son bien soumis à l'ana- « thème et sera séparé de l'assemblée de ceux qui sont « revenus (4). »

lui être imputée, il ne devait pas rendre bœuf pour bœuf. L'animal survivant était alors vendu et son prix partagé par moitié. On partageait aussi le bœuf mort. (Exode, XXI, 35.)

(1) Lévitique, XXIV, 18, 21. Il ne faut pas même qu'on ait volontairement tué l'animal. Il suffit qu'il périsse dans une fosse qu'on a négligé de couvrir. (Exode, XXI, 33, 34.)

(2) Exode, XXII, 5, 6.

(3) Exode, XXI, 34.

(4) 1 Ezra, X, 8.

Si l'on admet, avec quelques-uns des interprètes les
plus habiles de la Bible, que « l'exclusion de l'assem-
« blée » désigne ici l'exil, il faut bien avouer, d'autre
part, que cette peine n'a rien de commun avec le droit
mosaïque. Le grand législateur d'Israël, dont tous les
efforts tendaient à préserver ses frères des aberrations
du polythéisme, ne pouvait approuver un châtiment
dont le premier effet eût été d'exposer la foi et les
mœurs du condamné aux séductions les plus dangereuses. La seule espèce de relégation qu'il ait admise
consiste dans l'obligation, imposée à l'auteur d'un homicide involontaire, de résider dans l'une des six villes
de refuge jusqu'à la mort du grand-prêtre (1). Il ne
pouvait, sans s'écarter des principes fondamentaux de
sa législation, condamner un Israélite à passer sa vie
au milieu des idolâtres, et le silence absolu qu'il garde
au sujet de l'exil proprement dit est d'autant plus signi-
ficatif, que cette peine était généralement admise chez
les peuples de l'antiquité. Il est vrai que, du temps
d'Ezra, la situation n'était plus la même. Un grand
nombre de Juifs étant restés à Babylone et dans les diverses provinces de l'Assyrie, le banni avait la faculté de
se retirer parmi ses compatriotes établis sur les rives
de l'Euphrate; mais le bannissement n'en restait pas
moins une peine d'origine étrangère (2).

____

(1) Voy., à l'Appendice, le § 3 du chap. V du *Code pénal extrait du
Pentateuque*.

(2) On ne saurait voir une sorte d'exil dans l'ordre despotique
donné par Salomon à Siméi, de ne pas sortir de la ville de Jérusalem,
sous peine d'être mis à mort. (3 Rois, 11, 36 et suiv.)

Aussi trouve-t-on, parmi les chrétiens et les Juifs, une foule de docteurs qui refusent de donner cette interprétation au décret d'Ezra. Dans « l'exclusion de « l'assemblée, » ils voient l'origine de cette excommunication judaïque dont les rabbins ont si longuement parlé et qu'ils divisent en deux classes principales : le *Niddui* ou l'exclusion partielle, pendant trente jours, des rapports ordinaires de la vie sociale ; le *Cherem* ou la rupture absolue de toutes les relations sociales entre le coupable et les Israélites fidèles (1).

§ 8. *Exécution des peines.*

Nous avons déjà fait connaître le mode d'exécution des quatre peines capitales admises dans le droit national des Hébreux (2). Nous nous contenterons d'ajouter qu'aucune exécution n'avait lieu les jours de sabbath ou de fête (3), si ce n'est quand il s'agissait de punir un

---

(1) Nous nous bornons à indiquer les caractères généraux de l'excommunication, sans entrer dans les détails : d'abord, parce que la matière n'appartient pas au droit pénal proprement dit ; ensuite, parce que, même parmi les Juifs, l'origine, la division et les effets de l'excommunication donnent lieu à d'inextricables controverses. Ceux qui veulent connaître l'enseignement des rabbins dans tous ses détails n'ont qu'à lire le chapitre VII du livre Ier du traité de Selden, *De Synedriis Ebrœorum*. Parmi les infractions entraînant l'excommunication, on cite les faits suivants : appeler esclave un homme libre ; vendre son domaine à un gentil ; témoigner contre un Juif devant un tribunal d'idolâtres, pour l'obliger à payer une somme qui ne serait pas due suivant les lois d'Israël, etc.

(2) Voy. ci-dessus, p. 30 et suiv., et, à l'Appendice, le fragment intitulé : *La peine de mort dans le Talmud* (litt. C). Comp. Jean, XIX, 31.

(3) Mischnah, *Sanhédrin*, IV, 1 ; *Bezah*, V, 2.

juge qui avait refusé d'obéir aux arrêts de la juridiction suprême. Celui-ci était conduit à Jérusalem et exécuté à l'époque des fêtes solennelles, par application du texte du Deutéronome : « Tout le peuple entendra « le châtiment et sera saisi de crainte (1). »

Nous ajouterons encore que, jusque sous les règnes de David et de Salomon, lorsqu'il s'agissait de punir un meurtre, la famille du mort possédait, à certains égards, un droit équivalant à celui de la justice nationale. Le plus proche parent de la victime n'était pas obligé de recourir aux tribunaux pour obtenir le châtiment de l'auteur du crime. Justement indigné de l'outrage infligé à sa race, il pouvait à l'instant et sans jugement préalable poursuivre et tuer le meurtrier. Il représentait à la fois la famille lésée et la loi violée par le coupable; il était le messager de la justice, le vengeur du sang, le Goël (2).

Pour l'exécution des peines autres que le dernier supplice, la Bible ne fournit aucune indication positive, et les traditions rabbiniques elles-mêmes renferment de regrettables lacunes. On peut admettre que la flagellation était faite, sous les yeux des juges, par les schoterim

(1) Deutéronome, XVII, 13. — Toutefois, le texte même de la Mischnah prouve que cette exception n'était pas universellement admise. (*Sanhédrin*, X, 4.)

(2) Nombres, XXXV, 16 21. C'est en vain que quelques Juifs modernes ont voulu révoquer en doute l'exercice du redoutable droit du Goël. On trouvera, à l'Appendice, des renseignements complets sur cette importante question, dans le fragment déjà cité : *Le Goël ou la vengeance du sang dans la législation mosaïque* (litt. D).

attachés au tribunal (1). Mais comment procédait-on à l'application du talion, à l'époque reculée où cette peine n'était pas encore remplacée par des dommages et intérêts (2)? De quelle manière s'opérait le recouvrement des amendes? De quels moyens de contrainte usait-on pour réduire à l'état d'esclave le voleur incapable de payer le double, le quadruple ou le quintuple du prix des objets dérobés (3)? A toutes ces questions on ne peut répondre que par des conjectures plus ou moins plausibles. Il est probable que la peine du talion était l'œuvre des parties lésées ou des témoins, agissant sous la surveillance directe du tribunal (4). Il est plus probable encore que les schoterim opéraient le recouvrement des amendes suivant les procédés usités pour la perception des impôts. Quant au voleur qui restait en retard de se libérer, une tradition respectable nous apprend qu'on commençait par saisir ses meubles. Si ceux-ci ne fournissaient pas la somme requise, on vendait publiquement les immeubles. Si le condamné ne possédait aucune espèce de biens, ou si leur valeur était insuffisante, il était lui-même vendu à l'encan par les magistrats de son domicile (5).

(1) On peut déduire cette conséquence du chapitre XXV du Deutéronome. Voy. ci-dessus, p. 69 et 70.

(2) Voy. ci-dessus, p. 65.

(3) Exode, XXII, 2, 3, 4. Voy. ci-dessus, p. 79.

(4) Puisque, pour prévenir l'abus du châtiment, la flagellation elle-même s'effectuait sous les yeux des juges (voy. ci-dessus, p. 70), il devait en être de même, à plus forte raison, pour le talion.

(5) Voy. les preuves recueillies par Surenhusius, t. III, p. 228, et, à l'Appendice, le § 1er du chap. VI du *Code pénal extrait du Pentateuque*.

Sous le gouvernement des rois d'Israël et de Juda, les sentences capitales rendues par le souverain étaient souvent exécutées par des soldats. On a eu tort de voir dans ce fait l'application d'une règle de procédure criminelle, consacrée par la jurisprudence hébraïque. Ce n'était pas comme délégués de la justice nationale que des militaires, astreints à l'obéissance passive, exécutaient les ordres donnés par leurs chefs suprêmes (1). Chez les Juifs, l'exécution de la peine de mort était l'œuvre des témoins, et nous avons déjà fait remarquer qu'aucun caractère de honte ou d'infamie n'était attaché à cet acte (2).

§ 9. *Extinction des peines.*

La Bible ne mentionne que deux modes d'extinction des peines : la composition et la grâce..

Dans le droit mosaïque, la composition n'était pas admise d'une manière illimitée. La responsabilité dérivant d'un homicide, même involontaire, ne pouvait être rachetée à prix d'argent. Par un sentiment élevé de la dignité de l'espèce humaine, le législateur avait voulu que la vie de l'homme restât toujours en dehors des stipulations des parties intéressées. Le riche et le pau_

(1) David fit tuer par ses compagnons d'armes les assassins d'Isboseth et l'Amalécite qui lui apporta la nouvelle de la mort de Saül. (2 Rois, I, 15; IV, 12.) Salomon ordonna à Benajah de tuer Joab, Adonia et Siméi. (3 Rois, II, 25, 34, 46.)

L'opinion de ceux qui font un corps de bourreaux des gardes royaux, désignés sous les noms de Kréthi et de Pléthi, ne résiste pas à un examen tant soit peu sérieux.

(2) Voy. ci-dessus, p. 34, note 2.

vre étaient mis sur la même ligne. Le premier n'avait pas l'espoir de se soustraire, à l'aide de ses richesses, au châtiment qu'il avait mérité ; il ne pouvait pas même échapper à l'obligation de résider dans l'une des villes de refuge jusqu'à la mort du grand-prêtre, quand il avait eu le malheur de verser accidentellement le sang de son semblable (1).

Dans les autres cas où le délit consistait dans un dommage individuel, les parties lésées, en acceptant un dédommagement, arrêtaient les poursuites et empêchaient l'application des peines. L'expiation de l'homicide et des crimes dirigés contre la religion ou les intérêts généraux de la nation était seule irrémissiblement attribuée à la justice nationale (2).

Mais ne faut-il pas admettre que, depuis l'établissement de la royauté, la rigueur de ce système fut tempérée par l'exercice du droit de grâce, devenu l'une des prérogatives de la couronne ?

Michaëlis répond affirmativement (3). Il cite à l'appui

(1) Nombres, XXXV, 31 33.

(2) Puisque le législateur se borne à prohiber la composition en matière d'homicide, il l'autorise indirectement dans tous les autres cas où le crime consiste dans une lésion individuelle. Quelquefois même il l'autorise en termes exprès. (Exode, XXI, 18, 19, 22-25, 29-32.) Voy., à l'Appendice, le § 3 du chap. V du *Code pénal extrait du Pentateuque.* Il est cependant permis de douter si la composition était autorisée en matière de faux témoignage, cas pour lequel Moïse semble prescrire le talion, en disant : « Vous n'aurez point de compassion du coupable. » (Deutéronome, XIX, 21.)

Quant aux crimes, tels que l'idolâtrie, la profanation du sabbath, etc., qui attaquaient l'organisation religieuse et sociale du peuple, il est évident qu'ils ne pouvaient être l'objet d'une transaction entre particuliers.

(3) *Mosaisches Recht.* § 58.

de son opinion un épisode du livre des Rois. Une
femme de Tekoah dit à David : « O roi ! aide-moi. Je
« suis une femme veuve et mon mari est mort. Votre
« servante avait deux fils qui se sont querellés dans les
« champs, et il n'y avait personne pour les séparer :
« l'un a frappé l'autre et l'a tué. Et voici que toute la
« famille se soulève contre votre servante, en disant :
« Donne-nous celui qui a frappé son frère, afin que
« nous le mettions à mort, à cause de la vie de son
« frère qu'il a tué. Ils veulent ainsi éteindre la seule
« étincelle qui m'est restée, afin de ne point laisser de
« nom à mon mari et de me priver de tout soutien sur
« la terre. » David lui répond : « Va-t'en en ta mai-
« son, et je donnerai mes ordres en ta faveur... Aussi
« vrai que l'Éternel est vivant, pas un cheveu ne tom-
« bera de la tête de ton fils (1). »

Le célèbre professeur de Gœttingue a raison. La
réponse de David atteste, à la dernière évidence, que
les rois, même au début du régime monarchique,
s'attribuaient non-seulement le pouvoir d'anéantir les
poursuites et les peines, mais même celui d'interdire
aux familles l'exercice d'un droit de vengeance qui leur
avait été expressément reconnu par Moïse (2). Il est
certain que, dès l'origine, les souverains d'Israël furent
investis d'une foule de prérogatives importantes, et
tout permet de présumer que parmi celles-ci figurait le
privilége de soustraire les accusés et les condamnés aux

(1) 2 Rois, XIV, 5 et suiv.
2; Voy. le § 8 de ce chapitre.

rigueurs de la justice (1). Les annales des Hébreux en fournissent plus d'un exemple. Salomon, à peine monté sur le trône, pardonne aux uns et envoie les autres au supplice (2). Il se réconcilie avec Adonia, qui avait voulu s'emparer du trône, et lui donne l'assurance que, quoiqu'il ait mérité la mort, pas un cheveu ne tombera de sa tête. Il dit au sacrificateur Abiathar : « Tu « mériterais la mort, mais parce que tu as porté « l'Arche de l'Éternel devant David, mon père, je ne « te ferai pas mourir (3). »

On peut aussi, à certains égards, considérer comme un moyen d'extinction de la poursuite et de la peine, le sacrifice d'expiation offert par le voleur ou le violateur d'un dépôt, dans les conditions prévues par le Lévitique (4).

(1) Au premier livre des Rois (X, 25), il est dit formellement que Samuel rédigea les « règlements du royaume. » Ces règlements ne nous sont pas parvenus.

(2) Voy. 3 Rois, I, 51, 52, 53; II, 6, 9, 22-25, 31, 36-46 Josèphe, *Antiq. jud.*, l. VII, c. 11 et suiv.

(3) 3 Rois, II, 26.

(4) Voy. ci-dessus, p. 79 et 80.

CHAPITRE IV.

———

Les lois criminelles de l'Égypte et de l'Inde, supérieures à celles de la plupart des autres peuples de l'Orient, sont à leur tour considérablement dépassées par le système de répression issu des préceptes de Moïse. On commettrait une erreur grossière, si l'on s'empressait de condamner l'œuvre du législateur des Hébreux, parce qu'on y voit figurer, dans certaines limites, la pratique du talion et l'exercice de la vengeance privée.

Étranger à l'inflexible esprit de caste qui domine dans toutes les parties du code de Manou ; répudiant la division par classes qui sert de base aux institutions politiques et civiles de l'Égypte des Pharaons, Moïse prend pour point de départ le principe fécond et vrai de l'égalité naturelle des hommes. Il ne connaît ni noblesse, ni bourgeoisie, ni peuple ; il place tous les Hébreux sur la même ligne, parce qu'ils sont tous les fils et les serviteurs de Jéhovah. De même qu'il ne fait

pas des vérités religieuses le lot envié d'un petit nombre d'initiés, il ne fait pas des fonctions publiques le
patrimoine exclusif de quelques familles opulentes.
S'il crée un sacerdoce héréditaire, il ne lui accorde
aucun privilége civil, aucune suprématie politique. Ce
n'est qu'à défaut de magistrats institués par le peuple
et pour prévenir les ravages de l'anarchie, qu'il attribue une partie du pouvoir judiciaire au chef du culte
national (1).

Tous les Israélites, sans distinction de tribu ou de
famille, sont appelés à monter sur les siéges de la magistrature. S'élevant bien au-dessus de l'esprit de privilége et de domination qui guidait les législateurs des
bords du Nil et du Gange, le glorieux libérateur des
Hébreux ne demande pas que les dispensateurs de la
justice soient pris dans les rangs des Lévites. A peine
a-t-il arraché ses frères à l'esclavage qu'il leur donne
des juges choisis « dans tout Israël, dans tout le peu-
« ple (*miccol ha-'am*), » et, quarante ans plus tard, près
de descendre au sépulcre, à la vue de cette terre pro-

____

(1) Voy. ci-dessus, t. Ier, p. 217, et, à l'Appendice, les fragments G et I.
—Au début de son œuvre de législateur, Moïse, assemblant les Anciens,
leur dit par ordre de Dieu : « Vous serez un royaume de prêtres, un
« peuple saint consacré à mon service (Exode, XIX, 6, » ; paroles que
M. Munk (*Palestine*, p. 125) commente de la manière suivante : « C'est-
« à-dire qu'ils seraient tous égaux devant l'Être suprême et devant sa
« loi, qu'ils seraient tous initiés dans la connaissance de Dieu et de sa
« loi, et qu'on leur dévoilerait à tous les hautes doctrines qui, chez les
« Égyptiens, n'étaient connues qu'à une caste privilégiée, celle des prê-
« tres (Deutéronome, XVII, 20). » — En dehors du Temple, les prêtres
étaient chargés de l'explication des lois cérémonielles et de l'administration de la police sanitaire, surtout de la visite des lépreux. Il n'y a là
aucune trace des castes de l'Inde et des corporations de l'Égypte.

mise que ses pieds ne devaient pas fouler, il formule
ses derniers vœux, en disant : « Vous établirez, *dans*
« *toutes vos tribus,* des juges et des schoterim aux portes
« des villes que l'Éternel vous aura données, afin
« qu'ils jugent équitablement le peuple (1). » Dans les
cités de la Palestine, comme sous les tentes du désert,
l'âge, la science et la vertu sont les seuls titres à la
confiance de la nation. L'humble fils de l'artisan, qui a
pénétré le sens intime de la loi, qui possède une connaissance approfondie des coutumes nationales, peut
ambitionner la gloire de participer un jour à l'exercice
de la juridiction suprême.

Égaux devant les honneurs recherchés du prétoire,
les Israélites le sont aussi devant les menaces permanentes de la loi criminelle. Le riche et l'indigent, le
puissant et le faible, le pontife et le dernier des prolé-
taires sont frappés de la même peine quand ils ont
commis la même infraction. Parmi les devoirs imposés
aux juges, Moïse place en première ligne l'obligation
de se prononcer sans avoir égard à la qualité des personnes (2). Juda Ha-kâdôsch ne commettait aucune
exagération quand il écrivait, à propos des amendes
encourues par le séducteur d'une vierge et le calomniateur d'une femme nouvellement épousée : « Que la
« vierge séduite soit la fille du grand-prêtre ou la der-
« nière des enfants d'Israël, le coupable paye cinquante
« sicles d'amende ; que la femme calomniée appar-

______

(1) Voy. ci-dessus, t. Ier, p. 212.
(2) Deutéronome, XVI, 18.

« tienne à une maison illustre ou à une famille obscure,
« le calomniateur paye cent sicles. La peine est la
« même pour tous, et ce qui est déterminé par la loi
« l'est également pour tous (1). » Chez un peuple où les
passions ardentes et vindicatives brisaient si souvent le
frein des lois, la pratique rude et primitive du talion
devenait elle-même un moyen de protéger le pauvre
contre l'insolence du riche, en enlevant à ce dernier le
moyen de se libérer par le sacrifice d'une partie surabondante de ses richesses (2).

Ces grandes maximes, si bien comprises et si largement appliquées, sont d'autant plus dignes d'attention
que, dans le vaste domaine du droit pénal, l'étranger
qui habite la Palestine est mis sur la même ligne que
l'Israélite. Moïse prend à l'égard des peuples voisins
les précautions indispensables pour conserver, dans
toute son intégrité, le dépôt des vérités religieuses confiées au peuple élu ; mais son génie lucide et puissant
ne subit pas l'influence des passions étroites et jalouses
qui, dans ces âges reculés, semblaient constituer
l'essence même du patriotisme. « L'étranger, dit-il, qui

(1) Mischnah, *Erachin*, III, 4 et 5. *Kethuboth*, III, 7. La Ghémare de
Babylone dit que la peine encourue par le séducteur reste invariable,
quand même il a séduit la fille du roi. (*Kethuboth*, 40.)

(2) Munk. *Palestine*, p. 215 Ce serait en vain qu'on voudrait nier
l'égalité des Hébreux devant la loi pénale, en alléguant qu'une fille de
prêtre qui se prostitue est punie plus sévèrement que les autres femmes
qui commettent le même délit. (Voy. ci-dessus, p. 29.) Chez les peuples
modernes, où le principe d'égalité est admis avec toutes ses conséquences, les coupables qui méconnaissent des devoirs spéciaux sont toujours punis plus sévèrement que les autres. C'est la consécration bien
plus que la violation de ce principe.

« viendra demeurer parmi vous, vous sera comme
« celui qui est né parmi vous, et vous l'aimerez comme
« vous-mêmes (1). » Au Lévitique, à la suite d'une série
de textes punissant le blasphème, le meurtre, les lésions volontaires du corps ou du bien d'autrui, il écrit
ces remarquables paroles : « Vous n'aurez qu'un seul
« droit, l'étranger et l'indigène seront égaux (2). » Au
livre des Nombres, il prescrit de ne pas dénier à l'étranger la sauvegarde des villes de refuge, et il ajoute :
« Il n'y aura qu'une même loi et une même coutume
« pour vous et pour ceux qui sont étrangers dans le
« pays (3). » Au Deutéronome, il ordonne aux juges de
tenir la balance égale entre l'étranger et le descendant
de Jacob; il leur défend sévèrement de faire *fléchir le
droit* de ceux qui n'appartiennent pas à la grande
famille d'Israël ; il prononce une malédiction solennelle
contre les magistrats qui violent ce précepte fonda-
mental (4). Dans l'enceinte du sanctuaire, le pontife
priait pour tous les hommes, sans distinction de race
ou de demeure (5). Sur les siéges du prétoire, le juge,
autre représentant de la Divinité, ne devait voir que
des hommes dans tous ceux qui venaient implorer sa
justice (6).

(1) Lévitique, XIX, 33, 34. Voy. encore Exode, XXII, 21 ; XXIII, 9.
(2) Lévitique, XXIV, 10-22.
(3) Nombres, XV, 15 ; XXXV, 15. Voy. aussi Josué, XX, 9.
(4) Deutéronome, I, 16, 17 ; XXIV, 17 ; XXVII, 19. Voy. encore les
v. 17-19 du chap. X, où il dit que Dieu aime l'étranger.
(5) Josèphe, *Contr. Appion.*, II, 23.
(6) Nous ne croyons pas, comme on l'a prétendu bien des fois, que les
textes que nous venons de citer ne s'appliquaient qu'aux étrangers con-

Il n'en faudrait pas davantage pour prouver qu'une distance immense sépare le code criminel de Moïse des œuvres les plus admirées des autres législateurs de l'Orient. Dans la proclamation de l'unité du droit national, dans l'admission incontestée du principe de la personnalité du· châtiment, dans l'assimilation de l'étranger au citoyen sur le redoutable terrain de la justice répressive, le jurisconsulte tant soit peu versé dans l'histoire de l'humanité voit briller les premiers rayons d'une ère nouvelle. Mais cet admirable progrès n'est pas le seul dont nous devions rapporter l'honneur au guide inspiré d'Israël.

On a justement loué Manou d'avoir diminué les inconvénients des peines pécuniaires, en imposant aux rois de l'Inde l'obligation de consacrer aux dieux l'argent obtenu à l'aide de confiscations et d'amendes (1). De plus grands éloges doivent être décernés à Moïse. Au lieu de se borner à modérer, à contenir l'esprit de fiscalité, en lui opposant un obstacle plus ou moins efficace, il le supprime complétement dans le domaine du

---

vertis au Mosaïsme, en d'autres termes, aux *prosélytes de justice.* Au point de vue du droit pénal, il suffisait que l'étranger fût établi dans le pays, « qu'il demeurât parmi les « Hébreux. » — Beaucoup d'auteurs modernes ont singulièrement dénaturé les dispositions des lois de Moïse relatives aux étrangers. Ils ont transformé en règles générales les mesures exceptionnelles prises à l'égard de sept petites peuplades chananéennes. (Voy. Saalschütz, *Das Mosaische Recht*, p. 627 et suiv.) — Il est vrai que les rabbins ont eux-mêmes contribué à répandre ces erreurs, en faisant entre les Israélites et les étrangers, dans la sphère du droit pénal, une foule de distinctions incompatibles avec les préceptes fondamentaux de la législation mosaïque.

(1) Voy. ci-dessus, t. 1er, p 50.

droit criminel. D'un côté, il ne place pas la confiscation totale ou partielle des biens au nombre des
peines ; de l'autre, tout en distinguant nettement entre
l'indemnité et l'amende, il attribue celle-ci aux parties
lésées, pour les stimuler à dénoncer aux magistrats les
délits perpétrés à leur préjudice. Le fisc est toujours
désintéressé dans le débat, la cupidité des agents du
pouvoir ne devient jamais un péril pour les accusés ; et
si, plus tard, l'histoire nous montre des rois d'Israël et
de Juda qui confisquent les patrimoines et dépouillent
les familles des condamnés, ces actes de tyrannie vulgaire n'ont rien de commun avec les prescriptions élevées de la législation mosaïque (1).

La science moderne exige que les actes incriminés
soient définis de telle manière que le juge ne puisse
jamais les confondre avec d'autres actes qui présentent
avec eux une ressemblance plus ou moins complète.
Moïse, encore une fois, connaît et applique cette règle
fondamentale. Il n'incrimine pas la résolution criminelle
imparfaitement manifestée ; il ne frappe que des faits
positifs, et ces faits mêmes, pour être punis, doivent
offrir un tel caractère d'évidence que tout doute sur
l'intention et le but de leur auteur devienne impossible.
« Le meurtre, dit M. Saalschütz, n'est puni que lors-
« qu'il se distingue nettement de l'homicide involon-
« taire. Le blasphémateur n'est condamné que lorsque,
« par le nom de l'Éternel distinctement prononcé, il ne

(1) On peut s'étonner que Maïmonide, confondant le fait avec le droit,
ait enseigné que la confiscation des biens était la conséquence légale de
la peine de mort prononcée par les rois.

« permet pas au juge de concevoir un doute sur Celui
« qui est l'objet du blasphème. La fiancée souillée par
« un séducteur n'est pas livrée au supplice, lorsque
« l'acte a été perpétré dans un lieu où les cris qu'elle
« est censée avoir poussés ne pouvaient être entendus.
« Le voleur, pour être condamné au maximum de la
« peine, doit avoir lui-même écarté la possibilité du
« repentir, par la destruction ou l'aliénation de la
« chose volée (1). » Nous ajouterons que Moïse, tout
en réprimant inexorablement le crime d'idolâtrie, ne
se contente pas de l'existence d'une erreur dogmatique
sur la nature ou les attributs de l'Être suprême. Il ne
pénètre pas au fond des consciences pour rechercher et
punir une doctrine perverse : il ne frappe qu'au moment
où l'erreur s'est clairement manifestée par les honneurs
divins rendus aux idoles ou par la provocation directe à
l'abandon du culte national (2). Le châtiment n'atteint
jamais que les actes qui, sous quelque face qu'on les
envisage, constituent une violation manifeste de la loi
pénale.

Ajoutons encore que l'on cherche en vain dans les
décrets de Moïse ces peines arbitraires qui, depuis
Manou jusqu'à la fin du dix-huitième siècle, déparent
les lois criminelles des peuples les plus avancés de
l'Europe et de l'Asie. En indiquant le délit, le législateur des Hébreux a toujours soin de désigner, en même
temps, la peine qui doit être infligée au coupable. Le

---

(1) *Das Mosaische Recht*, p. 439. - Voy., ci après, le § 1er du chap. VI
du *Code pénal extrait du Pentateuque*.

(2) Voy., ci-après, les §§ 1 et 2 du chap 1er du code cité.

fouet est le seul moyen de correction qu'il mette à la disposition des juges, pour la répression des actes immoraux ou dangereux qui ne sont pas expressément incriminés par la loi; mais, ici même, il n'oublie pas de circonscrire le pouvoir des magistrats dans un cercle étroit et nettement déterminé. Il exige que les coups ne dépassent pas le nombre de quarante, et il s'empresse d'ajouter que la flagellation, subie dans cette mesure, n'aura jamais un caractère flétrissant aux yeux du peuple (1). Quelle différence entre la prudente sagesse de ce conducteur d'un peuple errant, hier encore esclave, et la doctrine hautaine de ce jurisconsulte français qui, après dix-huit siècles de civilisation chrétienne, écrivait encore : « Les peines se divisent en trois classes : peines « légales, peines fondées sur l'usage des tribunaux, « *peines arbitraires* (2) ! »

Mais ne faut-il pas reconnaître que Moïse, tout en se montrant supérieur aux autres législateurs de l'Asie, mérite au moins le reproche d'avoir marché sur leurs traces dans le choix et la distribution des peines les plus graves ?

La simple lecture du texte biblique suffit pour prouver que ce reproche tant de fois répété n'a pas de rai-

---

(1) Voy. ci-dessus, p. 70. Les rabbins se sont fortement attachés à prouver que, dans les lois et les idées des Hébreux, la flagellation n'entraînait aucune idée de flétrissure. Ils affirment que le grand-prêtre, après avoir été flagellé pour la transgression des lois cérémonielles, rentrait dans ses fonctions sans avoir rien perdu de son prestige. Ils soutiennent que les rois eux-mêmes se faisaient flageller par esprit de pénitence. (Voy. Selden, *de Synedriis Ebræorum*, l. III, c. 8, § 2.)

(2) Voy. ci-dessus, t. Ier, p. 72. Quelle différence encore avec la pratique suivie dans l'Inde bráhmanique ! (Voy. ci dessus, t. Ier, p. 45.)

son d'être. La mutilation, affreusement variée et prodiguée dans tous les codes de l'Orient, ne figure qu'une seule fois dans le texte du Pentateuque. Moïse fait abattre la main de la femme qui, pour venir en aide à son mari, commet un acte que réprouvent en même temps l'humanité et la pudeur (1) ; mais les lois hébraïques ne portent aucune trace de ces ablations des pieds, des bras, du nez, des oreilles, des lèvres et des parties génitales qui, même en Égypte et dans l'Inde brâhmanique, étaient si fréquemment ordonnées par les juges. On n'y trouve pas davantage toutes ces variétés de mort exaspérée qui, des deux côtés de l'Himalaya, jouaient un horrible rôle dans l'exercice du droit de punir (2). Si Moïse admet deux fois la mort par le feu, il rejette, d'autre part, ces supplices atroces qui, sous mille formes diverses, semblaient former le droit commun des nations asiatiques. On cherche en vain dans ses décrets la dichotomie, la flagellation mortelle, l'écrasement sous des roues armées de pointes de fer, l'enfouissement du condamné vivant, la mort lente et cruelle sur la croix, l'écrasement sous les pieds des éléphants, la lacération des membres par des chiens affamés, l'horrible supplice des auges (3). Forcé de tolérer la vengeance du sang et l'exercice du talion, il les réduit à des proportions aussi étroites que le permettent les mœurs enracinées et les passions fougueuses du peuple. Il abandonne à la justice divine les crimes de

(1) Voy. ci-dessus, p. 68.
(2) Voy. ci-dessus, p. 69.
(3) Voy. ci-dessus, p. 70.

lèse-majesté, de sacrilége et de profanation, dont les
rois, les législateurs et les courtisans d'un autre âge
devaient si cruellement abuser. Tandis que, chez tant
de nations civilisées du monde ancien, la mutilation et
la mort étaient le châtiment ordinaire du vol, Moïse se
contente de frapper ce délit d'une peine pécuniaire (1).

Il est une seule partie des lois hébraïques à laquelle
on pourrait, avec quelque apparence de raison, adresser le reproche d'être empreinte d'une sévérité excessive. C'est celle où la peine de mort est prescrite pour
le châtiment de plusieurs actes contraires à la religion
et aux mœurs, dont les uns ne sont pas prévus et dont
les autres ne reçoivent qu'une peine légère dans nos
codes modernes. Mais, ici surtout, le jurisconsulte impartial doit savoir se préserver d'un jugement précipité.
Pas plus que les constitutions politiques, les codes criminels ne sauraient être les mêmes à toutes les époques
et pour toutes les races. Si l'on veut juger avec équité
l'œuvre d'un législateur dont nous sommes séparés par
plus de trente siècles de travaux et de progrès, il est
indispensable qu'on étudie scrupuleusement les idées, les
mœurs, les besoins et le degré de civilisation du peuple
confié à sa sollicitude ; en d'autres termes, il faut qu'on
détermine exactement le milieu où il se trouvait placé
et le but qu'il se proposait d'atteindre.

(1) Voy. ci-dessus, t. Ier, p. 41, les peines du vol dans la législation de
l'Inde brâhmanique. — Dans le Koran, Mahomet pose la règle suivante : « Vous couperez les mains des voleurs, homme ou femme, en
« punition de leur crime. C'est la peine que Dieu a établie contre eux.
« Il est puissant et sage. » (Sourate V, v 42.)

En faisant abstraction du dogme de la Rédemption future du genre humain; en restant, comme nous l'avons fait jusqu'ici, sur le terrain exclusif de la science, on peut hardiment affirmer que le but principal de Moïse consistait à trouver dans le monothéisme, dans le culte pur et sublime de Jéhovah, le moyen de constituer et de perpétuer la nationalité des Hébreux. Autant que l'amour du bien et l'horreur du vice, un patriotisme prévoyant et sage inspire son vaste génie, quand il s'attache à préserver le peuple des superstitions dégradantes et des débauches monstrueuses du polythéisme chananéen. Il abrite les destinées d'Israël sous l'égide puissante des idées religieuses; il cherche dans l'unité du culte la sauvegarde de l'unité nationale. C'est pour atteindre ce but élevé qu'il impose aux Israélites une foule de prescriptions rituelles et hygiéniques incompatibles avec les mœurs des païens, qu'il enferme pour ainsi dire leur vie tout entière dans un cercle étroit de pratiques minutieuses. C'est pour réaliser ce noble espoir que, dans la sphère des idées morales, il prodigue les conseils et les prières, les promesses et les menaces, les bénédictions et les malédictions, avec une persistance qui étonne le lecteur superficiel. C'est, enfin, pour dompter les passions contraires et arriver plus sûrement au résultat désiré, qu'il commine des peines terribles contre ceux qui, malgré ses recommandations incessantes, rendent un culte sacrilége aux dieux étrangers.

Aussitôt qu'on se place à ce point de vue, on s'aperçoit que, dans l'organisation sociale des Hébreux, les

attentats contre le culte constituaient, au premier chef,
des attentats politiques dirigés contre l'existence même
de la nation. Aux yeux de Moïse, l'idolâtrie était
et devait être le plus grand des crimes. L'adorateur
des dieux étrangers brisait, autant qu'il dépendait de
lui, l'alliance conclue entre Jéhovah èt le peuple élu ;
il sapait l'indépendance nationale dans l'une de ses
bases les plus solides et les plus indispensables ; il atta-
quait le principe constitutif de l'État, dans la condition
essentielle de son unité ; il compromettait les destinées
d'Israël, en détruisant la seule barrière capable d'oppo-
ser une résistance sérieuse à l'invasion des idées étrangères. Ainsi que l'a dit avec raison le plus sage et le
plus éclairé des Hébreux du moyen âge, « le but et
« pour ainsi dire le centre de la loi, c'est la destruc-
« tion de l'idolâtrie... La plupart des statuts, même
« de ceux dont la raison nous est inconnue, n'ont
« d'autre but que de nous éloigner de l'idolâtrie (1). »
Sous peine de commettre la plus grande des inconséquences, Moïse devait proscrire, non-seulement l'apostasie formelle, mais encore la magie, les sortiléges,
les oracles, les prostitutions et, en général, toutes
les pratiques qui, dans ces siècles reculés, formaient
l'accompagnement ordinaire du polythéisme. Il devait
prévenir et empêcher, dans la mesure du possible, la
violation publique des préceptes essentiels du culte national (2).

(1) *Moré nebochim*, IIIe part., c. XXXVIII et XLIX ; t. III, p. 280 et
422 de la traduction de M. Munk.

(2) Maïmonide dit expressément que la sorcellerie, les augures, etc.,

C'est ce qu'il a fait en infligeant la peine de mort aux adorateurs des idoles, aux magiciens, aux faux prophètes, à certains blasphémateurs, à ceux qui violent le sabbath, aux parents qui sacrifient leurs enfants à Moloch, à l'homme et à la femme qui se prostituent en l'honneur des divinités étrangères. L'histoire des Hébreux n'a que trop prouvé que ce châtiment terrible n'était pas exagéré. Malgré les menaces de la loi criminelle, malgré les anathèmes sans cesse répétés de la loi religieuse, malgré la voix puissante des prophètes qui se succédaient d'âge en âge, nous ne connaissons pas, avant la captivité de Babylone, une seule génération d'Israélites entièrement exempte du crime d'apostasie. Une sorte d'instinct dépravé semblait pousser le peuple vers les aberrations intellectuelles et morales des idolâtres.

C'est encore pour maintenir une morale plus pure et plus élevée parmi les Israélites, que Moïse attache le dernier supplice à l'adultère, au viol, à la sodomie, à la bestialité, à certains incestes. Les traditions des Hébreux, les passions ardentes des races sémitiques, les détestables exemples donnés par les peuples voisins, dont le culte, plein de séductions pour les sens, était une source de débauches monstrueuses et d'orgies dégradantes, d'autres causes encore, tenant aux temps et aux lieux, obligeaient le législateur à se montrer sévère. La religion et la morale étaient étroitement

---

ont été punis par Moïse comme étant les conséquences ordinaires de l'idolâtrie. (*Ibid.*, c. XXXVII.)

unies. Choisir entre les mœurs, c'était, à certains égards, choisir entre les dogmes. Constatons seulement que la rigueur de la répression, loin de dépasser le but, ne suffit pas même pour faire régner le respect des mœurs et la fidélité conjugale dans les cités de la Palestine. Moins d'un siècle après Moïse, l'histoire sacrée rapporte le honteux et sanglant épisode du lévite d'Éphraïm (1), et, quinze siècles plus tard, Jésus-Christ qualifiait de « race adultère » les Pharisiens et les Saducéens qui venaient réclamer des miracles (2).

Nous croyons avoir prouvé que les lois criminelles de Moïse, strictes et rigoureuses, mais toujours justes et admirablement coordonnées, ne blessent aucun principe essentiel de la science. Quelle que soit l'origine qu'on attribue au Pentateuque, on est forcé d'avouer que le système de répression consacré par son texte était merveilleusement approprié à l'organisation sociale, aux besoins moraux et au rôle providentiel des Hébreux. Quand les philosophes du dix-huitième siècle demandaient, à juste titre, l'unité du droit national, la publicité des débats, l'abolition de la confiscation des biens, la suppression de la torture, la proclamation du grand principe de la personnalité du châtiment, l'abandon des peines infamantes, le respect de la dignité de l'homme jusque dans le condamné qui expie ses crimes, ils ne savaient pas que, depuis plus de trois mille ans, le législateur des Juifs, qu'ils accablaient de leurs

(1) Juges, XIX, XX, XXI.
(2) Matthieu, XVI, 4.

dédains et de leurs sarcasmes, avait connu et appliqué toutes ces règles fondamentales dans les déserts de l'Arabie !

Les mêmes éloges ne sauraient être adressés sans restriction aux développements immenses que le Talmud est venu ajouter à cette œuvre pleine de lumière et de grandeur dans sa simplicité native. Mais cependant, si le jurisconsulte et l'historien ont des réserves à faire, il n'en est pas moins vrai que les traditions juridiques des rabbins doivent occuper l'une des premières places dans les annales primitives du droit de punir. Quand même, contrairement au témoignage de l'histoire et à toutes les règles d'une critique rationnelle, on devrait dépouiller la Mischnah de son caractère juridique, pour la reléguer au rang des œuvres d'imagination ; quand même toutes les écoles de la Palestine, de l'Égypte et de la Babylonie se seraient entendues pour imposer cette œuvre de mensonge et de fraude à la vénération des descendants de Jacob, l'étude du vaste recueil de Juda le Saint n'en présenterait pas moins un intérêt de premier ordre. On y trouverait, dans les paroles et dans les écrits des docteurs d'une race proscrite, le germe fécond des principes de droit et d'humanité que la science moderne a successivement développés et qui, malgré ses efforts persévérants, n'ont pas encore pénétré dans tous les codes criminels de l'Europe.

L'avertissement solennel aux témoins appelés à déposer dans une cause capitale ; l'absence de la torture ; l'obligation imposée aux magistrats de choisir la mort

la moins douloureuse, quand le législateur n'avait pas
expressément désigné la forme du supplice ; l'acquittement immédiat, si la majorité des juges était favorable à l'accusé ; la remise de la cause à un autre jour,
si cette majorité lui était contraire ; l'obligation de
maintenir les votes émis dans le sens de l'acquittement,
et l'autorisation expresse de rétracter les autres ; l'appel
publiquement adressé aux témoins à décharge, jusqu'au
moment de l'exécution ; la faculté laissée aux tribunaux
criminels d'anéantir leurs propres jugements, s'ils dé-
couvraient, avant l'heure suprême, de nouveaux moyens
de défense ; le respect de la vie humaine proclamé
jusque dans la prohibition de prononcer le même jour
plus d'une condamnation capitale ; le rejet de toutes ces
souffrances préalables à la mort, si nombreuses et si
variées chez les nations contemporaines ; l'offre d'un
breuvage stupéfiant à ceux qui allaient mourir ; la
grande et mémorable maxime que, même dans l'application des peines, on doit se rappeler le précepte divin
qui nous ordonne d'aimer notre prochain comme nous-
mêmes ; l'ordre d'inhumer avant le coucher du soleil
les cadavres suspendus au poteau ; l'autorisation de
déposer les ossements des suppliciés dans les sépulcres
de leurs ancêtres ; l'action arbitraire des juges écar-
tée par la détermination exacte des crimes capitaux
et des modes d'exécution des châtiments ; la répudiation de tous ces supplices atroces, inventés par le
génie implacable de l'Orient et qui, plusieurs siècles
plus tard, souillaient encore les lois pénales des nations
chrétiennes de l'Occident ; la tendance constante à di-

minuer la sévérité de la loi pénale par l'interprétation restrictive de son texte ; l'aversion de la peine de mort manifestée avec une énergie qu'on ne rencontre pas toujours chez les jurisconsultes philanthropes de l'ère moderne : voilà les faits essentiels et les caractères distinctifs de cette jurisprudence judaïque dont on fait honneur à l'imagination aventureuse des rabbins du deuxième siècle ! Nous le répétons, quand même on devrait se ranger du côté des exégètes et des historiens qui partagent cet avis, la Mischnah mériterait encore d'être étudiée avec soin, parce qu'elle serait alors l'un des phénomènes juridiques les plus étranges dont les annales du droit aient conservé le souvenir. Privés de leur indépendance religieuse et politique, réduits à la misère, pliant sous le poids de la haine et du mépris des autres peuples, les Juifs, près de quitter leurs champs dévastés et leurs villes en ruine, auraient brusquement découvert les principes et les règles qui servent aujourd'hui de base à la législation pénale des peuples les plus avancés de l'Europe ! Filangieri, Beccaria, Blackstone et tous ceux qui, dans la seconde moitié du dix-huitième siècle, contribuèrent si puissamment à la naissance de la philosophie du droit pénal, auraient eu pour précurseurs, seize siècles plus tôt, les rabbins de Lydda, de Magdala et de Tibériade !

Mais cette opinion ne sera jamais la nôtre. Ainsi que nous l'avons dit ailleurs, l'esprit humain ne procède pas avec cette spontanéité absolue ; les idées ont leur filiation comme les hommes, et la loi du progrès est, avant

tout, une loi de travail, de méditation et de patience (1).
Dans les doctrines juridiques de la Mischnah, nous
voyons le produit d'une civilisation plusieurs fois sécu-
laire, éclose et développée sous l'influence des idées
religieuses les plus pures et les plus élevées du monde
ancien ; malgré les erreurs, les sophismes et les subtilités des docteurs, nous y découvrons le développement scientifique des institutions politiques et judiciaires que les Hébreux reçurent des mains de Moïse ;
nous y retrouvons, à chaque pas, les préceptes et les
conseils du livre inspiré que le grand législateur
d'Israël fit déposer au sanctuaire, à l'heure mémorable
où, après avoir contemplé de loin les vallées de la terre
promise, il alla s'endormir dans sa gloire, sous la voûte
d'un sépulcre éternellement soustrait aux regards des
hommes.

(1) *Le problème de la peine de mort avant Beccaria* (BULL. DE L'ACA-
DÉMIE ROYALE DE BELGIQUE, 2ᵉ série, t. XVII, nᵒ 1).

APPENDICE.

A

CODE PÉNAL EXTRAIT DU PENTATEUQUE (1).

CHAPITRE Ier.

DÉLITS CONTRE LA RELIGION.

§ 1er. *De l'idolâtrie.*

Exode. *Vous n'aurez point de dieux étrangers en ma présence* (XX, 3) (2).

Vous ne vous ferez pas d'images... Vous ne les adorerez point, et vous ne leur rendrez pas de culte : car je suis l'Éternel votre Dieu, le Dieu jaloux, qui venge les crimes des pères

---

(1) Pour le texte du Pentateuque, nous nous sommes servi de la traduction de Dom Calmet, en la modifiant assez fréquemment pour la rapprocher, autant que possible, du texte hébreu. A cet effet, nous avons eu souvent recours aux travaux de Michaëlis et de Saalschütz, de ce dernier surtout, dont les connaissances linguistiques méritent d'inspirer une confiance entière.

(2) Le précepte est répété au Deutéronome (V, 7,. Voy. encore Exode, XXIII, 24 ; XXXIV, 14.

*sur les enfants jusqu'à la troisième et la quatrième génération,
dans tous ceux qui me haïssent* (ibid., 4, 5) (1).

Celui qui sacrifiera à d'autres dieux qu'à l'Éternel sera exterminé (XXII, 20) (2).

Deutéronome. *Vous ne suivrez point les dieux étrangers
d'aucune des nations qui sont autour de vous; parce que l'Éternel votre Dieu, qui est au milieu de vous, est un Dieu jaloux;
de peur que la fureur de l'Éternel ne s'allume contre vous et
qu'il ne vous extermine de dessus la terre* (VI, 14, 15).

*Si votre frère, fils de votre mère, votre fils, votre fille, votre
femme qui vous est si chère* (3), *ou votre ami que vous aimez
comme votre vie, veut vous persuader, en disant en secret :
Allons et servons les dieux étrangers qui vous sont inconnus,
comme ils l'ont été à vos pères, les dieux des nations dont nous
sommes environnés, soit de près, soit de loin, d'un bout de la
terre à l'autre; ne vous laissez point aller à ses discours et ne
l'écoutez pas, et que la compassion ne vous porte pas à l'épargner ou à cacher son crime. Mais tuez-le* (4). *Que votre main
s'élève la première contre lui pour le tuer, et que tout le peuple
agisse ensuite. Accablez-le de pierres jusqu'à ce qu'il meure;
car il a voulu vous arracher du culte de l'Éternel votre Dieu,
qui vous a tiré de l'Égypte, de la maison de servitude. Afin
que tout Israël, entendant cet exemple, soit saisi de crainte,
et qu'il ne se trouve plus personne parmi vous qui ose entreprendre rien de semblable* (XIII, 6-11).

*Si au milieu de vous, dans une de vos villes, on trouve
un homme ou une femme qui font ce qui est abominable aux
yeux de l'Éternel votre Dieu, qui violent son alliance et s'en
vont servir les dieux étrangers et les adorent, tels que le soleil,*

(1) Ces dispositions sont reproduites au chapitre V du Deutéronome (v. 8-10).

(2) Le texte hébraïque porte : *sera soumis à l'anathème.* (Voy., ci-après, le § 10 de ce chapitre.)

(3) Littéralement : *qui est dans votre sein.* (Voy. Deutéronome, XXVIII, 54. 2 Rois, XII, 18. Ecclésiaste, III, 1. Michée, VII, 5.)

(4) La Vulgate traduit : *Statim interficies.* Le mot *statim* n'est pas dans le texte hébraïque. Celui-ci dit littéralement : *Vous le ferez mourir de mort.*

la lune ou les étoiles du ciel, contre le commandement que je vous ai fait ; si on vous le dit et que vous l'entendiez, informez-vous bien, et voyez ! S'il est vrai et constant que cette abomination a été réellement commise en Israël, vous amènerez à la porte de votre ville l'homme et la femme qui ont commis ce crime, et vous les accablerez de pierres jusqu'à ce qu'ils meurent (XVII, 2-5) (1).

Dans la vie religieuse et sociale des Hébreux, l'idolâtrie était le crime par excellence. Ainsi que nous l'avons déjà dit, le coupable ne se bornait pas à transgresser l'un des préceptes les plus importants de la loi divine : il brisait, autant qu'il dépendait de lui, l'alliance conclue entre Dieu et son peuple ; il commettait un acte de révolte contre Jéhovah, le roi, le législateur et le guide d'Israël. Il ébranlait toutes les lois de l'État ; il minait par la base tout le système politique de Moïse, qui tendait, avant tout, à maintenir une séparation profonde et durable entre les Hébreux et les nations idolâtres dont ils étaient environnés. Aussi le législateur ne se contente-t-il pas de faire lapider ceux qui adorent les idoles ou provoquent leurs concitoyens à l'apostasie ; il leur annonce que, s'ils échappent à la justice humaine, ils seront exterminés par la colère divine ; en d'autres termes, à la peine proprement dite il ajoute la menace du retranchement (2). Il exige ici

(1) Voy. encore Exode, XXXIV, 14. Lévitique, XIX, 4 ; XXVI, 1. Deutéronome, IV, 19 ; VII, 16 ; XI, 16.

(2) Voy. d'autres menaces au Lévitique, XVIII, 28 ; au Deutéronome, IV, 25 et suiv. ; VIII, 19 et suiv. ; XI, 16 et suiv. ; XXX, 17 et suiv. ; XXXI, 16 et suiv.

que le frère dénonce son frère, que le père dénonce sa femme et ses enfants. La crainte de voir le polythéisme envahir la terre promise se manifeste dans toutes les parties de ses lois. Il défend même aux Israélites de prononcer les noms des dieux étrangers (1).

La gravité de la peine se laisse donc aisément expliquer. Moïse veut qu'on fasse disparaître ceux qui, sous une forme quelconque, par leur parole ou par leur exemple, provoquent le peuple à l'apostasie. Pour répondre à toutes les critiques dont ce système a été l'objet, il suffit de rappeler que, pendant plusieurs siècles et malgré la sévérité du législateur, les Israélites ne cessèrent de violer ces préceptes et de tomber, en grand nombre, dans l'idolâtrie la plus abjecte (2).

———⁓⋀⋀⋁⋁⋀⋁⋁⁓———

§ 2. *Du culte des images.*

Exode. *Vous ne vous ferez point d'images taillées, ni aucune représentation de ce qui est en haut dans le ciel, ni de ce qui est en bas sur la terre, ni de ce qui est dans les eaux sous la terre* (3). *Vous ne les adorerez point* (XX, 4, 5).

Vous ne vous ferez point de dieux de métal en fonte (XXXIV, 17).

Lévitique. *Je suis l'Éternel votre Dieu. Vous ne ferez point d'idole ni d'image taillée. Vous ne dresserez point de colonne* (4) *et vous n'érigerez point dans votre terre de pierre*

______

(1) Exode, XXIII, 13.

(2) Voy., ci-après, au § 6, le sort réservé au faux prophète.

(3) Le précepte est répété au Deutéronome (IV, 16-18 et V, 8, 9).

(4) Le mot hébreu *matzebah* désigne à la fois une colonne, une statue, un monument, etc.

qu'on distingue de loin, pour l'adorer : car je suis l'Éternel votre Dieu (XXVI, 1) (1).

Deutéronome. *Souvenez-vous que vous n'avez vu aucune figure ni ressemblance, le jour où l'Éternel vous parla à Horeb au milieu du feu; de peur que, étant séduits, vous ne fassiez quelque image de sculpture, quelque figure d'homme ou de femme, ou de quelqu'une des bêtes qui sont sur la terre, ou des oiseaux qui volent sous le ciel, ou des animaux qui rampent sur la terre, ou des poissons qui sont sous la terre dans les eaux; ou que, élevant vos yeux dans le ciel et y voyant le soleil, la lune et tous les astres, vous ne tombiez dans l'illusion et dans l'erreur, et que vous ne rendiez un culte d'adoration à des créatures que l'Eternel votre Dieu a faites, pour le service de toutes les nations qui sont sous le ciel* (IV, 15-19) (2).

Prenez garde d'oublier jamais l'alliance que l'Éternel votre Dieu a conclue avec vous et de vous faire en sculpture l'image d'aucune des choses dont le Seigneur vous a défendu d'en faire, parce que le Seigneur votre Dieu est un feu dévorant et un Dieu jaloux (ibid., 23-24).

Plaçant au premier rang de ses sollicitudes le maintien de la croyance en un seul Dieu, Moïse ordonna

(1) On ne sait pas exactement de quelle pierre (*eben maskith*) il s'agit dans ce texte. La version des Septante porte λίθον σκόπου, *une pierre qui sert de but*, et le même sens est donné à ce passage dans le texte samaritain. Michaëlis (*Mosaisches Recht*, § 250) y voit la défense d'ériger des obélisques; interprétation manifestement erronée, puisque nous savons aujourd'hui que les obélisques n'avaient rien de commun avec l'idolâtrie. Saalschütz croit que les mots *eben maskith* désignent un lieu élevé destiné à l'adoration de la Divinité. (*Das Mosaische Recht*, p. 377, 382-385.) Nous avons suivi la leçon proposée par Dom Calmet, dans son *Commentaire littéral*, parce que l'ensemble du texte prouve que Moïse avait en vue des pierres élevées le long des chemins et sur les hauteurs.

(2) Dans le texte hébraïque, la dernière partie du v. 19 porte littéralement : *Que le Seigneur a données en partage à tous les peuples qui sont sous le ciel.*

aux Hébreux d'extirper du sol de la terre promise toutes les traces du polythéisme. Il leur imposa l'obligation de briser les statues, de renverser les autels, de brûler les bois consacrés, de pulvériser les monuments. « Vous les détruirez, dit-il, de telle sorte qu'il n'en soit « plus jamais parlé. Vous jetterez dans le feu les « images des dieux. Vous ne désirerez ni l'argent « ni l'or qui est sur elles, et vous n'en prendrez rien « pour vous... Il n'entrera rien dans votre maison qui « vienne de l'idole, de peur que vous ne deveniez ana- « thème comme l'idole même (1). »

Il est évident que cet ordre demandait, comme complément indispensable, la défense rigoureuse de fabriquer et de posséder l'un des mille objets auxquels les païens rendaient un culte superstitieux. Moïse s'exprime à cet égard en termes généraux et absolus. Il ne veut pas même qu'on représente Jéhovah sous une forme sensible. Il proscrit les images d'hommes, de femmes, d'animaux, d'oiseaux, de poissons, d'astres; il exige qu'on ne rencontre pas en Palestine des bois ou des pierres rappelant les pratiques d'un culte abhorré (2).

---

(1) Exode, XXIII, 24; XXXIV, 13. Nombres, XXXIII, 52. Deutéronome, VII, 5, 25, 26; XII, 1-3. Voy. aussi Josué, VI, 17-19.

(2) Les objets honorés dans le paganisme étaient aussi nombreux que variés. Héliogabale, d'origine syrienne par sa mère, adorait une pierre noire et la fit placer au Panthéon. Apulée, au début des *Florides*, fait cette étrange énumération des simulacres adorés par les passants : « Un autel que des fleurs décorent, une grotte que des feuillages ombragent, un chêne que des cornes surmontent, un hêtre que des peaux couronnent, un tertre consacré par une enceinte, un tronc que la doloire a sculpté, un gazon pénétré de la vapeur des libations, une pierre imprégnée de parfums, etc. *Florid.*, I.) » Tout cela était proscrit par Moïse.

Mais quelle était la sanction pénale de tous ces préceptes ?

Posséder une idole et lui rendre un culte était incontestablement un crime capital puni de la lapidation (1). Mais l'Israélite encourait-il le même châtiment, quand il rendait les honneurs divins à une statue qui était censée représenter le vrai Dieu (2)? Nous ne le croyons pas. Sans doute, par le seul fait de la possession de cette statue, la loi était manifestement violée, et le transgresseur du précepte était menacé de la colère divine (3); mais, ni en fait ni en droit, cet acte ne constituait une apostasie formelle. C'est au culte des « dieux « étrangers » que les textes cités au paragraphe précédent attachent le supplice de la lapidation. Ériger une statue à l'Éternel, c'était donner un détestable exemple au milieu d'un peuple toujours enclin à se jeter dans les aberrations d'un grossier polythéisme; mais ce n'était ni la négation de l'unité de Dieu, ni un acte de révolte contre les lois fondamentales du pays. Dans toutes les parties de l'Écriture, on distingue nettement

(1) Voy. le § précédent.

(2) Ce fait, en effet, a été beaucoup plus fréquent qu'on ne le croit d'ordinaire. Le veau d'or fondu dans le désert était une représentation grossière de l'Éternel; le peuple voulait adorer Dieu sous une forme sensible. (Exode, XXXII, 4, 5.) Une image de Jéhovah existait dans la maison de Mica, et un lévite lui servait de sacrificateur. (Juges, XVII et XVIII.) Gédéon, l'ennemi de l'idolâtrie, le destructeur du sanctuaire de Baal, plaça une image de la Divinité à Hophra. (Juges, VI, 25-33; VIII, 24-27.) Voy. encore les faits concernant Jéroboam, Achab, Joram et Jéhu, cités ci-après.

(3) Ils devaient s'abstenir de garder une image quelconque, dans l'intérêt de leur vie (*lenaphshothechem*. Deutéronome. IV, 15).

entre l'idolâtrie proprement dite et le fait qui nous occupe. Jéroboam, pour empêcher ses sujets de se rendre à Jérusalem, avait érigé, aux deux extrémités de son royaume, à Béthel et à Dan, des veaux d'or destinés à figurer le Dieu d'Israël (1). Le texte biblique nomme ce fait le *péché de Jéroboam,* mais ne l'assimile pas à l'apostasie. Le troisième livre des Rois dit d'Achab : « Et comme s'il ne lui suffisait pas de persé- « vérer *dans le péché de Jéroboam, fils de Nébat,...* il « adora Baal et lui érigea un autel dans le temple qu'il « lui avait bâti à Samarie (2). » Au livre suivant, l'historien sacré, parlant de Joram, ajoute : « Il fit ce « qui déplaît au Seigneur, mais pas dans la même me- « sure que son père et sa mère, car il renversa les « colonnes de Baal que son père avait érigées ; mais il « persévéra *dans le péché de Jéroboam, fils de Nébat,* et « n'en désista pas (3). » Jéhu se montre l'adversaire implacable du culte de Baal ; son zèle est loué dans l'Écriture ; le trône est promis à ses descendants jusqu'à la quatrième génération, et cependant il persévère *dans le péché de Jéroboam* (4).

Une autre distinction est admise par les rabbins les plus éclairés. A leur avis, il est défendu de faire des images d'hommes, d'animaux ou d'êtres inanimés, quand elles peuvent donner lieu à un culte supersti-

(1) 3 Rois, XII, 26-31.
(2) 3 Rois, XVI, 31-33.
(3) 4 Rois, III, 2, 3.
(4) 4 Rois, X, 30, 31. Voy. encore XIII, 6, 11 ; XIV, 24 ; XV, 9.—Aussi n'est-ce pas une peine proprement dite, un châtiment défini par la loi, que Moïse inflige aux adorateurs du veau d'or. (Exode, XXXII, 26-28.)

tieux ; mais rien ne s'oppose à la confection d'objets sculptés ou peints destinés à l'ornementation des édifices et des jardins (1).

Telle est, en effet, la véritable portée du texte biblique. D'un côté, le législateur parle constamment d'images *destinées à être adorées*; de l'autre, l'histoire des Hébreux atteste que la sculpture et la peinture n'ont jamais été complétement bannies de la Palestine. Il y eut des images jusque dans l'intérieur du temple de Jérusalem. Moïse lui-même avait placé deux chérubins dans le sanctuaire (2), et c'est par ses ordres que des figures d'anges furent brodées sur le voile et les tapis du Tabernacle (3). Plus tard, Salomon plaça douze taureaux sous la « mer d'airain, » et il couvrit les murs du temple de fleurs, de palmes, de chérubins, sculptés par les artistes les plus habiles de l'Asie; il orna de diverses figures les bassins destinés à l'usage du culte (4). Plus tard encore, parmi les ornements du temple d'Ézéchiel, ce prophète indique des têtes d'hommes et de lions (5). Le chandelier d'or, représenté sur l'Arc de Titus, nous montre plusieurs sphinx à sa

(1) '*Abodah zarah*, 43, a. Ce n'est que pour les statues et les simulacres des faux dieux que tous les rabbins se montrent inexorables. Ils ordonnent de jeter à la mer les vases portant l'image du soleil, de la lune, d'un serpent, etc., à moins que ces vases ne soient composés d'une matière vile, parce que, dans ce cas, on ne peut supposer que celui qui les a fabriqués ait voulu les consacrer aux idoles. (Mischnah, '*Abodah zarah*, III, 1-3.)

(2) Exode, XXV, 18-20.

(3) Exode, XXVI, 1, 31, 32 ; XXVII, 16.

(4) 3 Rois, VI, 21 et suiv. ; VII, 28-44.

(5) Ezéchiel, XLI, 18-20.

base. En présence de ces faits irrécusables, qui commencent avec Moïse pour finir avec la destruction finale de Jérusalem, comment peut-on raisonnablement prétendre que le culte des arts fut toujours un crime sur les rives du Jourdain? La fabrication de statues et de tableaux destinés à des usages superstitieux était seule rangée au nombre des crimes. C'était l'art allié de l'erreur et du crime, et nullement l'art honnête et inoffensif, qui était frappé d'une malédiction solennelle (1). Ce ne fut qu'après le retour de l'exil de Babylone, que le rigorisme outré de quelques docteurs proscrivit d'une manière absolue les œuvres d'art représentant des figures d'hommes ou d'animaux (2).

Il reste à voir quelle était la peine encourue par celui qui fabriquait ou exposait une idole, sans lui rendre un culte, qui dressait une pierre prohibée ou se permettait d'autres actes pouvant amener la perpétration de délits contre le culte national.

Cette peine ne saurait être la lapidation; car, dans tous les fragments que nous avons passés en revue, le dernier supplice est réservé à ceux qui s'adonnent à l'idolâtrie formelle. Pour les faits qui nous occupent ici, on ne trouve que la menace de la colère divine. Aussi les rabbins, fidèles au système qu'ils suivent toujours dans cette hypothèse, n'attachent-ils à ces infractions que la peine du fouet (3). Ils ne condamnent à la lapidation

(1) Deutéronome, XXVII, 15. Voy. Michaëlis (*Mosaisches Recht*, § 250)
(2) Munk, *Palestine*, p. 216.
(3) Voy. ci-dessus, p. 69, 70.

que celui qui offre un sacrifice, présente l'encens, fait
une libation ou accomplit un autre acte du culte proprement dit (1).

———————

§ 3. *Des sacrifices humains et du culte de Moloch.*

Lévitique. *Vous ne donnerez pas de vos enfants, pour
les faire passer par le feu en l'honneur de Moloch* (XVIII, 21).

*Le Seigneur parla encore à Moïse et lui dit : Voici ce que
vous direz aux enfants d'Israël. Quiconque d'entre les enfants
d'Israël, ou des étrangers qui demeurent parmi eux, donnera
de sa semence à Moloch, sera puni de mort. Le peuple du
pays le lapidera. Je tournerai ma face contre lui, et je l'exterminerai du milieu de son peuple parce qu'il a donné de sa
semence à Moloch, parce qu'il a souillé mon sanctuaire et
profané mon nom saint. Que si le peuple du pays détourne
ses yeux de l'homme qui a donné de sa semence à Moloch, et
ne le met pas à mort, j'arrêterai l'œil de ma colère sur cet
homme et sur sa famille, et je l'exterminerai du milieu de son
peuple, lui et tous ceux qui se seront souillés, avec lui, par le
culte de Moloch* (XX, 1-5).

Deutéronome. *Gardez-vous bien d'imiter ces nations
(de Chanaan), après qu'elles auront été détruites à votre entrée,
en disant : Je veux suivre moi-même le culte dont ces nations
ont honoré leurs dieux. Vous ne rendrez point de semblable
culte à l'Éternel, votre Dieu ; car elles font, pour honorer leurs
dieux, toutes les abominations que l'Éternel a en horreur ; car
elles brûlent même leurs fils et leurs filles en sacrifice à leurs
dieux* (XII, 30-31).

*Qu'il ne se trouve personne parmi vous qui fasse passer son
fils ou sa fille par le feu* (XVIII, 10).

(1) Mischnah, *Sanhédrin*, VII, 4, 6. Voy. aussi Selden, *De Synedriis
Ebrœorum*, 1. II, c. 13.

En quoi consistait l'acte de donner, de « faire pas-
« ser » ses enfants au dieu phénicien Baal-Moloch?
Les faisait-on mourir dans les flammes? Se contentait-
on, au contraire, de les faire passer rapidement à tra-
vers le feu, pour attester leur consécration à l'idole?

Il n'est pas facile de résoudre ces questions avec une
certitude entière.

Il est incontestable que l'usage de sacrifier des victimes humaines existait parmi les peuples primitifs de
cette partie de l'Asie où Moïse conduisit les Hébreux.
L'Écriture le dit en termes exprès, et son témoignage
se trouve confirmé par celui des historiens profanes (1).

Il est également certain que, malgré les prescriptions
les plus sévères de la loi mosaïque, des sacrifices hu-
mains ont été quelquefois accomplis en Judée. David
reproche aux Juifs d'avoir répandu le sang de leurs
fils et de leurs filles sur les autels des dieux de Chanaan (2). L'Éternel, par la bouche d'Ézéchiel, leur rappelle qu'ils ont assassiné et consumé leurs fils, en « les
« faisant passer » aux idoles (3). Jérémie leur impute

(1) Le roi de Moab, assiégé par les Israélites, offrit son propre fils en
holocauste sur les murailles de Kir-Hareseth (4 Rois, III, 25 27.) Quinte-
Curce dit que les Tyriens, à l'approche d'Alexandre, voulurent reprendre l'usage de sacrifier un enfant libre à Saturne (l. IV, c. 3). Les Carthaginois, issus des Tyriens, sacrifiaient de jeunes garçons à la même
divinité. Ils possédaient une idole de cuivre dont les mains mobiles
recevaient les enfants et les jetaient dans un brasier enflammé. (Diodore
de Sicile, *Bibl. hist.*, liv. XX, c. 14.) Justin rapporte que Darius les
avait menacés d'une guerre d'extermination s'ils ne renonçaient pas à cet
usage barbare.

(2) Psm. CV, 37, 38.

(3) XVI, 20, 21.

le même crime en des termes qui n'admettent aucune
controverse (1).

Cependant la plupart des rabbins, d'accord avec une
foule d'interprètes chrétiens, soutiennent que les enfants
voués à Moloch restaient en vie, et qu'on se bornait à
les faire passer entre deux feux allumés au pied de
l'autel (2). Il est vrai, en effet, que plusieurs passages
de l'Écriture peuvent recevoir cette interprétation, sans
faire violence au sens naturel du texte (3) ; mais les
fragments des Psaumes et des Prophètes, que nous
venons de citer, ne sont ni moins clairs ni moins expli-
cites. On peut en conclure, à notre avis, qu'on se con-
tentait ordinairement d'une consécration symbolique,
par le passage des enfants entre deux feux placés aux
pieds de l'idole ; mais que, parfois aussi, on sacrifiait
réellement les victimes (4).

(1) VII, 31 ; XIX, 5.

(2) Mischnah, *Sanhédrin*, VII, 7. Telle est aussi l'opinion de Maïmonide (*Moré nebochim*, IIIe part., c. XXXVII). Il voit dans le culte de
Moloch une simple cérémonie de lustration, mais son avis ne réunit pas
les suffrages de tous ses coreligionnaires. Le Yalkout (sur Jérémie,
VII, 31) dit qu'on brûlait les enfants en les jetant dans les bras d'une
statue rougie au feu (Voy. Munk, traduction du *Moré nebochim*, t. III,
p. 288).

(3) Voy. Lévitique, XVIII, 21. Deutéronome, XVIII, 10. 4 Rois,
XXI, 6 ; XXIII, 10. Jérémie, XXXII, 35. L'Écriture parle même d'un
fils d'Achas, qui succéda à son père, après avoir été, dans son enfance,
offert à Moloch. (4 Rois, XVI, 3 ; XVIII, 1.)

(4) Grotius (*Annotata ad Vetus Testamentum*, t. Ier, p. 153 et suiv. ;
édit. de 1644) prouve très-bien que les deux usages ont réellement existé ;
mais il a tort de soutenir que la peine de la lapidation n'était applicable
que dans le cas où l'enfant était réellement brûlé. La généralité des
termes employés par Moïse repousse manifestement cette distinction.

Ce qui ne peut être révoqué en doute, c'est que toute consécration à Moloch et, à plus forte raison, tout sacrifice humain, étaient punis du supplice de la lapidation. Moïse répète à plusieurs reprises que le coupable doit être mis à mort. Il ajoute que si les Israélites, par une condescendance coupable, s'abstiennent de le traîner au supplice, Dieu lui-même exterminera le sectateur de Moloch avec tous ceux qui auront favorisé son crime.

§ 4. *De la profanation du sabbath.*

Exode. *Observez mon sabbath, et qu'il vous soit sacré. Quiconque le violera sera puni de mort. S'il travaille ce jour-là, son âme sera exterminée du milieu de son peuple* (XXXI, 14).

Vous ferez vos ouvrages pendant six jours. Mais le septième est le sabbath et le jour consacré au Seigneur. Quiconque travaillera ce jour-là sera mis à mort (ibid., 15).

Vous travaillerez pendant six jours. Le septième jour sera pour vous un jour saint. Quiconque travaillera ce jour-là sera mis à mort (XXXV, 2) (1).

Les prescriptions du législateur, trois fois répétées dans le même livre, sont nettes et précises. Celui qui travaille le jour du sabbath doit être condamné au dernier supplice. S'il échappe au jugement des hommes, il subit la peine divine du retranchement (2).

(1) Voy. encore Exode, XVI, 29 ; XX, 10, 11 ; XXXIV, 21

(2) Voy. ci-dessus, p. 46.

Nous trouvons, au livre des Nombres, un remarquable exemple de l'application de cette règle : « Les « enfants d'Israël étant dans le Désert, il arriva qu'ils « rencontrèrent un homme qui ramassait du bois le « jour du sabbath ; et, l'ayant présenté à Moïse, à « Aaron et à tout le peuple, ils le mirent en arresta- « tion, ne sachant ce qu'ils devaient en faire. Alors « l'Éternel dit à Moïse : Que cet homme soit mis à « mort et que tout le peuple le lapide hors du camp. « Ils le firent donc sortir dehors et le lapidèrent, et il « souffrit la mort comme l'Éternel l'avait ordonné (1). »

Michaëlis prétend que la peine de mort n'était en- courue que dans le seul cas où le violateur du sabbath avait travaillé publiquement et à la suite d'une résolu- tion formelle de braver l'ordre du législateur. Il sou- tient que le coupable devait avoir agi « la main levée, » c'est-à-dire, sous les yeux de ses concitoyens, avec le dessein positif de dédaigner la loi et de se mettre au- dessus d'elle. S'il avait travaillé en secret, poussé par des mobiles moins blâmables, tels que l'amour du gain ou la crainte de l'ennui, la justice des hommes ne se mê- lait pas du délit, et le châtiment, au dire du professeur de Gœttingue, était abandonné à la justice divine (2).

Le texte lucide et précis de l'Exode ne comporte pas

____

(1) Nombres, XV, 32-36. Le texte ne dit pas pourquoi Moïse alla con- sulter l'Éternel, et l'on peut s'en étonner, puisque déjà la peine de la lapidation était indiquée dans l'Exode. Les interprètes chrétiens et juifs ont fait à cet égard une foule de questions. Il est probable que le peuple désirait savoir si le fait de ramasser du bois constituait une vio- lation du précepte assez grave pour mériter le dernier supplice.

(2) *Mosaisches Recht,* § 249.

cette distinction. Il est vrai que, suivant le livre des Nombres, la violation préméditée de la loi lévitique, pour entraîner la peine du retranchement, doit être faite volontairement et « la main levée (1); » mais aucune restriction de ce genre ne se rencontre dans le texte qui frappe, non du retranchement, mais de la lapidation, l'homme qui se rend coupable de violation du sabbath par le travail. Le système de Michaëlis est repoussé à la fois par le texte de l'Écriture et par toutes les traditions nationales des Juifs. L'histoire prouve que ceux-ci poussaient le scrupule au point de se laisser massacrer comme un troupeau inoffensif, au lieu de prendre les armes et de se défendre pendant le jour du repos (2).

Le législateur, il est vrai, ne se contente pas d'une violation quelconque du sabbath; il ne dit pas aux juges de scruter les consciences, d'examiner tous les actes de profanation qui peuvent se présenter : il veut une profanation manifestée par le travail. Mais par contre, quand cette hypothèse se présente, il n'exige aucune autre circonstance concomitante de l'infraction (3).

(1) Nombres, XV, 30, 31. Voy. le § 8 ci-après.

(2) 1 Machabées, II, 31 et suiv. 2 Machabées, V, 24, 25. Josèphe. *Antiq. jud.*, l. XII, c. 1. Il est vrai qu'on fit cesser cette aberration, mais le fait n'en prouve pas moins avec quelle rigueur le précepte du repos était observé chez les Hébreux.

Voy. encore Josèphe, *Antiq. jud.*, l. XIV, c. 8; *Guerre des Juifs*, l. I, c. V.

(3) Il importe, en effet, de remarquer que le sabbath pouvait être profané par d'autres actes que le travail. Au ch. XVI (v. 29) de l'Exode, on défend aux Juifs de s'écarter de leurs demeures. Au chap. XXXV (v. 3), il leur

Le repos du sabbath était un acte d'adhésion au vrai
Dieu, un témoignage de l'alliance conclue entre Jéhovah
et son peuple (1). Profaner ce jour, c'était refuser cette
adhésion et répudier cette alliance; c'était commettre
un crime à la fois religieux et national (2). Maïmonide
ajoute que le législateur voulait que chaque homme
pût consacrer la septième partie de sa vie au repos et
au plaisir, pour se délasser des travaux et des peines
auxquels personne, petit ou grand, n'échappe sur la
terre (3).

§ 5. *Du blasphème.*

Lévitique. *Quiconque maudira son Dieu* (Elohav) *portera son péché; mais celui qui prononcera* (venoqeb) *le nom de
l'Éternel (en blasphémant) sera mis à mort. Tout le peuple le
lapidera, aussi bien l'étranger que le citoyen. Celui qui prononcera « le nom » mourra* (XXIV, 15-16).

Un épisode rapporté dans le Lévitique fournit un
excellent commentaire de ce passage.

« Il arriva, dit Moïse, qu'une dispute surgit dans le

est interdit d'allumer du feu, le jour du sabbath, etc. Le Talmud nous
montre avec quelle rigueur le précepte du repos était observé chez
les Hébreux. Ils ne pouvaient ni acheter, ni vendre, ni écrire des lettres, ni voyager, ni comparaître devant les tribunaux. (Voy. Mischnah,
Shabbath, VII et suiv.)
(1) Exode, XXXI, 13, 17.
(2) Saalschütz, p. 519.
(3) *Moré nebochim,* IIIᵉ part., c. XLIII.

« camp entre un Israélite et le fils d'une femme israé-
« lite qu'elle avait eu d'un Égyptien parmi les enfants
« d'Israël. Or, le fils de la femme israélite *prononça*
« (*vajjiqqob*) *le nom* et blasphéma, et il fut amené à
« Moïse. On le mit en arrestation jusqu'à ce qu'on eût
« su ce que le Seigneur en ordonnerait. Alors le Sei-
« gneur parla à Moïse et lui dit : Faites sortir le blas-
« phémateur du camp. Que tous ceux qui ont entendu
« le blasphème mettent la main sur lui et qu'il soit
« lapidé par tout le peuple (1). »

Le fils de l'Égyptien n'avait pas seulement blasphémé,
il avait « prononcé le nom, » et les deux fautes réunies
le firent conduire au supplice. Or, ces deux éléments
d'incrimination se trouvent précisément indiqués dans
la loi qui nous occupe. Au verset 15, il est dit que celui
qui maudira son Dieu portera la peine de son péché ;
au verset suivant, le législateur ajoute qu'on devra
mettre à mort celui qui « prononcera le nom de l'Éter-
« nel. » Il y a donc une distinction essentielle à faire.
Celui qui blasphème, sans prononcer le nom de Dieu,
n'est pas justiciable des tribunaux de la terre, parce
que son langage ne prouve pas manifestement qu'il ait
voulu blasphémer le Dieu d'Israël ; il a commis un
péché dont le châtiment est réservé à la Divinité. Mais
aussitôt qu'il ajoute au blasphème l'un des noms de
Dieu, par exemple, Jéhovah ou « l'Éternel, » cet acte
d'impiété est considéré comme assez grave et assez
clairement établi pour mériter la lapidation (2).

(1) Lévitique, XXIV, 10-14.
(2) Voy. ci-dessus, p. 28.

M. Saalschütz dit, à ce sujet : « Celui qui prononce
« une parole blasphématoire en y ajoutant seulement
« le mot *Elohim,* ne peut être judiciairement pour-
« suivi ; mais, s'il a vraiment blasphémé, il a le péché
« sur sa conscience. Le mot *Elohim* peut indiquer
« d'autres êtres que Dieu, tels que les anges (1), les
« juges (2) et même les faux dieux. Le crime n'est donc
« pas assez clairement caractérisé... Mais si le délin-
« quant ajoute positivement à ses paroles blasphéma-
« toires le nom du vrai Dieu, tout doute concernant le
« fait de l'existence d'un véritable blasphème (contre le
« Dieu d'Israël) disparaît, et le coupable est déclaré
« passible du dernier supplice (3). »

. Nous croyons que telle est, en effet, la portée réelle
du texte. Cette interprétation n'est pas seulement conforme au sens littéral des termes employés par le législateur ; elle concorde, à tous égards, avec les traditions
orales consignées dans la Mischnah. « Le blasphéma-
« teur, disent les rabbins, n'est point condamné à
« mort, s'il n'a pas prononcé le Nom (4). »

En expliquant ainsi le texte, on écarte complétement
l'étrange doctrine de Josèphe et de Philon, suivant
laquelle Moïse aurait sévèrement défendu de parler
mal des dieux étrangers. Philon, interprétant le fragment du Lévitique qui nous occupe, fait la réflexion

(1) Genèse, XXXII, 3.
(2) Exode, XXII, 8, 28.
(3) *Das Mosaische Recht,* p. 495. Michaëlis, après beaucoup de tergi-
versations, paraît avoir adopté le même système. (*Mosaisches Recht,*
§ 251.)
(4) Mischnah, *Sanhédrin,* VII, 5.

suivante : « Il est probable que, dans la première par-
« tie de cette loi, Moïse ne parle pas du vrai et seul
« Dieu, mais des faux dieux des nations, qui sont
« l'œuvre des sculpteurs et des peintres. Comment, en
« effet, aurait-il condamné à mort celui qui prononce
« le nom de Dieu, tandis qu'il ne frappe que de péché
« celui qui le maudit? Moïse a cru devoir défendre aux
« Hébreux de blasphémer contre les faux dieux, de
« peur qu'ils ne prissent l'habitude de blasphémer
« contre le vrai Dieu (1). » Josèphe ajoute, de son côté :
« Nous nous contentons d'observer nos lois, sans blâ-
« mer celles d'autrui. Nous n'adressons même ni mo-
« queries ni malédictions à ceux que les autres nations
« considèrent comme des dieux, parce que notre légis-
« lateur nous l'a défendu, à cause du respect dû à tout
« ce qui porte le nom de Dieu (2). »

Cette doctrine pouvait plaire aux païens parmi lesquels vivaient Josèphe et Philon ; mais elle était radicalement inconciliable avec les traditions hébraïques.
Les prophètes et les saints les plus vénérés de l'Ancien
Testament ne se sont guère fait scrupule de mal parler
des dieux étrangers. D'autre part, ce n'est pas contre
ceux qui prononcent le nom de Jéhovah que le Lévitique commine la peine de mort : c'est contre ceux
qui le prononcent en blasphémant. Comment concilier
le respect des dieux étrangers avec ces paroles de

(1) *De Vita Mosis*, l. III, p. 684 (*Philonis Opera*, Francf., 1691).
(2) *Contr. Appion* , l. II, c. 8. *Ant. jud.*, l. IV, c. 8. Josèphe, pour
plaire aux païens, dénature complétement le sens du v. 28 du chap. XXII
de l'Exode, où le mot *Elohim* désigne les juges, les chefs du peuple.

Moïse : « Vous détesterez l'idole comme de l'ordure ;
« vous l'aurez en abomination comme les choses les
« plus sales et qui inspirent le plus d'horreur (1) ? »

La peine terrible infligée par Moïse à ceux qui blas-
phèment en citant le nom de Dieu s'éloigne considérablement du système suivi dans les codes modernes.
Il faut se rappeler que Jéhovah était à la fois le Dieu,
le roi et le législateur d'Israël. Le blasphème formel
prenait le caractère d'un crime d'État (2).

§ 6. *De la fausse prophétie.*

Deutéronome. *S'il s'élève parmi vous un prophète ou un
individu ayant des songes ou des visions, et qu'il vous donne
un signe ou un prodige, et que ce qu'il avait prédit soit arrivé ;
et qu'il vous dise en même temps : « Allons, suivons les dieux
étrangers que vous ne connaissez pas, et servons-les : » vous
n'écouterez pas ce prophète ou cet inventeur de songes, car
l'Éternel, votre Dieu, vous éprouve, pour reconnaître si vous
l'aimez de tout votre cœur et de toute votre âme... Mais que
ce prophète ou cet inventeur de songes soit mis à mort, parce
qu'il vous a parlé pour vous détourner de l'Éternel, votre Dieu...
Et vous ôterez ainsi le mal du milieu de vous (XIII, 1-5).*

*Si un prophète entreprend de parler malicieusement en
mon nom, et de dire des choses que je ne lui ai point commandé de dire, ou s'il parle au nom de dieux étrangers, il sera
puni de mort (XVIII, 20).*

*Que si vous dites, en votre cœur : Comment discernerons-
nous la parole que l'Éternel n'a pas dite ? Voici le signe que*

(1) Deutéronome, VII, 26. Voy. encore XXVII, 15 ; XXIX, 17 ;
XXXII, 16, 17.
(2) Voy. ci-dessus, p. 103.

vous aurez. Si ce que ce prophète a dit au nom de l'Éternel n'arrive pas, c'est une marque que ce n'était pas l'Éternel qui l'avait dit, que ce prophète a parlé malicieusement. C'est pourquoi vous ne le craindrez point (XVIII, 21-22).

Deux hypothèses sont prévues dans ces textes. L'homme qui prophétise au nom des faux dieux doit être mis à mort, quand même il opère des prodiges et qu'on voit se réaliser toutes ses prédictions. Celui, au contraire, qui se prétend inspiré par Jéhovah est soumis à une sorte de surveillance et de contrôle. Si les événements qu'il annonce se produisent réellement, il est censé avoir parlé au nom de l'Éternel ; tandis que, si ses prédictions portent à faux, il est rangé parmi les imposteurs et condamné au dernier supplice, lequel, suivant la Mischnah, consiste ici dans l'étranglement (1).

De même que le Deutéronome, le Talmud punit à la fois le faux prophète et celui qui prophétise au nom des idoles. Le rédacteur de la Mischnah va même plus loin. Il inflige la peine de mort à l'homme orgueilleux qui s'empare d'une véritable prophétie révélée à un autre et la publie comme faite à lui-même. Quant à celui qui supprime une prophétie ou y ajoute quelques mots, il subit, suivant les rabbins, la peine du retranchement, tout comme l'individu qui refuse d'ajouter foi aux vrais prophètes envoyés de Dieu (2).

(1) Voy. ci-dessus, p. 29.

(2) Mischnah, *Sanhédrin*, X, 5, 6, et le commentaire de Maïmonide sur ces textes. (Surenhusius, t. IV, p. 258.) Voy. aussi Deutéronome, XVIII, 19,

La sévérité de ces règles n'a rien qui doive nous étonner. Les Israélites étaient persuadés que Dieu leur envoyait fréquemment des prophètes chargés de manifester sa volonté, de rappeler la nation au respect de la loi et de révéler aux coupables les châtiments réservés à l'apostasie. On comprend sans peine que, dans cette situation exceptionnelle, au milieu d'un peuple ardent et crédule, l'imposteur parlant au nom du Ciel pouvait causer de grands désordres et de déplorables excès. Un passage de Jérémie nous apprend qu'on s'empressait même de mettre en prison les insensés qui se mêlaient de faire des prédictions (1).

Les faux prophètes étaient jugés par le grand Sanhédrin (2). C'est sous l'accusation de fausse prophétie que Jésus fut conduit devant cette juridiction suprême (3).

———

§ 7. *De la magie et de la divination.*

Exode. *Vous ne laisserez pas vivre la magicienne* (XXII, 18) (4).

Lévitique. *Vous ne mangerez rien avec le sang ; vous ne pratiquerez pas la divination et les arts occultes* (XIX, 26). *Ne vous adressez pas aux magiciens et à ceux qui évoquent*

(1) Jérémie, XXIX, 26.
(2) Voy. ci-dessus, t. Ier, p. 234.
(3) Matthieu, XXVI, 57 et suiv. Comp. XXIII, 37, et Luc, XIII, 33, 34.
(4) La Vulgate porte : *Maleficos non patieris vivere.* Le mot hébraïque *mecasschephah* est féminin. Il est probable que, du temps de Moïse, c'étaient surtout les femmes qui s'adonnaient à la sorcellerie. Voyez Maïmonide, *Moré nebochim*, IIIe part., c. XXXVII.

*les esprits, et ne cherchez pas à vous souiller par ces choses.
Je suis l'Éternel votre Dieu* (ibid., 31).

*Celui qui s'adresse aux magiciens et à ceux qui évoquent
les esprits, pour frayer avec eux, attirera sur lui l'œil de ma
colère, et je l'exterminerai du milieu de son peuple* (XX, 6).

*Si un homme ou une femme s'occupe d'évoquer les esprits ou
de divination, on les mettra à mort; on les accablera de
pierres, et leur sang retombera sur eux* (ibid., 27).

Deutéronome. *Qu'il n'y ait personne parmi vous qui
fasse passer son fils ou sa fille par le feu, qui s'occupe de
magie, d'enchantements, de divination ou d'augures, qui con-
sulte ceux qui évoquent les esprits, les devins et ceux qui
interrogent les morts* (XVIII, 10-11).

———

De nombreuses controverses existent parmi les
Hébraïsants, au sujet de la signification réelle d'un
grand nombre de termes employés dans ces textes.
Nous avons suivi la version proposée par M. Saalschütz. Au fond, elle se trouve parfaitement d'accord
avec la Vulgate (1).

Trois actes, la divination, la magie et l'évocation
des esprits, sont expressément punis de mort. Mais
quel châtiment faut-il attacher aux autres faits prohi-
bés par le législateur? De quelle manière, notamment,
doit-on se conduire à l'égard de ceux qui, au lieu de
pratiquer eux-mêmes les sciences occultes, vont consulter ceux qui les exercent? Y avait-il pour eux une

______

(1) A l'appui de son opinion, M. Saalschütz a publié cinq pages d'observations grammaticales. (*Das Mosaische Recht,* p. 514 et suiv.) Voy.
aussi les observations grammaticales de Michaëlis. (*Mosaisches Recht,*
§ 255.)

autre peine que celle du retranchement, comminée par
le verset 6 du chapitre XX du Lévitique? La question a
été longuement examinée par les rabbins. Ils n'admettent la peine de mort que pour les trois crimes qui en
sont formellement frappés dans le texte sacré. Aux
autres pratiques superstitieuses, plus ou moins en rapport avec la magie, comme au fait de consulter les
devins et les magiciens, ils n'attachent que la peine de
quarante coups de verges, qui forme, dans leur système,
ainsi que nous l'avons vu, la peine accessoire du
Kérith. Ils infligent notamment ce châtiment à ceux qui
se font des incisions dans la chair (1), qui s'impriment
des stigmates sur le corps (2), qui se revêtent d'une
tunique tissue de fils différents (3).

La divination, la magie et l'évocation des esprits
étaient des pratiques répandues chez tous les peuples
païens. Indépendamment des désordres et des fourbe-
ries qu'elles pouvaient amener, Moïse y voyait une
sorte de provocation à l'idolâtrie, un danger permanent
pour la conservation de la pureté du culte national. Il
les frappe du châtiment réservé à l'apostasie.

Le rapport intime entre la magie et l'idolâtrie se
manifeste fréquemment dans le langage de l'Écriture (4).

(1) Lévitique, XXI, 5.
(2) *Ibid.*, XIX, 28.
(3) *Ibid.*, XIX, 19. Mischnah, *Sanhédrin*, VII, 7, *Maccôth*, III, 5,
6, 8.
(4) Voy. 4 Rois, XVII, 16, 17; XXI, 2-6. 2 Chroniques, XXXIII, 6, 7.
Michée, V, 11-13.
Il est probable que la pratique de la magie était en Égypte, comme en

§ 8. *De la violation préméditée de la loi lévitique.*

Nombres. *Celui qui aura violé la loi la main levée, qu'il soit indigène ou étranger, sera exterminé du milieu de son peuple; car il a méprisé la parole de l'Éternel et rendu inutile son ordonnance. Il sera exterminé et son iniquité pèsera sur lui* (XV, 30, 31) (1).

———

Après avoir déclaré qu'un sacrifice d'expiation suffit pour obtenir le pardon des péchés commis par ignorance, Moïse déclare que l'Israélite qui, de dessein prémédité, transgresse la loi divine, subira la peine du retranchement (2).

Il est évident que cette menace d'extermination ne s'adresse pas à tous ceux qui, même volontairement, commettent un acte quelconque prohibé par la loi. Plusieurs infractions, pouvant occasionner un désordre réel, comme le vol, la violation de dépôt, les blessures, l'adultère avec une esclave, sont punies de peines infiniment moins considérables. Michaëlis en conclut que

Judée, un crime capital. (Voy., à l'Appendice, la note B.) Quant à Manou, il frappe d'amende celui qui fait des conjurations magiques ou se livre à des sortiléges dans le dessein de faire périr un innocent, *lorsque ces actes pervers n'ont pas réussi;* mais il ne dit pas quel doit être le châtiment dans le cas contraire. (Voy. ci dessus, t. Ier, p. 52.)

(1) La Vulgate dit ici : *Anima quæ per superbiam aliquid commiserit.* Les Septante traduisent : *Avec une main d'orgueil.* Le texte chaldéen porte : *la tête découverte.* Le texte hébraïque, traduit littéralement, donne : *Celui qui aura fait quelque péché avec une main haute,* c'est-à-dire publiquement et comme pour défier les regards.

(2) Voy. ci-dessus, p. 48.

ce précepte du livre des Nombres ne s'applique qu'à
ceux qui agissent par orgueil, pour jeter le mépris sur
la loi (*in contemptum legis*), et qui se rendent ainsi coupables d'une sorte d'abjuration (1).

Plusieurs textes, où la peine du retranchement se
trouve indiquée en termes exprès, semblent démontrer
que tel était, en réalité, le sens des mots : « pécher la
« main levée. » Moïse menace de l'extermination, par
la volonté de Dieu, ceux qui persistent à rester incirconcis (2) ; qui contrefont le parfum sacré (3) ; qui, en
état d'impureté, mangent de la chair des hosties pacifiques (4) ; qui mangent le sang (5) ou la graisse des
victimes immolées (6) ; qui ne célèbrent pas la Pâque,
tout en se trouvant dans les conditions voulues (7) ; qui,
ne descendant pas d'Aaron, osent entrer dans le sanctuaire (8) ; les prêtres qui, étant souillés, s'approchent

(1) *Mosaisches Recht*, § 249.

(2) Genèse, XVII, 14.

(3) Exode, XXX, 38.

(4) Lévitique, VII, 21.

(5) *Ibid.*, III, 17 ; VII, 26, 27 ; XVII, 10-14 ; XIX, 26. Deutéronome,
XII, 16, 23, 24 ; XV, 23. On ne connaît pas exactement la cause de la
défense, sept fois répétée, de manger le sang des animaux. Il est probable, comme nous l'avons déjà dit (voy. ci-dessus, p 47, note 4), que le
sang jouait un grand rôle dans les pratiques superstitieuses des païens.
Au v. 26 du chapitre XIX du Lévitique, Moïse défend en même temps
l'usage du sang, la magie et la divination. Le problème a été longuement
examiné par Dom Calmet (*Commentaire littéral*, Lévit., XVII, 10 et s.),
Michaëlis (*Mosaisches Recht*, § 206), Saalschütz (*Das Mosaische Recht*,
p. 260 et suiv.) et Pastoret (*Histoire de la législation*, t. IV, p. 249).

(6) Lévitique, III, 16, 17 ; VII, 25.

(7) Nombres, IX, 13.

(8) *Ibid.*, XVIII, 7.

des choses saintes (1); les Israélites qui manifestent de la joie le jour de la fête des expiations (2), et ceux qui, en état d'impureté, se montrent à l'intérieur du Temple (3). Les coupables bravaient la loi et commettaient un véritable acte de révolte, dans une organisation sociale où la loi religieuse et la loi politique étaient indissolublement unies.

§ 9. *Du parjure.*

Exode. *Vous n'emploierez pas le nom de l'Éternel votre Dieu pour affirmer la fausseté; car l'Éternel ne laissera pas impuni celui qui emploiera son nom pour affirmer la fausseté* (XX, 7) (4).

Lévitique. *Vous ne vous parjurerez pas en jurant mon nom, et vous ne souillerez pas le nom de votre Dieu. Je suis l'Éternel* (XIX, 12).

Deutéronome. *Vous n'emploierez pas le nom de l'Éternel votre Dieu pour affirmer le mensonge ; car celui qui aura attesté une chose fausse en invoquant son nom ne restera pas impuni* (V, 11).

(1) Lévitique, XXII, 2, 3.

(2) *Ibid.*, XXIII, 29.

(3) *Ibid.*, XIX, 20. Nous avons indiqué plusieurs autres exemples ci-dessus, p. 45 et suiv.

(4) La Vulgate traduit : *Non usurpabis momen Domini Dei tui frustra*. Le mot hébraïque *schav* veut dire *menteusement, faussement*, aussi bien que *inutilement, en vain*. C'est dans le premier sens que, suivant toutes les probabilités, il est ici employé. Dans le même chapitre, neuf versets plus bas, où il s'agit du faux témoignage, le mot *faux* est également indiqué par *schav*. Beaucoup d'interprètes ont eu tort de soutenir que Moïse avait défendu, sous peine de mort, de prononcer inutilement le nom de Dieu,

Quoique le serment fût d'un fréquent usage parmi les Hébreux (1), leur législateur n'attache au parjure aucun châtiment spécial. Le seul moyen de répression mis à la disposition des juges était la peine correctionnelle de la flagellation, dont ils pouvaient toujours user en vertu des principes généraux du droit hébraïque (2). C'était surtout dans la menace de la colère divine que Moïse avait cherché le remède. Il crut que, chez un peuple doué d'une foi ardente et vive, cette menace suffirait pour prévenir les abus et sauvegarder, dans la mesure du possible, les intérêts légitimes des citoyens (3).

La peine était donc avant tout religieuse. Dieu, qui était le garant du serment, se réservait le châtiment des coupables. Aussi ces derniers pouvaient-ils se purifier par l'aveu et la réparation spontanés de leur crime, accompagnés d'un sacrifice d'expiation (4).

Pour savoir à quel degré les Hébreux avaient la religion du serment, il suffit de se rappeler, d'une part, la conduite de Josué à l'égard des Gabaonites qui l'avaient

(1) Voy. Exode, XXII, 7, 10. Lévitique, VI, 2, 3.

(2) Voy. ci-dessus, p. 69, et les preuves recueillies par Selden, *De Synedriis*, l. II, c. 13.

(3) Le système de Moïse se retrouve dans la législation primitive des Romains. Au deuxième livre *Des lois* (c. 9), Cicéron formule la loi suivante : *Perjurii pœna divina, exitium ; humana, dedecus.* Du temps d'Alexandre Sévère, on disait encore : *Jurisjurandi contempta religio satis Deum ultorem habet* (l. 2, Cod., l. IV, t. 1).

(4) Voy. ci-dessus, p. 80. Les Égyptiens et beaucoup d'autres peuples de l'antiquité croyaient, comme les Hébreux, que la Divinité elle-même se chargeait de la punition exemplaire du faux serment. (Voy. ci-dessus, t. Ier, p. 129 et p. 130, en note.)

grossièrement trompé ; de l'autre, le singulier moyen qu'imaginèrent, pour la conservation de la tribu de Benjamin, ceux qui avaient juré de l'exterminer (1).

Nous avons déjà dit que les Juifs ne connaissaient pas l'usage des dépositions assermentées devant les juges (2).

§ 10. *De l'apostasie de toute une ville.*

Deutéronome. *Si vous entendez dire de l'une de vos villes, qui vous seront données par l'Éternel, votre Dieu, pour y habiter : Des hommes pervers sont sortis du milieu de vous et ont conduit à l'apostasie les habitants de leur ville, en leur disant : Allons et suivons les dieux étrangers, que vous ne connaissez pas. Instruisez-vous ; informez-vous bien ; et, s'il est vrai et constant que cette abomination a été réellement commise au milieu de vous, vous ferez passer les habitants de cette ville au tranchant de l'épée, et vous la détruirez avec tout ce qui s'y rencontrera, jusqu'aux bêtes. Vous amasserez dans ses rues toutes les choses qui s'y trouveront et vous les brûlerez avec la ville, consumant tout en sacrifice à l'Éternel, votre Dieu. Elle sera à jamais un monceau de ruines et ne sera pas rebâtie. Il ne restera rien dans vos mains de cet anathème, afin de détourner la colère de Dieu, qu'il ait pitié de vous et qu'il vous multiplie, comme il l'a juré à vos pères...* (XIII, 12-18).

La rigueur avec laquelle Moïse réprime les attentats contre la religion nationale se manifeste surtout dans le traitement qu'il réserve aux habitants d'une ville qui renonce au culte de Jéhovah.

(1) Josué, IX, XXII, 15 et suiv. Juges, XXI, 1 et suiv.
(2) Voy. ci-dessus, p. 15.

Il exige qu'on s'informe exactement de tous les détails du crime. Il veut que le fait soit vrai, constant,
bien prouvé. Mais aussi, quand le doute n'est pas possible, quand le crime est manifeste, il ordonne la
destruction de la cité, l'anéantissement de ses richesses
et l'extermination de ses habitants. Il traite ceux-ci
comme les Israélites, à leur arrivée dans la terre promise, traitèrent les Chananéens, « qui avaient commis
« toutes les abominations que l'Éternel a en hor-
« reur (1). » C'est l'application de l'anathème, avec
toutes ses redoutables conséquences, à la ville infidèle
et à tout ce qu'elle renferme. C'est une aggravation considérable de la peine ordinaire de l'apostasie, qui ne
s'oppose pas, en thèse générale, à la transmission des
biens aux héritiers du condamné (2).

Les rabbins ont fait de grands efforts pour réduire
ce texte rigoureux à des proportions aussi restreintes
que possible. Sous prétexte que le législateur parle
« d'hommes pervers, » ils enseignent que la loi n'est
pas applicable quand ceux qui ont provoqué l'apostasie
de la ville sont des femmes ou des adolescents. S'empa-
rant des mots « vos villes » et « du milieu de vous, »
ils prétendent que le précepte ne concerne ni les villes
maritimes, parce qu'elles ne se trouvent pas au milieu
du pays, ni les bourgs et les villages, parce qu'ils ne
sont pas des villes, ni la capitale et les villes de refuge,
parce qu'elles n'appartiennent à aucune tribu en particulier. De la même manière, les mots « leur ville »

(1) Deutéronome, XII, 31.
(2) Voy. ci-dessus, p. 81, en note.

les conduisent à décider que les séducteurs doivent
être de la même tribu et de la même ville que les habitants coupables. Ils exigent encore, mais avec plus de
raison, que la majorité de la population ait renoncé au
culte du vrai Dieu. Si l'apostasie n'est que l'œuvre
d'une partie du peuple, la ville n'est pas détruite; les
coupables rentrent alors dans la règle ordinaire et sup-
portent la peine de la lapidation, sans anéantissement
de leurs biens (1).

Le sort réservé aux cités infidèles de la Palestine
rappelle le traitement que les peuples amphictyoniques
infligèrent aux Cirrhéens, voisins de Delphes, qui
avaient pillé le trésor du temple d'Apollon. Cirrha fut
rasée et son sol condamné à une éternelle stérilité. On
sait que l'un des serments des Grecs alliés était de
renverser les villes qui manqueraient aux engagements
contractés sous la garantie des Amphictyons (2).

(1) Voy. Mischnah, *Sanhédrin*, XI, 4, 5, 6, et les autorités citées par
Selden, *De Synedriis Ebraeorum*, lib. III, c. 5

(2) Eschine nous a conservé la formule de ce serment (*Procès de
l'Ambassade, défense d'Eschine;* traduct. de Stiévenart, p. 321). L'oracle
de la Pythie contre les habitants de Cirrha était ainsi conçu : « Guerre
« aux Cirrhéens! Guerre le jour ! Guerre la nuit! Portez chez eux le
« fer, le feu, l'esclavage. Consacrez aux dieux leurs terres compléte-
« ment abandonnées; n'y travaillez point, ne souffrez pas que nul autre
« y travaille. (Eschine, *Procès de la Couronne*, p. 346; trad. cit.)

CHAPITRE II.

DÉLITS CONTRE L'AUTORITÉ PUBLIQUE.

Exode. *Vous ne parlerez point mal des juges* (1), *et vous ne maudirez pas les princes de votre peuple* (XXII, 28).

Deutéronome. *Si une affaire est trop embrouillée pour discerner entre le sang et le sang, entre une cause et une cause, entre une blessure et une blessure, et que les opinions des juges qui siégent à vos portes seront partagées, vous vous lèverez et vous irez au lieu que l'Éternel aura choisi, pour vous adresser aux prêtres ou au juge qui sera en ce temps-là. Vous les interrogerez et ils vous diront la décision du droit. Agissez alors suivant la parole qu'ils vous diront, au lieu que l'Éternel aura choisi, et ayez soin de faire tout ce qu'ils vous enseigneront. Vous vous conformerez à la doctrine qu'ils vous enseigneront et à la sentence qu'ils vous diront, sans vous en écarter ni à droite ni à gauche ; car l'homme qui, enflé d'orgueil, ne se conformera pas à la décision du prêtre... ou du juge sera puni de mort* (XVII, 8-12).

------

(1) Littéralement : des divins, des hommes de Dieu (*Elohim*). C'est de ce texte que Josèphe a déduit son étrange système concernant les ménagements à prendre envers les dieux des autres nations. Voy. ci-dessus, p. 132.

Ces deux textes sont les seuls que renferme le
Pentateuque au sujet des délits commis contre l'autorité publique. Le premier est dépourvu d'une sanction
spéciale, et dès lors, suivant les principes généraux
du droit mosaïque, le délinquant ne peut encourir
d'autre peine que la flagellation (1). Le second inflige
la peine de mort au magistrat inférieur qui refuse de
conformer ses actes aux arrêts du tribunal suprême.
Suivant les traditions talmudiques, ce juge rebelle
devait subir la strangulation à Jérusalem, à une époque
de fête nationale, où une grande multitude de citoyens
pouvaient être les témoins de son supplice (2). Au dire
de Maïmonide, on le faisait mourir à cause de la corruption qu'il répandait parmi ses concitoyens. Il brisait,
en effet, l'unité de doctrine et de jurisprudence, que
le législateur s'était proposé d'obtenir par l'institution
d'un tribunal suprême. Il introduisait la division et le
schisme dans les rangs du peuple élu (3).

Évidemment, ces deux textes isolés, dont l'un ne
prononce pas même de peine proprement dite, ne con-
tiennent pas tout le droit national des Hébreux concernant les crimes dirigés soit contre le chef de l'État, soit
contre les intérêts collectifs de la nation. Il n'est pas
possible de supposer que la sédition, la trahison, la
révolte, l'usurpation, les atteintes à la majesté royale,

(1) Voy. ci-dessus, p. 69.

(2) Deutéronome, XVII, 13. Mischnah, *Sanhédrin*, X, 1, 2, 4.

(3) *Moré nebochim*, IIIe part., c. XLI. Quoique le texte soit conçu en
termes généraux, la tradition rabbinique est unanime à ne l'appliquer
qu'à l'*ancien*, qu'au *docteur* rebelle. Voy. Talmud de Babylone, *Sanhédrin*, 87, a, et les passages de la Mischnah cités à la note précédente.

ne pouvaient recevoir d'autre châtiment que la peine correctionnelle du fouet, mise à la disposition des juges pour la répression des actes immoraux ou dangereux non prévus par la loi pénale (1). Une telle supposition serait aussi contraire à la raison qu'incompatible avec les faits les plus avérés des annales des Israélites. Saül fait mettre à mort les sacrificateurs de Nob, qui ne l'avaient pas averti du péril dont il était menacé ; il veut faire périr son propre fils Jonathas, parce que celui-ci n'avait pas obéi à ses ordres (2). David range au nombre des plus grands crimes les attentats contre la personne des rois ; il dit à Abner qu'il a mérité la mort, pour avoir mal gardé le campement de son souverain ; il fait tuer, à l'instant même, l'Amalécite qui lui annonce la mort de Saül, *parce que qu'il avait porté la main sur l'oint du Seigneur* (3). Salomon fait égorger son frère Adonia, parce que celui-ci avait osé jeter les yeux sur l'une des femmes de David (4); il condamne au même supplice l'Israélite Siméi qui avait outragé David, lorsqu'il fuyait vers les montagnes du désert, pendant la révolte d'Absalon (5). Achab menace de la peine capitale un prophète qui feint d'avoir mal gardé un prisonnier de guerre (6). Jérémie est emprisonné, parce qu'on le soupçonne d'être de connivence

---

(1) Voy. ci-dessus, p. 69.
(2 1 Rois, XIV, 44, 45; XXII, 13-18.
(3) 1 Rois, XXIV, 5, 8; XXVI, 8, 9, 16. 2 Rois, I, 14-16.
(4) 3 Rois, II, 21-25.
(5) 2 Rois, XVI, 5 et suiv.; XIX, 18 23. 3 Rois, II, 36-46.
(6) 3 Rois, XX, 38-40.

avec les ennemis de la patrie (1). Judas Maccabée
fait périr Callisthène et Philarque, qui avaient embrassé la cause des oppresseurs d'Israël; il dénonce et
fait condamner à mort des soldats qui, au mépris de
ses ordres, avaient laissé s'enfuir une garnison enne-
mie (2). Hérode fait périr Hyrcan, parce qu'il avait
conspiré contre lui (3); il envoie au supplice l'un des
premiers fonctionnaires du royaume, parce qu'il avait
révélé un secret (4).

Tous ces exemples, auxquels on pourrait en ajouter
beaucoup d'autres, ne dénotent assurément pas un pays
où les méfaits dirigés contre le chef de l'État et les
intérêts généraux étaient effacés du catalogue des
délits.

La seule conséquence qu'on puisse raisonnablement
déduire du silence de Moïse, c'est qu'il avait abandonné
la répression des crimes d'État aux gouvernements
futurs, en leur laissant la liberté nécessaire pour défi-
nir les actes et mettre le châtiment en harmonie avec
les besoins des circonstances. L'histoire atteste que ces
infractions, en Judée comme dans le reste de l'Orient,
avaient ordinairement pour conséquence la mort des
coupables. Dès le lendemain du décès de Moïse, les
Anciens d'Israël, réunis sur les bords du Jourdain,
dirent à Josué : « Tout homme qui sera rebelle à ton
« commandement et qui n'obéira point à tes paroles,

(1) Jérémie, XXXVI et XXXVII.
(2) 2 Maccabées, VIII, 32-33; X, 20-22.
(3) Josèphe, *Antiq. jud.*, l. XV, c. 9.
(4) Josèphe, *ibid.*, c. 11.

« en tout ce que tu commanderas, sera mis à mort (1). »
Plusieurs siècles plus tard, Jéhu menace de la peine
capitale ceux qui dédaigneront ses ordres (2).

Le Talmud ordonne même aux Juifs d'obéir ponc-
tuellement aux ordres des souverains étrangers, quand
les décrets de ceux-ci ne sont pas opposés à la loi de
Dieu. On y trouve plusieurs fois la formule suivante :
« La loi du gouvernement du pays est loi (3). »

(1) Josué, I, 17-18. Sous Moïse, ceux qui s'étaient rendus coupables
de sédition furent exterminés par un décret de Dieu. (Nombres, XVI.)
(2) 4 Rois, X, 19, 24.
(3) Voy. *Baba qama*, 113, a.

CHAPITRE III.

Exode. *Quiconque frappera son père ou sa mère sera mis à mort* (XXI, 15).

Celui qui aura maudit son père ou sa mère sera mis à mort (ibid., 17) (1).

Lévitique. *Que celui qui aura maudit son père ou sa mère soit puni de mort. Il a maudit son père ou sa mère, que son sang retombe sur lui* (XX, 9)!

Deutéronome. *Si un homme a un fils désobéissant et rebelle, qui n'écoute pas la voix de son père, la voix de sa mère, et qui, en ayant été repris, refuse de leur obéir, son père et sa mère le saisiront, et ils le mèneront aux Anciens de la ville et à la porte où se rendent les jugements, et ils parleront ainsi aux Anciens de sa ville : Voici notre fils qui est désobéissant et rebelle, il n'écoute pas notre voix, il passe sa vie dans la débauche et la dissolution. Et tous les hommes de sa ville l'accableront de pierres jusqu'à ce qu'il meure ; afin que le mal soit enlevé du milieu de vous et que tout Israël, entendant cet exemple, soit saisi de crainte* (XXI, 18-21) (2).

(1) Comp. Deutéronome, XXVII, 16. Proverbes, XX, 20 ; XXX, 17. Matthieu, XV, 4. Marc, VII, 10.

(2) Voy. encore Exode, XX, 12. Lévitique, XIX, 3. Deutéronome, V, 16.

Suivant l'opinion des rabbins, le fils qui frappait son père ou sa mère était étranglé, et celui qui les maudissait était lapidé. Le même supplice de la lapidation atteignait le fils désobéissant et rebelle (1).

Le Talmud subordonne l'application de ces peines à une foule de conditions qui ne sont pas toutes compatibles avec la généralité des termes employés par le législateur. Dans le système de répression consacré par la Mischnah, les coups portés au père ou à la mère n'entraînent le dernier supplice que lorsqu'ils ont laissé des marques douloureuses. Les malédictions jetées aux parents ne sont punies de mort que lorsqu'elles sont proférées avec invocation expresse de l'un des noms de Dieu (2). Quant au fils rebelle, il était d'abord solennellement averti, en présence de la famille assemblée (3). Si cet avertissement ne produisait pas d'effet, il était conduit devant le tribunal des Trois et condamné au fouet. S'il retombait de nouveau dans sa faute, il était conduit au tribunal des Vingt-trois et lapidé. Encore ce supplice n'était-il applicable ni aux filles, ni aux enfants, ni aux hommes ayant atteint l'âge de la virilité. Or, comme, suivant les rabbins, les premiers signes de la puberté apparaissent à l'âge de treize ans et acquièrent tout leur développement quatre-vingt-dix jours après, il en résulte que le châtiment prescrit par le

(1) Voy. ci-dessus, p. 28 et 30.

(2) Mais aussi, dans ce cas, la peine est encourue même quand le malédictions sont proférées après la mort des parents. Mischnah, *Sanhédrin*, X, 1.

(3) Josèphe parle également d'un avertissement solennel donné par les parents. (*Antiq. jud.*, l. IV, c. 8.)

Deutéronome ne pouvait atteindre le fils que pendant trois mois de son existence ! Les rabbins exigent, en outre, que les parents ne soient pas manchots, parce que la loi leur ordonne de saisir le fils et de le conduire devant les juges ; ni muets, parce qu'elle les oblige à proférer eux-mêmes l'accusation ; ni aveugles, parce que cette infirmité les empêche de dire, en parfaite connaissance de cause : « Voici notre fils (1). »

Il y avait un moyen beaucoup plus simple de justifier le châtiment rigoureux dont Moïse menace le fils rebelle. Le texte constate et les talmudistes admettent que le père et la mère devaient être d'accord pour dénoncer le crime et réclamer la mort du coupable (2). L'indulgence de l'un des époux suffisait donc pour désarmer la colère de l'autre, et il n'est pas possible d'admettre que beaucoup de mères fussent disposées à consentir à la lapidation de leurs fils. C'était surtout l'influence salutaire de la crainte que le législateur attendait de cette disposition sévère, et, sous ce rapport, il devait, bien mieux que les jurisconsultes modernes, connaître l'intensité du remède qu'exigeaient l'insubordination et le désordre au sein de la famille judaïque.

On peut ajouter que Moïse réclame formellement une sentence des juges, tandis que beaucoup d'autres législations de l'antiquité reconnaissaient au père un droit absolu sur les biens et la vie des enfants (3).

----

(1) Mischnah, *Sanhédrin*, VII, 8 ; VIII, 1-4 ; X, 1. *Baba gama*, VIII, 3, 5.

(2) Mischnah, *Sanhédrin*, VIII, 4.

(3) Le Talmud se borne à considérer comme meurtre involontaire le

Il est évident que, dans la société moderne, la peine de mort serait un châtiment excessif pour les coups donnés aux parents, pour les malédictions dirigées contre eux, pour la désobéissance obstinée à leurs ordres. Un châtiment moins rigoureux suffit pour maintenir la paix au foyer domestique et répondre à toutes les exigences de l'ordre public et de la sécurité générale. Mais rien ne prouve qu'il en fût de même dans les vallées de la Palestine, au milieu d'une population ardente et vindicative, sous un climat brûlant qui pousse à leurs limites extrêmes toutes les passions généreuses ou funestes.

Suivant Maïmonide, le châtiment du fils rebelle était essentiellement préventif. On supposait, dit-il, que ce fils en viendrait nécessairement à commettre des meurtres (1). Telle est aussi la doctrine de la Mischnah (2).

M. Saalschütz fait remarquer, non sans raison, que les textes qui nous occupent, en mettant constamment la mère sur la même ligne que le père, attestent la position élevée que les femmes occupaient dans l'organisation sociale de la Judée (3).

Pas plus que Manou, Zoroastre ou Solon, Moïse n'a voulu prévoir le parricide. Le silence qu'il garde à cet égard est d'autant plus remarquable que le parricide était connu et exemplairement réprimé en Égypte (4).

cas où un père tue son fils en le frappant pour le corriger. Il dispense le père de l'obligation de séjourner dans une ville de refuge (*Maccóth*, 8, a).

(1) *Moré nebochim*, IIIe part., c. XXXIII et XLI.
(2) *Sanhédrin*, VIII, 5.
(3) *Das Mosaische Recht*, p. 588.
(4) Voy. ci-dessus, t. Ier, p. 142.

CHAPITRE IV.

DÉLITS CONTRE LES MŒURS.

————

§ 1er. De l'adultère.

Exode. *Vous ne commettrez point d'adultère* (XX, 14).

Lévitique. *Vous ne vous approcherez point de la femme de votre prochain, et vous ne vous souillerez point par cette union honteuse et illégitime* (XVIII, 20).

Si quelqu'un commet un adultère avec la femme de son prochain, que l'homme adultère et la femme adultère meurent tous deux (XX, 10).

Deutéronome. *Vous ne désirerez pas la femme de votre prochain* (V, 21).

Si un homme est trouvé couché près d'une femme qui a un mari, l'un et l'autre mourront, la femme et l'homme couché près d'elle, et le mal sera extirpé du milieu d'Israël (XXII, 22)* (1).

————

Michaëlis définit l'adultère de la manière suivante : « L'union charnelle d'une femme mariée avec un homme « qui n'est pas son époux (2). » Cette définition est

(1) Voy. encore Exode, XX, 17. Deutéronome, V, 18.
(2) *Mosaisches Recht*, V, § 259.

rigoureusement conforme au texte sacré. En Judée, pas plus que dans les autres contrées de l'Orient, l'épouse n'avait de droit exclusif à la tendresse de son époux. Dans certains cas, les rapports illicites du mari avec des femmes célibataires pouvaient constituer des infractions spéciales dont nous parlerons plus loin; mais ces infractions n'étaient jamais le crime d'adultère.

Moïse ne désigne pas le genre de mort qu'on doit faire subir aux coupables; il se contente de dire : « Que « l'homme adultère (*No'ef*) et la femme adultère (*No'efet*) « meurent l'un et l'autre (1). » Un passage d'Ézéchiel (2) et un touchant épisode de l'Évangile de saint Jean permettent d'affirmer que cette peine était la lapidation. A une époque où Jérusalem était encore debout et où les Juifs, quoique soumis aux Romains, avaient conservé leur législation nationale, des Pharisiens amenèrent à Jésus une femme adultère et lui dirent : « Moïse nous a commandé de lapider celles qui sont « dans son cas : qu'en dis-tu? » Et Jésus leur répond : « Que celui d'entre vous qui n'a point péché *lui jette* « *la première pierre* (3). »

C'est à tort que la Mischnah et la plupart des rabbins modernes font de la strangulation la peine de l'adultère (4). Moïse punit de la lapidation la femme qui entre dans le lit nuptial sans avoir conservé sa virgi-

______

(1) Genèse, XXVI, 11. Lévitique, XVIII, 20; XX, 10. Deutéronome, XXII, 22.
(2) XVI, 40.
(3) Joan., VIII.
(4) *Sanhédrin*, X, 1.

nité (1). Il frappe du même châtiment la fiancée qui oublie ses engagements (2). Comment aurait-il assigné un supplice moins rigoureux à la femme devenant infidèle après la conclusion du mariage (3)?

Les termes employés dans le Deutéronome permettent de croire que le flagrant délit était la seule preuve admise en matière d'adultère. Suivant la Mischnah, la condamnation n'est prononcée que lorsque le fait se trouve attesté par deux témoins oculaires (4). Quand les témoins font défaut, l'époux outragé n'a d'autre moyen de répression que le recours à l'épreuve des « eaux amères. »

Le mari qui soupçonne sa femme d'avoir été infidèle la conduit devant le prêtre et présente pour elle une offrande de farine d'orge. Le prêtre prend un vase de terre rempli d'eau sainte et y jette un peu de poussière ramassée sur le pavé du sanctuaire. Il découvre la tête de l'épouse suspecte, fait flotter ses cheveux et lui place l'offrande sur les mains, pendant qu'il tient lui-même les « eaux amères » sur lesquelles il a prononcé des

(1) Deutéronome, XXII, 20, 21.
(2) Deutéronome, XXII, 23, 24.
(3) La décision de la Mischnah est basée sur la règle suivant laquelle la strangulation, réputée la moins rigoureuse des peines capitales, doit toujours être appliquée, quand un autre genre de mort n'est pas comminé dans le texte. Nous avons vu que cette décision ne doit pas être admise sans réserve. (Voy. ci-dessus, p. 44.) Coccejus fait remarquer que les rabbins eux-mêmes ne sont pas d'accord pour accepter ici la décision de la Mischnah. (Voy. l'édit. de la Mischnah par Surenhusius, P. IV, p. 255.)
(4) Mischnah, *Sotah*, VI, 3, et le commentaire de Maïmonide sur le § Ier du chap. Ier du même titre (édit. de Surenhusius, t. III, p. 179).

paroles de malédiction. Il conjure ensuite la femme en lui disant : « Si un homme étranger ne s'est point « approché de vous et si vous ne vous êtes point souil- « lée en quittant le lit de votre mari, ces eaux amères « que j'ai chargées de malédictions ne vous nuiront « point. Mais si vous vous êtes éloignée de votre mari « et que vous vous soyez souillée en vous approchant « d'un autre homme, les malédictions que je vais pro- « noncer tomberont sur vous. Que le Seigneur vous « rende un objet de malédiction et un exemple pour « tout son peuple, qu'il dessèche votre cuisse et fasse « gonfler vos entrailles, par ces eaux amères qui vont « entrer dans votre corps. » La femme répond : « Amen! Amen! » Le prêtre écrit ensuite ces malédic- tions sur une feuille, les lave dans les eaux amères et fait boire celles-ci à la femme, après qu'il a placé l'offrande sur l'autel. Moïse ajoute : « Si elle est souil- « lée…, elle sera pénétrée de ces eaux de malédiction, « son ventre s'enflera et sa cuisse pourrira; et cette « femme deviendra un objet de malédiction et un « exemple pour le peuple. Que si elle n'a point été « souillée, elle ne souffrira aucun mal et aura des en- « fants (1). »

Comme gardien de l'honneur de la famille, le mari

-----

(1) Nombres, V, 12 et suiv. — Il importe de remarquer que ce juge- ment de Dieu se distingue des ordalies, en usage chez les autres peu- ples, par un caractère essentiel. Ce n'est pas le juge, c'est Dieu lui-même qui est appelé à décider à la suite de l'épreuve. — Nous croyons inutile d'énumérer les conditions auxquelles les rabbins subordonnent l'emploi des eaux amères. On peut consulter la Mischnah, *Sotah*, I à VI.

n'avait pas seulement le droit de faire châtier la femme adultère : la jurisprudence nationale lui reconnaissait la faculté d'interdire à son épouse la fréquentation de tout homme qui lui portait ombrage. La défense était faite devant deux témoins; et si la femme, nonobstant cet ordre, s'enfermait avec l'individu suspect, ne fût-ce que pendant quelques instants, on lui faisait subir l'épreuve des eaux amères. Suivant les rabbins, c'était même le seul cas où la femme pouvait être forcée de se soumettre à cette épreuve; mais il est difficile de concilier cette restriction avec la généralité des termes employés par Moïse (1).

————∿∿∿∿∿————

§ 2. *De la corruption de la fiancée.*

Deutéronome. *Si, après qu'une vierge a été fiancée, quelqu'un la trouve dans la ville et couche avec elle, vous lapiderez l'un et l'autre, devant la porte de la ville; elle, parce que, étant dans la ville, elle n'a pas crié au secours; lui, parce qu'il a déshonoré la femme d'un autre. Vous ne souffrirez pas de telles abominations parmi vous. Si, au contraire, un homme trouve à la campagne une vierge fiancée et que, lui faisant violence, il couche avec elle, l'homme seul, qui a couché avec elle, mourra. Mais la fille ne subira aucune peine; car elle a*

(1) Voy. Mischnah, *Sotah*, 1, 1, 2. Dans le Koran, le châtiment de l'adultère n'est pas très-exactement indiqué. Mahomet dit d'abord : « Si « vos femmes commettent l'action infâme (l'adultère), appelez quatre « témoins. Si leurs témoignages se réunissent contre elles, enfermez-les « dans des maisons jusqu'à ce que la mort les visite ou que Dieu leur « procure un moyen de salut (Sourate IV, 19). » Ailleurs, au contraire, il s'exprime ainsi : « Vous infligerez à l'homme et à la femme adultères « cent coups de fouet à chacun (Sourate XXIV, 2). »

souffert violence, comme celui qui est brusquement assailli et tué par un autre. Elle était seule dans un champ ; elle a crié au secours ; mais il n'y avait personne qui pût venir à son aide (XXII, 23-27).

———

Après avoir puni l'infidélité de la femme mariée, Moïse frappe, immédiatement après, l'infidélité de la femme promise.

Le libertinage de l'épouse et celui de la fiancée présentent plus de rapports qu'on ne le suppose au premier aspect. Indépendamment de la violation d'un engagement solennel, l'un et l'autre peuvent avoir pour conséquence d'introduire dans la famille du mari des rejetons qui lui sont étrangers. Ce n'est pas seulement pour donner au peuple une grande et haute idée du mariage ; c'est aussi en considération de la gravité intrinsèque de l'acte, que Moïse condamne à la lapidation la fiancée infidèle et son complice. Philon a raison de dire qu'on rencontre ici « une espèce d'adultère (1). » La vierge promise qui oublie ses devoirs devient punissable comme si elle était déjà la femme de son futur époux. Moïse l'appelle expressément « la femme d'un autre. »

Le texte du Deutéronome fait une distinction importante. La fiancée, déflorée dans l'enceinte d'une ville, est censée y avoir consenti, par cela seul qu'elle n'a pas crié au secours ; tandis que celle qui se trouvait dans les champs est réputée innocente, aussitôt qu'elle prétend avoir vainement appelé à son aide. C'est l'application à un cas particulier de la règle générale de la

———

(1) *De special. legibus,* p. 788 (édit. de 1691).

justification résultant de la contrainte. « Celui qui est
« forcé de pécher, dit Maïmonide, n'est pas puni,
« parce qu'il n'est chargé d'aucune faute (1). »

Il est probable que ces présomptions légales admettaient la preuve contraire. Il eût été absurde de ne pas punir l'union illicite accomplie dans les champs, lorsque des preuves évidentes attestaient le concours libre et spontané de la fille. Il eût été odieux de conduire au supplice la fiancée qui, surprise à l'intérieur de la cité, se serait trouvée dans l'impossibilité de crier par le fait même de son agresseur. Ainsi qu'il arrive souvent, le législateur ne s'est occupé que des cas ordinaires (2).

La peine établie par le texte consiste dans la lapidation. Suivant les rabbins, ce châtiment n'est encouru que lorsque la fiancée n'a pas dépassé l'âge de douze ans et qu'elle se trouve encore dans la maison de son père. Si elle a atteint l'âge nubile et que son père l'ait remise aux envoyés de son futur époux, il faut, à leur avis, appliquer la peine de l'adultère, c'est-à-dire l'étranglement (3).

Cette distinction est inadmissible. Nous avons prouvé que c'est la lapidation, et non pas l'étranglement, qui constitue la peine de l'adultère.

(1) *Moré nebochim*, III⁰ part., c. **XLI**.

(2) C'est ainsi que le texte est expliqué par Philon. (*De spec. leg.*, p. 788.) Josèphe dit, de son côté : « Si quelqu'un a corrompu une fille « fiancée à un autre et qu'elle y ait donné son consentement, ils seront « tous deux punis de mort comme étant tous deux coupables : l'homme, « pour avoir persuadé à cette fille de préférer un plaisir infâme à « l'honnêteté du mariage légitime ; elle, pour s'être ainsi abandonnée par « le désir du gain ou par une honteuse volupté.» (*Antiq. jud.*, l. IV, c. 8.)

(3) Mischnah, *Sanhédrin*, VII, 9, avec le commentaire de Maïmonide et de Bartenora ; Surenhusius, t. IV, p. 245.

§ 3. *De l'union illicite avec une femme esclave.*

Lévitique. *Si un homme dort avec une femme esclave, que des liens attachent à un autre homme* (Nech07erepheth), *avant qu'elle ait été rachetée ou mise en liberté, ils ne mourront pas, parce que ce n'est pas une femme libre; mais il y aura lieu à la peine du fouet. L'homme offrira pour sa faute un bélier à l'entrée du tabernacle du témoignage. Le prêtre priera pour lui devant le Seigneur et son péché lui sera pardonné* (XIX, 20-22) (1).

L'union illicite avec la femme esclave est une autre espèce d'adultère qui, dans l'état social des Hébreux, réclamait évidemment une répression.

Sous la loi hébraïque, la femme esclave pouvait régulièrement épouser un homme de sa condition (2). Quelquefois le maître la donnait en mariage à son fils, sans que cette union vînt briser ses chaînes (3). D'autres

(1) L'interprétation de ce texte donne lieu à de grandes difficultés, à cause du sens mal défini et peu connu du mot *necherepheth*. Michaëlis (*Mosaisches Recht*, § 264) le fait dériver de *charaf* (*carpere, decerpere*) et lui donne la signification de *decerpta viro*. Plusieurs interprètes, se rangeant à l'avis de Maïmonide (*Moré nebochim*, IIIe part., c. XLI), croient qu'il s'agit ici d'une esclave fiancée ou promise. D'autres supposent que le texte se rapporte seulement à la femme esclave qui, avec l'autorisation de son maître, a épousé un autre esclave. Nous avons préféré donner au précepte une portée générale, en l'appliquant à l'esclave mariée et à l'esclave fiancée, quelle que soit la condition de son époux actuel ou futur. C'est incontestablement le sens le plus rationnel et le plus conforme à l'intention présumée du législateur.

(2) Cela résulte, à l'évidence, des v. 3 à 6 du chap. XXI de l'Exode.

(3) Après avoir parlé des cas où un père donne à son fils une esclave pour épouse, les v. 10 et 11 du chap. XXI de l'Exode ajoutent : « S'il « prend plus tard une autre femme pour son fils, il ne diminuera pas les

fois le maître lui-même se choisissait une seconde ou une troisième épouse parmi les esclaves de sa maison (1).

Quel que fût le caractère légal de ces unions, elles imposaient à la femme des devoirs spéciaux assez importants pour mériter une sanction pénale. Suivant le passage du Lévitique que nous venons de transcrire, les rapports criminels de la femme esclave avec un homme autre que son époux entraînaient la peine du fouet.

Il est essentiel de remarquer que cette loi ne prévoit que le cas où la femme, au moment de la perpétration de l'acte, n'était pas encore « rachetée ou mise en « liberté. » A partir de l'heure où elle était affranchie, on lui appliquait la peine ordinaire de l'adultère. Elle était lapidée avec son complice.

On a prétendu que le sacrifice du bélier affranchissait l'homme de toute répression légale, et que la peine du fouet était subie par la femme seule. Le Talmud enseigne cette doctrine (2) ; mais il est plus probable que l'offrande avait pour but d'affranchir le coupable de la lapidation, châtiment habituel de l'adultère. Après avoir dit qu'*ils* ne mourront pas, le législateur ajoute, à l'instant même, qu'on appliquera la peine du fouet. Le

---

« vêtements, la nourriture et la demeure de la première. S'il ne fait pas « ces trois choses, *elle sortira de la servitude sans rien lui payer.* »

(1) L'Écriture en fournit plusieurs exemples, et Josèphe (*Antiq. jud.*, l. IV, c. 8) a tort d'attribuer à Moïse une loi ainsi conçue : « Quelque « amour que des hommes libres éprouvent pour des femmes esclaves, « ils ne doivent point les épouser, mais dompter leurs passions, comme « l'honnêteté et les bienséances les y obligent. »

(2) Mischnah, *Kerithoth*, II, 2 et suiv., avec la Ghémare.

sens naturel et logique des termes, aussi bien que la raison et l'équité, exigent que cette disposition soit étendue aux deux coupables (1).

La position inférieure où se trouvait la femme esclave, son état de dépendance, l'avilissement résultant de la servitude même, tout autorisait le législateur à ne pas réprimer ses infidélités avec autant de rigueur que celles de la femme libre. « La femme « esclave, dit Maïmonide, se laisse aller, n'étant ni « complétement esclave, ni complétement libre, ni « complétement en pouvoir de mari, comme le dit la « tradition en expliquant ce commandement (2). » Michaëlis ajoute que Moïse, constamment guidé par le désir d'amener la libération des esclaves, refusait d'attacher à leurs unions des garanties plus complètes, afin d'engager indirectement le maître à compléter son œuvre par l'affranchissement de l'épouse.

Nous ajouterons que Moïse, en frappant la femme esclave moins rudement que la femme libre, conformait ses préceptes à des traditions qui, aujourd'hui encore, existent dans une partie de l'Orient. Le Koran porte que la femme esclave qui commet un adultère ne doit

---

(1) Saalschütz, *Das Mosaische Recht*, t. II, p. 578. Ce point cependant est vivement controversé. D'après le texte samaritain du Pentateuque, l'homme seul doit être battu ; tandis que, suivant quelques éditions de la version des Septante, ce châtiment ne doit atteindre que la femme. Nous venons de voir que cette dernière opinion a prévalu dans le droit rabbinique. Voy. aussi les témoignages recueillis par Ugolini, au chapitre III de son traité intitulé *Uxor Hebræa* (*Thesaurus antiq. sacr.*, t. XXX, p. 234 et suiv.).

(2) *Moré nebochim*, IIIe part., c. XLI; t. III, p. 330 de la traduction de M. Munk. Voy. aussi la Mischnah, *loc. cit.*

subir que la moitié du châtiment réservé à la femme libre (1).

———∿∿∿∿∿∿———

§ 4. *De la femme déflorée qui se présente comme vierge.*

Deutéronome. *Si un homme ayant épousé une femme et s'étant approché d'elle, en conçoit ensuite de l'aversion, et, cherchant un prétexte pour la répudier, répand des bruits fâcheux, en disant : « J'ai épousé cette femme, mais, m'étant approché d'elle, j'ai trouvé qu'elle n'était point vierge; » son père et sa mère la reprendront et ils représenteront aux Anciens, qui seront au siége de la justice, les preuves de la virginité de leur fille. Et le père dira : « J'ai donné ma fille à cet homme; il s'est approché d'elle, et voici que maintenant il répand contre elle des choses infamantes, en disant : Je n'ai pas trouvé les signes de la virginité chez votre enfant. » Le père ajoutera, en déployant le linge (simlah) devant les Anciens de la ville : « Voici les preuves de la virginité de ma fille (2). » Alors les Anciens feront saisir cet homme, et ils le puniront et le condamneront à payer cent sicles d'argent, qu'il payera au père de la fille, parce qu'il a déshonoré par un bruit infâme une vierge d'Israël; et elle restera sa femme, sans qu'il puisse la répudier. Mais si ce qu'il a dit est véritable, et s'il se trouve que la fille, quand il l'épousa, n'était pas vierge, on conduira la fille devant la porte de son père, et les habitants de la ville la lapideront; elle mourra, parce qu'elle a fait une action honteuse en Israël, étant tombée en fornication dans la maison de son père. Et vous ôterez le mal du milieu de vous* (XXII, 13-21).

(1) Sourate IV, 30.

(2) Ces lignes prouvent qu'on a eu tort de ne pas prendre au sérieux les docteurs hébreux qui disent que, la nuit des noces, les amis de la famille veillaient à la porte des époux, et que le lendemain ils portaient à la mère de la femme le linge (*simlah*) attestant la virginité de sa fille.

Moïse ne se contente pas de réprimer l'adultère de l'épouse et l'inconduite de la fiancée. Poussant la sévérité plus loin, il punit de mort la femme qui se présente faussement comme vierge aux embrassements de son époux.

On a eu tort de prétendre que, suivant le texte du Deutéronome, l'absence d'une membrane fragile suffisait pour faire conduire la femme hébraïque au supplice.

Le père, quand il est en mesure de le faire, produit le *simlah* attestant la virginité de la jeune épouse, au moment de son entrée dans le lit nuptial ; mais le législateur ne dit pas que l'absence de ce témoignage muet doive avoir pour résultat inévitable la condamnation de l'accusée. Il exige, au contraire, que l'accusation soit « trouvée véritable ; » et l'on sait que, suivant l'un des principes fondamentaux du droit mosaïque, nul ne pouvait être condamné à mort que sur le témoignage de deux ou de trois témoins (1). Josèphe affirme positivement que l'époux, appelé en justice par les parents de la femme, devait fournir les preuves de son allégation (2). Philon parle, à son tour, de ce débat comme d'une procédure soumise aux règles ordinaires, et, pas plus que l'historien des Juifs, il ne fait une allusion quelconque à la nécessité d'exhiber un linge ensanglanté (3). La plupart des docteurs hébreux enseignent qu'on produisait des témoins de part et d'autre : les parents, pour attes-

---

(1) Nombres, XXXV, 30. Deutéronome, XVII, 6 ; XIX, 15.
(2) *Antiq. jud.*, l. IV, c. 8.
(3) Philon, *De special. leg.*, p. 789; édit. cit.

ter la conduite irréprochable de leur fille; le mari, pour dévoiler les désordres auxquels elle s'était livrée avant son mariage (1).

Il importe de ne pas perdre de vue que, dans le texte du Deutéronome, l'action est intentée par les parents de la femme. Il en résulte clairement que le procès n'était pas engagé par le seul fait de l'allégation du mari (2). Cette allégation suffisait pour contraindre la femme à retourner à la maison paternelle; mais, si les parents acceptaient l'affront fait à leur fille, les choses n'allaient pas plus loin. Cette circonstance enlève à la loi une grande partie de sa rigueur et en fait un moyen de préserver la vertu des filles, bien plus qu'un ordre de réprimer inexorablement la débauche. Le père et la mère devaient eux-mêmes réclamer l'intervention des magistrats, et, bien certainement, ils s'abstenaient de le faire, quand ils n'étaient pas en mesure de confondre la calomnie et d'établir clairement l'innocence de leur enfant. S'ils gardaient le silence, la justice fermait les yeux; mais, s'ils ne reculaient pas devant l'éclat et le scandale d'une poursuite judiciaire, le législateur se montrait inflexible. La femme déclarée coupable était

(1) Quelques-uns prétendent même que l'expression employée au v. 17 est purement symbolique. Ils interprètent le texte comme s'il disait : *Les parents laveront les paroles* (de l'accusation) *comme un linge.* Telle est notamment l'opinion émise dans le Siphra. (*Thesaurus antiquitatum sacrarum,* t. XV, p. 784.) La Mischnah reconnaît la possibilité de la rupture de l'*hymen* par un accident (*Kethuboth,* I, 7). Elle admet aussi que l'époux ne peut plus arguer de l'absence des signes de la virginité, si, avant le mariage, il a mangé seul avec sa fiancée dans la maison de son beau-père (*Ibid.,* I, 5).

(2) Michaëlis, *Mosaisches Recht,* § 270.

lapidée devant la porte de son père. Coupable à la fois de débauche et de fraude, elle expiait ses méfaits au seuil de la demeure qu'elle avait souillée par ses désordres (1).

Ces règles austères, où se manifeste si bien le génie antique de l'Orient, devaient exercer une influence immense sur l'attitude morale des filles d'Israël.

Nous verrons plus loin la controverse soulevée au sujet de la punition que doit subir le mari qui a faussement accusé sa jeune épouse (2).

§ 5. *De l'inceste.*

Lévitique. *Nul ne s'approchera de toute chair de sa chair, pour découvrir la honte. Je suis l'Éternel* (XVIII, 6) (3). *Vous ne découvrirez pas la honte de votre père et la honte*

(1) Les rabbins font ici une foule de distinctions difficiles à admettre. Ils prétendent que le législateur ne s'occupe que de la fille qui s'est laissé volontairement corrompre entre les fiançailles et les noces; ce qui ferait des v. 23 à 27 la répétition des v. 20 et 21, et rendrait à la fois injuste et absurde la lapidation de la fille *devant la porte de son père.* D'autres enseignent que l'absence du signe physique de la virginité ne peut être reprochée à une fille âgée de moins de douze ans ou âgée de plus de douze ans et démi. (Voy. Selden, *Uxor hebræa*, l. III, c. 1 et 2. Voyez aussi la Ghémare sur le chap. Ier du titre *Kethuboth.*)

(2) Voy., ci-après, le § 7 du chap. V.

(3) Au lieu de « chair de sa chair, » beaucoup d'interprètes traduisent : *ad reliquias carnis suæ.* Cette expression ne rend pas, dans toute sa force, la parole du législateur. Le texte porte *sche-ér besaro.* Or, *scheer* et *basar* signifient l'un et l'autre *chair.* Il vaut donc mieux traduire ainsi : *chair de sa chair.* Comp. Genèse, II, 23; XXIX, 14; XXXVII, 27.

de votre mère ; elle est votre mère : vous ne découvrirez pas sa honte (ibid., 7) (1).

Vous ne découvrirez pas la honte de la femme de votre père ; car ce serait découvrir la honte de votre père (ibid., 8) (2).

Vous ne découvrirez pas la honte de votre sœur de père ou de mère, qu'elle soit née dans la maison ou hors de la maison (ibid., 9).

Vous ne découvrirez pas la honte de la fille de votre fils ou de la fille de votre fille ; car ce serait découvrir votre honte (ibid., 10).

Vous ne découvrirez pas la honte de la fille de la femme de votre père, enfantée (moledeth) à votre père. Elle est votre sœur, vous ne découvrirez pas sa honte (ibid., 11) (3).

Vous ne découvrirez pas la honte de la sœur de votre père, parce que c'est la chair de votre père (ibid., 12).

Vous ne découvrirez pas la honte de la sœur de votre mère, parce que c'est la chair de votre mère (ibid., 13).

Vous ne découvrirez pas la honte de votre oncle paternel, pour s'approcher de sa femme ; car elle est votre tante (ibid., 14).

Vous ne découvrirez pas la honte de votre belle-fille. Elle est la femme de votre fils, vous ne découvrirez pas sa honte (ibid., 15).

(1) Les mots « découvrir la honte (*revelare turpitudinem*) » ne désignent pas uniquement une conjonction illicite accomplie. Pour indiquer cet acte avec précision, le législateur se sert d'un autre terme. (Lévitique, XVIII, 20.) On peut donc prétendre que la peine atteint également ceux qui, sans arriver à l'union consommée, se permettent des privautés obscènes ; mais les rabbins exigent au moins un commencement d'exécution. (Mischnah, *Jebamoth*, VI, 2.) Ils entrent, à ce sujet, dans une foule de détails qu'il n'est pas possible de transcrire. (Voy. le commentaire de Maïmonide sur le § 4 du chap. VII du titre *Sanhédrin*, rapporté par Surenhusius, t. IV, p. 239.)

(2) Il s'agit ici de la marâtre et non de la belle-mère (Mischnah, *Kerithoth*, I, 2 ; *Sanhédrin*, 54, a.)

(3) Les interprètes éprouvent de l'embarras à signaler la différence qui existe entre ce cas et celui qui est prévu au v. 9. Aben Esra prétend qu'il s'agit ici d'une fille naturelle, née avant le mariage du père. Pour d'autres interprétations, on peut voir Michaëlis, § 115 ; Saalschütz, p. 769 et suiv. ; Dom Calmet, sous les v. 9 et 11.

*Vous ne découvrirez pas la honte de la femme de votre frère,
parce qu'elle est la honte de votre frère* (ibid., 16).

*Vous ne découvrirez pas la honte de la mère et de la fille.
Vous ne prendrez pas la fille de son fils ni la fille de sa fille ;
parce qu'elles sont la chair de votre femme et qu'une telle alliance est un inceste* (1) (ibid., 17).

*Vous ne prendrez pas la sœur de votre femme, pour la ren-
dre sa rivale* (2) *et découvrir sa honte du vivant de votre
femme* (ibid., 18) (3).

*Quiconque aura commis l'une de ces abominations périra
du milieu de son peuple* (ibid., 29).

*Si quelqu'un dort avec la femme de son père et découvre la
honte de son père, l'un et l'autre mourront. Que leur sang
retombe sur eux* (XX, 11).

*Si quelqu'un dort avec sa belle-fille, ils mourront tous deux ;
ils ont commis un grand péché* (4). *Que leur sang retombe sur
eux* (ibid., 12).

*Celui qui prend une femme et sa fille commet un crime
énorme. On les brûlera lui et elles avec du feu. Vous ne souffrirez point un si grand crime au milieu de vous* (ibid., 14) (5).

*Si quelqu'un s'approche de sa sœur, la fille de son père ou
de sa mère, et s'il voie sa honte et qu'elle voie sa honte, c'est un
grand péché* (6). *Ils seront exterminés devant les yeux de leur
peuple. Il a découvert la honte de sa sœur, il portera son
péché* (ibid., 17).

*Vous ne découvrirez pas la honte de votre tante paternelle
ou de votre tante maternelle. Celui qui le fait découvre la honte*

(1) *Simmah.* Voy. Saalschütz, p. 792.

(2) Littéralement : *pour les lier ensemble,* pour les mettre aux prises.

(3) *Bechajjeha,* dans sa vie. Après la mort de la femme, le mariage
avec la belle-sœur était permis. Du temps des patriarches, le mariage
simultané avec deux sœurs n'était pas encore prohibé. (Genèse, XXIX,
18 et suiv.)

(4) *Thebel,* mélange impur. Ce mot se présente encore une fois pour
l'union avec un animal. (Lévitique, XVIII, 23.)

(5) La Vulgate dit : *Vivus ardebit cum illis.* Le mot *vivus* ne se trouve
ni dans le texte hébraïque, ni dans la version des Septante.

(6) *Chesed,* mollesse coupable (?). Voy. Saalschütz, p. 792.

de sa propre chair; ils porteront tous deux la peine de leur iniquité (ibid., 19).

Si quelqu'un dort avec la femme de son oncle paternel ou maternel et découvre la honte de son oncle, ils porteront tous deux leur péché et ils mourront sans enfants (ibid., 20).

Si un homme épouse la femme de son frère, il fait une chose que Dieu défend; il découvre la honte de son frère et ils mourront sans enfants (ibid., 21).

———

Après avoir prohibé les unions incestueuses en général, Moïse les range, sous le rapport de la répression, en trois catégories distinctes. A la première, il attache le supplice du feu; à la seconde, la lapidation; à la troisième, la peine divine du retranchement.

Il punit du feu le commerce simultané ou successif avec la mère et la fille : châtiment terrible qui, d'après les traditions rabbiniques, doit être étendu à plusieurs autres cas. Suivant la Mischnah, l'expression « la mère « et la fille » comprend ici la mère, la fille, la petite-fille et les aïeules de la femme (1).

Moïse frappe de la lapidation l'union incestueuse du fils avec la femme de son père (2). Michaëlis prétend

(1) Lévitique, XVIII, 17; XX, 14. Le second de ces textes désigne en même temps la mère, la fille et la petite-fille; mais les aïeules ne sont pas citées par Moïse. — La sévérité exceptionnelle du législateur ne peut s'expliquer ici que par la fréquence du désordre auquel il voulait porter remède. — Voy. Mischnah, *Sanhédrin*, IX, 1 et suiv. Quant à la peine du feu, le v. 14 du chapitre XX porte textuellement : « Qu'on les brûle lui et elles. » Il ne faut pas donner à ces mots une portée exagérée. Il est évident que, si la première femme reste étrangère à la seconde union, elle ne saurait être punie. Voy. ci-dessus, p. 29.

(2) Lévitique, XVIII, 8; XX, 11. Moïse se sert de l'expression « que « leur sang retombe sur eux, » laquelle désigne la lapidation dans le système des rabbins. (Voy., ci-après, la note C, intitulée *La peine de mort dans le Talmud.*)

que cette règle suppose uniquement l'inceste accompli avec une marâtre. A son avis, les rapports coupables du fils avec la mère ont été passés sous silence, parce que ce crime, à l'époque de la promulgation de la loi, ne s'était pas encore produit parmi les enfants d'Israël (1). Il est difficile d'admettre cette distinction. Puisque le législateur attache la lapidation au commerce du fils avec la marâtre, un châtiment au moins égal devait atteindre le commerce du fils avec la mère. Michaëlis se trompe en affirmant que ce désordre était inconnu aux Israélites du temps de Moïse. Au verset 7 du chapitre XVIII du Lévitique, il est dit en termes formels : « Vous ne découvrirez pas la honte de votre mère ; » expression qui, dans toutes les lois qui suivent, désigne évidemment l'union incestueuse (2). Peu importe aussi que le père soit décédé au moment de la perpétration du fait. C'est même cette dernière hypothèse que le législateur devait avoir principalement en vue, puisque, durant la vie du père, la lapidation attachée à l'adultère suffisait pour châtier les coupables (3).

C'est encore la lapidation qui réprime les relations incestueuses du beau-père avec la belle-fille, que ce soit ou non du vivant du fils (4).

(1) *Mosaisches Recht*, § 265.

(2) Voy. Lévitique, XVIII, v. 7 et suiv. La Mischnah (*Sanhédrin*, VII, 4) met avec raison la mère et la marâtre sur la même ligne. Voyez encore *Kerithoth*, I, et la Ghémare, *Sanhédrin*, 54, a.

(3) Cette opinion est conforme au texte de la Mischnah (*Sanhédrin*, VII, 4.)

(4) Mischnah, *Sanhédrin*, VII, 4. Du vivant du fils, la peine de l'adultère suffisait.

La peine du retranchement est attachée au mariage simultané avec deux sœurs (1), ainsi qu'à l'union avec la sœur germaine, utérine ou consanguine, avec la tante paternelle ou maternelle, avec la femme de l'oncle paternel, avec la propre petite-fille du coupable (2). Moïse ajoute à cette liste l'union du frère et de la belle-sœur, hors le cas du lévirat (3).

Deux pénalités accessoires, la malédiction et la stérilité, venaient compléter ce système.

Le mariage avec la belle-sœur et celui avec la femme de l'oncle paternel ou maternel étaient menacés de stérilité, en attendant que la peine du retranchement produisît ses effets (4).

L'inceste avec la femme du père, la belle-mère et la sœur était l'objet d'une malédiction solennelle prononcée par le peuple tout entier (5).

Il est évident que, même pour les actes immoraux qui ne sont pas punis de mort à titre d'inceste, les cou-

(1) Lévitique, XVIII, 18. Quelques interprètes soutiennent que le mot « sœur » désigne ici « une femme de la même nation. » Ils en concluent que cette loi renferme la prohibition de la polygamie. C'est une hypothèse inconciliable avec les faits les mieux attestés de l'histoire des Hébreux. La polygamie était pratiquée en Judée sur une vaste échelle.

(2) Suivant la Mischnah, le dernier fait prévu au v. 10 du livre XVIII du Lévitique, était puni du feu. Voy. ci-dessus p. 29, note 1re, et *Kethuboth*, III, 2.

(3) Lévitique, XVIII, 16; XX, 21. Deutéronome, XXV, 5.

(4) M. Saalschütz prouve que rien ne s'oppose à ce que cette menace de stérilité soit prise à la lettre, c'est-à-dire, comme une peine accessoire abandonnée à l'intervention de la Divinité. (*Das Mosaische Recht*, p. 475 et 773.) Telle est aussi l'opinion émise dans le Talmud (*Jebamoth*, 55, a).

(5) Deutéronome, XXVII, 20, 22, 23.

pables devaient subir la lapidation, quand le fait était perpétré avec une femme engagée dans les liens du mariage.

§ 6. *De la sodomie.*

Lévitique. *Vous ne vous servirez pas d'un homme comme si c'était une femme; car c'est une abomination* (XVIII, 22).

Si quelqu'un abuse d'un homme comme si c'était une femme, qu'ils meurent tous deux, parce qu'ils ont commis une abomination. Leur sang retombera sur eux (XX, 13).

Deutéronome. *Qu'il n'y ait point de prostituée* (Qedeschah) *parmi les filles d'Israël, ni de prostitué* (Qadesch) *parmi les fils d'Israël* (XXIII, 17).

Sous le rapport de la répression, Moïse place la sodomie sur la même ligne que l'adultère et l'inceste. Il punit de la lapidation un vice dégradant et funeste, à l'égard duquel un grand nombre de sociétés antiques faisaient preuve d'une inconcevable indulgence.

Les interprètes ne sont pas d'accord sur le sens réel du passage du Deutéronome où Moïse s'écrie : « Il n'y « aura point de prostitué (*Qadesch*) parmi vous. »

On peut supposer que cette dernière loi condamne l'une des plus déplorables pratiques du paganisme, où l'on croyait honorer la Divinité en blessant en même temps les lois de la nature et les lois de la pudeur. Beaucoup d'interprètes traduisent *Qadesch* par *consacré, voué,* et le texte désignerait ainsi un homme voué au culte d'une idole impure. Il est certain que cette aberration, très-répandue dans une partie de l'Orient, se manifesta plus d'une fois chez les Hébreux, surtout sous les rois d'Israël et de Juda qui abandonnèrent le culte de Jéhovah (1). Sans être à l'abri de toute critique, cette interprétation est d'autant plus plausible que le législateur ajoute, immédiatement après : « Vous n'offrirez pas « dans la maison du Seigneur le salaire de la prostituée ni le prix du *chien*. » Ce dernier mot semble clairement indiquer l'individu vivant d'un abominable commerce et dont l'offrande, mal acquise, était en horreur à l'Éternel (2). Maïmonide cependant prend à la lettre les mots *prix du chien*. « Il est défendu, dit-il, « d'offrir le cadeau fait à une prostituée et lè prix d'un « chien, à cause de la turpitude de ces deux « choses (3). »

Quoi qu'il en soit, l'histoire atteste que Moïse avait eu raison de frapper la sodomie d'un châtiment exemplaire. On n'a qu'à se rappeler le triste et sanglant épisode du Lévite d'Éphraïm (4).

(1) Voy. 3 Rois, XIV, 24; XV, 12. 4 Rois, XXIII, 7. Osée, IV, 14. Voy., ci-après, les notes sous le § 9.

(2) Deutéronome, XXIII, 18. Ce qui vient du crime, dit Josèphe, ne saurait plaire à Dieu. *Antiq. jud.*, l. IV, c. 8. — Voy., pour la prostitution religieuse chez les nations païennes, les notes du § 9 de ce chapitre.

(3) *Moré nebochim*, part. III, c. XLVI ; t. III, p. 365 de la traduction de M. Munk. L'opinion de Maïmonide est conforme à la doctrine du Talmud. Voy. Mischnah, *Temoura*, VI, 3. Josèphe (l. IV, c. 8) explique le texte dans le même sens.

(4) Juges, XIX et XX.

§ 7. *De la bestialité.*

Exode. *Celui qui se sera corrompu avec une bête mourra* (XXII, 19).

Lévitique. *Aucun homme ne se souillera avec une bête, et aucune femme ne s'approchera d'un animal pour en être fécondée; car c'est un mélange abominable* (Thebel) (XVIII, 23) (1).

Celui qui se sera corrompu avec une bête, quelle qu'elle soit, sera puni de mort, et vous ferez aussi mourir la bête (XX, 15).

La femme qui se sera approchée d'une bête pour en être fécondée, sera punie de mort avec la bête. Que leur sang retombe sur eux (ibid., 16)!

———

Moïse ne se contente pas de faire de la bestialité l'objet d'une malédiction solennelle prononcée par tout le peuple d'Israël (2); il ne se borne pas à rappeler que la terre de Chanaan avait vomi de son sein les peuples qui s'étaient souillés de ces abominations (3) : joignant aux menaces religieuses le frein d'une peine terrible, il frappe de la lapidation le commerce de l'homme ou de la femme avec un animal. L'animal lui-même, instrument aveugle du crime, doit être mis à mort, et les rédacteurs de la Mischnah en donnent une excellente raison. « Il ne faut pas, disent-ils, qu'on puisse s'écrier « le long des rues : Voilà la bête à cause de laquelle un

(1) Moïse emploie également le mot *thebel* pour désigner l'union incestueuse du beau-père et de la belle-fille. (Lévitique, XX, 12.) Voy. ci-dessus, p. 169, note 4.)

(2) Deutéronome, XXVII, 21.

(3) Lévitique, XVIII, 24-28.

« tel a été lapidé (1)! » Ce n'était donc pas, comme l'ont cru tant de juges du moyen âge, une peine infligée à un être privé de raison ; c'était l'anéantissement du corps de délit, parce qu'il ravivait des souvenirs qu'il importait d'éteindre le plus promptement possible (2).

On sait que les femmes égyptiennes, dans certaines fêtes religieuses, se dépouillaient de leurs vêtements en présence d'Apis, afin d'obtenir par cette union symbolique avec le dieu une fécondité qui se faisait désirer. M. Saalschütz émet l'avis que cette superstition mêlée d'immoralité était probablement interdite par les textes que nous venons d'analyser (3). Il est difficile de résoudre cette question avec une certitude entière ; mais, si l'on s'en réfère au sens littéral des termes employés par le législateur, l'opinion du savant professeur allemand doit être repoussée. Le texte semble exiger un accouplement réel. Spécialement, en ce qui concerne la femme, le Lévitique lui défend de s'approcher d'une bête pour en être fécondée (*lerib'ah*). La Mischnah condamne comme idolâtres ceux qui découvrent leurs nudités devant l'idole de Baal-Phégor, le dieu des Moabites (4).

(1) Mischnah, *Sanhédrin*, VII, 4. Maïmonide (*Moré nebochim*, IIIe part., c. XL) ajoute qu'on engage ainsi les maîtres à surveiller leurs animaux, pour ne pas les perdre.

(2) Suivant la Mischnah, l'animal était lapidé comme l'homme. Voy. *Sanhédrin*, VII, 4, et le commentaire de Maïmonide sur ce texte.

(3) *Das Mosaische Recht*, p. 584.

(4) *Sanhédrin*, VII, 6.

§ 8. *De la séduction et du viol.*

Exode. *Si quelqu'un séduit une fille qui n'est point encore promise en mariage, et qu'il en abuse, il lui donnera sa dot et la prendra pour femme* (XXII, 16).

Que si le père de la fille ne veut pas la lui donner, il donnera au père autant d'argent qu'il en faut pour la dot ordinaire des filles (ibid., 17) (1).

Deutéronome. *Si un homme trouve une fille vierge qui n'a point été fiancée et que, lui faisant violence, il la déshonore, les juges, ayant pris connaissance de cette affaire, condamneront celui qui l'a déshonorée à donner au père cinquante sicles d'argent, et il la prendra pour femme, parce qu'il en a abusé, et de sa vie il ne pourra la répudier* (XXII, 28, 29).

———

Les règles tracées par le Pentateuque en matière de séduction sont très-simples.

Le séducteur qui a agi sans violence est obligé de doter et d'épouser la fille ; parce que, comme le dit Maïmonide, il est l'homme qui lui convient le plus, et que ce mariage est mieux fait pour la réhabiliter que celui qu'elle contracterait avec un autre. Si le père de la fille refuse de consentir au mariage, c'est à lui que la dot doit être remise (2).

Le séducteur qui a eu recours à la violence est tenu de payer au père cinquante sicles d'argent et d'épouser la fille, sans pouvoir jamais la répudier.

(1) *Moré nebochim*, IIIe part., c. XLIX.
(2) Suivant le Talmud, la jeune fille pouvait aussi refuser le mariage. *Kethuboth*, 39, b.

Les décisions fournies par les rabbins sont beaucoup
plus compliquées. Ils soutiennent que le séducteur qui
avait agi sans violence devait payer, indépendamment
de la dot, des dommages et intérêts pour l'ignominie
(*boscheth*) et pour le préjudice (*pegam*). Ils ajoutent que,
s'il avait eu recours à la violence, il était obligé de
payer de plus une indemnité spéciale pour la souffrance
qu'il avait occasionnée (*tsaar*). L'amende de cinquante
sicles, exigible pour le seul fait de la jouissance illicite,
était toujours fixe, quel que fût le rang de la fille (1).
On ne payait pas plus pour une vierge de race sacerdotale que pour celle qui sortait de la famille la moins
riche et la moins considérée d'Israël. Au contraire,
la somme due pour le préjudice causé à la personne de
la victime était essentiellement variable; on considé-
rait la fille comme une esclave à vendre, et l'on com-
parait sa valeur actuelle à celle qu'elle aurait eue sans
la perpétration de l'acte. De même, pour la fixation de
la somme à payer du chef de l'ignominie résultant du
délit, on tenait compte de la condition respective des
plaideurs, et la somme était d'autant plus élevée que la
condition de la fille se trouvait au-dessus de celle de
l'homme.

Toutes ces sommes devaient être payées si la fille
avait moins de douze ans et demi. Si elle avait dépassé
cet âge, le coupable était dispensé de payer les cinquante sicles comminés à titre d'amende (2).

(1) Voy. ci-dessus, p. 93.
(2) Mischnah, *Kethuboth*, III, 1-8. Les rabbins fondent cette distinction sur ce que les v. 28 et 29 du chap. XXII du Deutéronome parlent de

Les rétributions pénales et même les dommages et intérêts étaient remis au père, quand la fille n'avait pas encore atteint l'âge de la pleine puberté ; à la fille ou à ses frères, si elle avait perdu l'auteur de ses jours (1).

Celui qui n'avait pas eu recours à la violence s'affranchissait de toutes les condamnations en épousant la .fille, avec l'assentiment de son père (2).

―――

§ 9. *De la prostitution simple. — De la prostitution d'une fille de prêtre.*

Lévitique. *Ne prostituez point votre fille, de peur que la terre ne soit corrompue et remplie de crimes* (XIX, 29).

La fille de prêtre qui se voue à la prostitution et déshonore le nom de son père, sera brûlée (XXI, 9).

Deutéronome. *Qu'il n'y ait point de prostituée* (Qedeschah) *parmi les filles d'Israël, ni de prostitué* (Qadesch) *parmi les fils d'Israël* (XXIII, 17) (3).

la « jeune fille » et non pas de la « jeune femme. » Voy. le commentaire de Maïmonide sur le § 8 ; Surenhusius, t. III, p. 67. Voy. aussi *Erachin*, III, 4.

(1) Mischnah, *Kethuboth*, IV, 1.

(2) Mischnah, *loc. cit.*, III, 4, 5.

(3) *Qedeschah* désigne réellement une prostituée. Pour en avoir la preuve entière, il suffit de lire le passage de la Genèse où Juda envoie demander la *Qedeschah* (XXXVIII, 20, 21). Beaucoup d'interprètes traduisent cependant, comme nous l'avons déjà dit, *Qadesch* et *Qedeschah* par *consacré, voué*, et appliquent ainsi le passage aux pères qui prostituaient leurs enfants des deux sexes en l'honneur des dieux. L'Écriture fait plusieurs fois allusion à cet abominable usage. (Nombres, XXV, 1 et suiv. ; 3 Rois, XV, 12 ; 4 Rois, XXIII, 7 ; Job, XXXVI, 14 ; Osée, IV, 14 ; Baruch, VI, 43.) C'était une coutume très-répandue dans le

Moïse prohibe la prostitution comme l'une des pratiques les plus dangereuses et les plus dégradantes pour le peuple. Il ne veut pas que le prix de la prostitution soit offert dans le temple, quel que soit le vœu que l'on ait fait (1). Il exclut de toutes les cérémonies religieuses les fils et les descendants des prostituées (2).

Mais est-il allé plus loin? A-t-il joint à cette défense solennelle la sanction d'une peine proprement dite?. Philon affirme que la lapidation était prescrite contre la femme qui se prostituait (3). Rien n'autorise l'admission de cette opinion. Le Deutéronome et le Lévitique ne renferment pas un mot d'où l'on puisse conclure que la prostitution, dégagée de toute circonstance aggravante, ait été frappée d'une peine spéciale. Les femmes qui figurent dans le célèbre jugement de Salomon étaient deux courtisanes, et l'on ne voit pas qu'une peine leur ait été infligée de ce chef (4). Sans doute, la prostitution ne restait pas impunie, quand elle se trouvait mêlée à des pratiques idolâtres ; mais alors, au lieu de la débauche, c'était l'abandon du culte national qui devenait l'objet des rigueurs de la loi ; c'était

monde païen. (Voy. Hérodote, l. I, c. 199 ; Lucien, *De la déesse syrienne*, c. 16 et suiv. ; Strabon, l. VIII et XII ; Justin, l. XVIII, c. 5 ; Athénée, l. XIII, c. 5 et 6 ; Eusèbe, *Préparation évangélique*, l. IV, c. 6 ; saint Augustin, *Cité de Dieu*, l. IV, c. 10, et l. XVIII, c. 12.) Il est cependant permis de croire que le précepte était beaucoup plus étendu. Le texte, conçu en termes généraux, prohibe la prostitution d'une manière absolue.

(1) Deutéronome, XXIII, 18. Voy. ci-dessus, p. 174.

(2) Deutéronome, XXIII, 2.

(3) *De specialibus legibus*, p. 785 ; édit. cit.

(4) Josèphe, *Antiq. jud.*, l. VIII, c. 2.

comme adorateurs des faux dieux que les coupables étaient punis du dernier supplice (1).

Les rabbins enseignent cependant que la fornication, toujours punie du fouet chez les femmes, l'était de la même manière chez les hommes, quand ceux-ci s'oubliaient, soit avec une bâtarde, soit avec une étrangère, une captive ou une esclave, affranchies et admises au nombre des prosélytes avant d'avoir atteint l'âge de trois ans et un jour (2). Ils ajoutent que l'Israélite qui péchait publiquement avec une idolâtre devenait passible de toutes les conséquences du jugement de zèle (3).

Il est un cas où, en dehors de toutes ces distinctions, la débauche elle-même reçoit un châtiment terrible. Le Lévitique exige qu'une fille de prêtre qui se prostitue soit brûlée, parce qu'elle jette la honte sur la personne de son père (4).

(1) Voy. ci-dessus, p. 115. Il est certain, en effet, que, dans quelques cultes chananéens, la prostitution était envisagée comme un hommage à la Divinité. Il en était ainsi notamment pour celui de Baal-Peôr ou Phégor, dieu des Moabites. Voy. Nombres, XXV, 3 ; Osée, IX, 10. Saint Jérôme ajoute à ce dernier verset le commentaire suivant : *Ipsi autem educti de Egypto fornicati sunt cum Madianitis, et ingressi sunt ad Beelphegor, idolum Moabitarum, quem nos Priapum possumus appellare.* Comp. Baruch, VI, 24 et suiv.

(2) Mischnah, *Kethuboth*, III, 1-2. Quand les étrangères avaient été affranchies après l'âge de trois ans, on les soupçonnait d'avoir été corrompues avant leur arrivée sur les terres d'Israël, et le Juif échappait à toute responsabilité !

Voy., pour les peines attachées à la corruption d'une Israélite, ci-dessus, p. 177.

(3) Voy. ci dessus, p. 20.

(4) Suivant le droit rabbinique, la peine du feu n'atteint que la fille de prêtre *mariée*, qui se livre au désordre. Si elle se prostitue après avoir été fiancée, elle encourt la lapidation. Si elle n'est pas encore

CHAPITRE V.

DES DÉLITS CONTRE LES PERSONNES.

------

§ 1er. *De l'homicide volontaire en général.*

Genèse. *Celui qui répandra le sang de l'homme sera puni par l'effusion de son propre sang ; car l'homme a été fait à l'image de Dieu* (IX, 6).

Exode. *Vous ne tuerez point* (XX, 13).

Celui qui frappe un homme de manière qu'il meure sera mis à mort (XXI, 12).

Mais celui qui tue un autre involontairement et sans lui avoir dressé d'embûche pourra se réfugier dans un lieu que j'indiquerai à cette fin (ibid., 13).

Quiconque aura tué un homme de dessein prémédité et après lui avoir dressé des embûches, vous l'arracherez de l'autel pour le faire mourir (ibid., 14).

Lévitique. *Celui qui tue un homme* (1) *sera mis à mort* (XXIV, 17).

Celui qui aura tué un animal domestique en rendra un

fiancée, elle se trouve dans la même position que les autres filles israélites. (Mischnah, *Sanhédrin*, X. 1, et la Ghémare, 50, a.) Cette doctrine renferme une contradiction flagrante. Comme, dans le système du Talmud, le feu est une peine moins grave que la lapidation, il en résulte que, dans le cas qui nous occupe, la prostitution après le mariage serait punie moins sévèrement que la prostitution avant le mariage.

(1) Littéralement : *Celui qui assomme une âme humaine (kol nephesch adam).*

autre. Celui qui aura tué un homme sera mis à mort (ibid., 21).

Vous aurez un seul droit ; l'étranger et l'indigène seront traités de la même manière. Je suis l'Éternel votre Dieu (ibid., 22) (1).

Nombres. *Si quelqu'un frappe un autre avec le fer, en sorte que celui qui aura été frappé en meure, il sera coupable d'homicide et mis à mort* (XXXV, 16).

S'il jette une pierre et que celui qu'il aura frappé en meure, il sera puni de même (ibid., 17).

Si celui qui aura été frappé avec du bois meurt, sa mort sera vengée par l'effusion du sang de celui qui l'aura frappé (ibid., 18).

Le parent de celui qui aura été tué (le Goël) tuera l'homicide ; il le tuera aussitôt qu'il le rencontrera (ibid., 19).

Si quelqu'un frappe un autre par haine ou lui jette quelque chose par un mauvais dessein ; ou si, étant son ennemi, il lui donne un coup de sa main et qu'il en meure, celui qui l'aura frappé sera mis à mort comme coupable d'homicide. Le Goël le tuera aussitôt qu'il le rencontrera (ibid., 20, 21).

Que si, au contraire, c'est par hasard et sans haine et sans inimitié qu'il a fait quelqu'une de ces choses, et que cela se prouve devant le peuple, après que la cause du meurtre aura été agitée entre celui qui aura frappé et le parent du mort, il sera délivré de la main de celui qui voulait venger le sang, et il sera ramené par sentence dans la ville où il avait cherché un asile, et il y demeurera jusqu'à la mort du grand-prêtre (ibid., 22-25) (2).

Aucune rançon ne sera reçue du meurtrier pour le faire

(1) Moïse applique rigoureusement cette règle. En cas d'homicide involontaire, l'étranger pouvait, de même que l'indigène, chercher un asile dans l'une des villes de refuge. (Nombres, XXXV, 11-15.)

(2) L'individu qui s'était réfugié dans une ville d'asile était ramené dans la cité où il avait commis l'homicide, pour y être jugé. S'il y était déclaré non coupable d'homicide volontaire, on le ramenait dans la ville d'asile, où il devait résider jusqu'à la mort du grand-prêtre. (Voy. ci-dessus, p. 83, et, ci-après, la note intitulée *La vengeance du sang dans la législation hébraïque.*)

échapper à la mort qu'il a méritée; mais il mourra aussitôt lui-même (ibid., 31).

Et ainsi vous ne souillerez pas la terre que vous habiterez, car le sang profane la terre, et la terre n'est purifiée du sang répandu que par l'effusion du sang de celui qui l'a versé (ibid., 33).

Deutéronome. *Vous ne tuerez point* (V, 17).

Si quelqu'un, porté par haine contre un autre, dresse à celui-ci des piéges pour lui ôter la vie, et qu'il l'ait attaqué et mis à mort, et qu'ensuite il se soit enfui dans l'une des villes (de refuge), les anciens de cette ville l'enverront prendre et, l'ayant tiré du lieu où il était réfugié, ils le livreront entre les mains du parent de celui dont le sang aura été répandu, et il mourra (XIX, 11-12).

Vous n'aurez point de pitié de lui, et vous ôterez du milieu d'Israël le crime commis par l'effusion du sang innocent, afin que vous soyez heureux (ibid., 13).

———

Moïse prescrit impérieusement le supplice de celui qui verse le sang de son semblable. Écartant toute distinction entre l'homicide volontaire et l'homicide prémédité, il exige que le meurtrier et l'assassin soient, l'un et l'autre, impitoyablement mis à mort. Il défend de recevoir la « rançon du sang, » parce qu'il ne veut pas que les coupables puissent trouver dans leurs richesses le moyen de racheter leur vie. Il fait cesser pour eux l'immunité des villes d'asile; il ordonne même de les arracher de l'autel où ils chercheraient un refuge. Qu'ils aient porté la main sur un citoyen ou sur un étranger, sur un homme libre ou sur un esclave, le crime doit être expié par leur supplice (1).

(1) Les distinctions faites par les rabbins entre le meurtre d'un Israélite, celui d'un prosélyte de domicile et celui d'un idolâtre étranger, sont évidemment inconciliables avec les termes généraux et abso-

C'est l'application rigoureuse et complète de la règle de la Genèse : « Celui qui répandra le sang de l'homme « sera puni par l'effusion de son propre sang. »

Mais le législateur s'empresse d'ajouter que cette rigueur inexorable ne doit exister que pour celui qui a volontairement répandu le sang de son prochain. A l'égard de l'auteur d'un homicide accidentel, il se montre beaucoup moins sévère, et nous avons vu que, pour celui-ci, toute la peine consiste à résider, pendant quelques années, ou même quelques mois, dans l'une des villes de refuge. Aussi Moïse a-t-il grand soin de déterminer, avec la plus grande précision, les caractères qui distinguent l'acte volontaire du simple accident. Comme signes distinctifs du premier, il indique aux juges la préméditation ou le mauvais dessein (*zedijja*) (1), les embûches dressées sur le passage, l'ini-

lus des lois du Pentateuque qui répriment l'homicide volontaire. (Voy. Selden, *de jure naturœ et gentium*, l. IV, c. 1, et l. VII, c. 6.) Au XXIVe chapitre du Lévitique, après avoir dit qu'on doit mettre à mort celui qui verse le sang de l'homme (v. 21), Moïse ajoute immédiatement : « Vous n'aurez qu'un seul droit, l'étranger et l'indigène seront traités « de la même manière (v. 22). » Quoi de plus clair que ce texte, où l'homme, quel qu'il soit, se trouve mis en opposition avec l'animal : « Celui qui aura tué un animal domestique en rendra un autre. Celui « qui aura tué un homme sera mis à mort (v. 21)? » En Égypte, le meurtre de l'étranger et de l'esclave était déjà puni de la même manière que le meurtre de l'homme libre. (Voy. ci-dessus, t Ier, p. 148.) Comment n'en eût-il pas été de même en Judée, où l'unité de l'espéce humaine était l'un des principaux dogmes de la religion nationale? Pour les blessures faites à l'esclave, voy les §§ 2 et 5 de ce chapitre.

(1) Michaëlis traduit ce mot par *soif, soif de sang*. (*Mosaisches Recht*, § 273.) Les termes *mauvais dessein* ou *préméditation* rendent plus exactement la pensée du législateur. L'origine du terme est *zud*, *chasse* (*chasser, guetter quelqu'un pour lui faire du mal.* Voy. Saal-schütz, *Das Mosaische Recht*, p. 527, en note.

mitié existant entre l'auteur et la victime, et même la nature de l'instrument employé par le meurtrier. Afin qu'aucun doute ne subsiste sur la portée réelle du précepte, il pousse la précaution au point d'indiquer plusieurs exemples d'homicide involontaire (1).

Les rabbins enseignent, avec raison, que l'exécution du meurtrier se faisait par le glaive (2). Mais il n'est pas possible d'admettre, comme fondées en droit et en raison, plusieurs autres décisions rapportées dans le texte de la Mischnah. On pousse quelqu'un à l'eau ou on le jette dans le feu; il y meurt, quoiqu'il eût la possibilité d'échapper. On excite un chien ou un serpent à mordre un homme, et celui-ci meurt de la blessure. On tue un Israélite croyant tuer un étranger. Dans tous ces cas, au dire des Sages, on n'est pas coupable d'homicide (3)! C'est une étrange manière de réduire le nombre des crimes capitaux, pour écarter de la loi le reproche immérité de barbarie et de cruauté que lui adressaient les païens.

Le Pentateuque garde le silence sur l'infanticide et l'avortement, à l'exception du seul cas où celui-ci est causé par la brutalité de deux hommes qui luttent et heurtent une femme enceinte (4). Au berceau des sociétés politiques, ces crimes sont excessivement rares, parce que les mariages ne rencontrent pas d'obstacle et

---

(1) Il cite encore d'autres exemples au Deutéronome. (Voy., ci après, le § 3.)

(2) Mischnah, *Sanhédrin*, IX, 1. Voy. ci-dessus, p. 29.

(3) Mischnah, *Sanhédrin*, IX, 1-3, avec les commentaires de Maïmonide et de Bartenora, reproduits par Surenhusius, t. IV, p. 250 et 251.

(4) Voy. le § 2 de ce chapitre.

que le grand nombre d'enfants, loin d'être pour les
parents une charge onéreuse, devient une source de
force, d'influence et de richesse. Il en devait être surtout ainsi chez les Hébreux, où la fécondité était hono-
rée (1), où la stérilité, objet de honte et d'infériorité
pour la femme, faisait supposer l'existence d'une faute
secrète qui avait éloigné les bénédictions de l'Éternel (2).
Les attentats contre les enfants conçus ou nouvellement
mis au monde n'apparaissent qu'au sein des sociétés
envahies par le luxe et la mollesse. La Judée ne con-
nut ces crimes que plusieurs siècles après Moïse.
Josèphe nous apprend que les tribunaux de la Palea-
tine assimilaient l'infanticide et l'avortement à l'homicide ordinaire (3). Philon confirme cette allégation et
ajoute que l'exposition des nouveau-nés était réputée l'un
des crimes les plus graves (4). Ces décisions n'ont rien
qui répugne à l'esprit général du droit mosaïque ; mais
Josèphe, faisant un pas de plus, dénature manifestement la pensée du grand législateur de sa patrie, lorsqu'il attribue à ce dernier la loi suivante : « Quiconque
« sera trouvé avoir du poison sera puni de mort, parce
« qu'il est juste qu'il souffre le mal qu'il voulait faire
« à un autre (5). » Philon mérite le même reproche
quand il affirme que, selon les lois d'Israël, le fait seul
de s'armer pour tuer un homme entraînait les peines

(1) Voy. Genèse, XVII, 5 ; XXI, 8. Juges, X, 4 ; XII, 14. 1 Rois, I, 24.
2 Paralipomènes, XI, 2 ; XIII, 2. Proverbes, XIV, 28 ; XVII, 6.
(2) Genèse, XX, 18. Osée, IX, 14.
(3) Réponse à Appion, l. II, c. 7.
(4) *De specialibus legibus*, p. 794 et 795 ; Francf., 1691.
(5) *Antiq. jud.*, l. IV, c. 8.

de l'homicide volontaire, l'auteur de cet acte étant meurtrier de cœur et de pensée (1). Moïse ne punit pas la pensée, quelque coupable qu'elle soit; il n'incrimine pas même la tentative manifestée par un commencement d'exécution : il ne frappe que des actes consommés, dont le caractère matériel et moral n'est pas susceptible d'être l'objet d'une controverse (2). On peut tout au plus admettre, avec le Talmud, que celui qui ordonnait un meurtre était traité comme le meurtrier (3).

L'horreur que l'effusion du sang humain inspirait au législateur des Hébreux se manifeste énergiquement dans les cérémonies qui devaient être accomplies, quand on trouvait dans les champs le corps d'un homme assassiné par une main inconnue. Les autorités des villes voisines se transportaient sur les lieux et mesuraient l'espace qui se trouvait entre ces villes et le cadavre. Les Anciens de la ville la plus rapprochée prenaient alors une génisse qui n'avait pas encore porté le joug et la conduisaient dans une vallée stérile et rocailleuse. Ils y tuaient l'animal en présence des prêtres, se lavaient les mains et, tenant celles-ci au-dessus de la victime, s'écriaient : « Nos mains n'ont pas versé ce sang et nos « yeux ne l'ont pas vu répandre. Éternel, soyez favo- « rable à votre peuple et ne lui imputez pas le sang « innocent qui a été répandu au milieu d'Israël (4). »
Suivant la Mischnah, on condamnait *au pain de la*

(1) *De specialibus legibus*, p. 790; édit. cit.
(2) Voy. ci-dessus, p. 97.
(3) Kiddouschin, 43, a.
(4) Deutéronome, XXI, 1-8. Suivant la Mischnah, le soin de mesurer l'espace entre le cadavre et les villes voisines était confié à une déléga-

misère et à l'eau de la détresse les assassins qu'on ne pouvait envoyer au supplice, parce que leurs crimes, quoique constants aux yeux des juges, n'étaient pas attestés par les dépositions concordantes de deux témoins (1).

Nous avons parlé ailleurs du Goël, de l'homicide involontaire et des villes d'asile. On trouvera plus loin des détails complets dans le fragment intitulé : *La vengeance du sang dans la législation hébraïque* (2).

———

§ 2. *Du meurtre accompagné de circonstances particulières* (3).

Exode. *Si deux hommes se querellent et que l'un frappe l'autre d'un coup de pierre ou de poing, et que le blessé n'en meure pas, mais soit seulement obligé de garder le lit; s'il se lève ensuite et marche dehors, appuyé sur son bâton, celui qui l'aura frappé sera innocent, mais il payera une indemnité pour le temps perdu et pour les frais de guérison* (XXI, 18-19).

Si quelqu'un frappe son domestique ou sa servante avec un bâton, et qu'ils meurent sous sa main, on en tirera vengeance. Mais s'ils vivent un jour ou deux, on n'en tirera pas vengeance, car c'est son argent (ibid., 20-21).

Si, dans une rixe entre deux hommes, une femme enceinte

tion de cinq membres du grand Sanhédrin (*Sotah*, IX, 2). Josèphe semble confirmer cette interprétation. (*Ant. jud.*, 1. IV, 6, 8.)

(1) Mischnah, *Sanhédrin*, IX, 5, avec la Ghémare. Nous avons parlé antérieurement du pain de la misère et de l'eau de la détresse (voy. ci-dessus, p. 76), et nous avons eu soin de rappeler que cette tradition peut être sérieusement contestée.

(2) Voy., ci-après, le fragment D.

(3) Nous empruntons ce titre à M. Saalschütz. Il appelle les meurtres dont il s'agit ici : *Todtschlag unter besondern Umständen.*

*est blessée et qu'elle accouché d'un enfant mort, sans qu'elle
meure elle-même, le coupable sera condamné à payer ce que le
mari voudra et ce que les juges ordonneront; mais si la mère
est gravement atteinte, il rendra vie pour vie, œil pour œil,
dent pour dent, pied pour pied, brûlure pour brûlure, plaie
pour plaie, meurtrissure pour meurtrissure (ibid., 22-25).*

*Si le voleur est découvert et tué au moment de l'effraction
d'un mur, celui qui l'a tué n'est pas responsable du sang. Mais
si le soleil est déjà levé, il est responsable du sang (XXII, 2-3).*

————

Le premier de ces textes de l'Exode a donné lieu à
de grandes dissidences parmi les commentateurs de la
Bible. Il nous semble qu'il peut être interprété de la
manière suivante : « Si, dans une rixe, l'un des com-
« battants donne à l'autre un coup tellement violent
« qu'il en meurt à l'instant, on appliquera au premier
« les peines ordinaires de l'homicide. On lui appliquera
« également ces peines, si la maladie produite par une
« blessure mortelle se termine par la mort (1). Mais,
« si le malade se lève et sort de sa maison, même en
« s'appuyant sur un bâton, son adversaire échappera à
« toute peine et ne supportera que des dommages et
« intérêts. On ne tiendra pas compte des accidents qui
« pourront survenir après la sortie du blessé (2). »
Plusieurs interprètes repoussent ce système et sou-

____

(1) Mischnah, *Sanhédrin*, IX, 1.

(2) Telle semble être aussi l'opinion de Michaëlis, *Mosaisches Recht*,
§ 281. Corn. à Lapide dit à ce sujet : *Liber est a talione et pœnâ mor-
tis ; quia hoc indicio, quod percussus post acceptam plagam foris ambu-
laverit, præsumitur mors ejus non ex percussione, sed aliunde obve-
nisse* (*Commentaria in Pentateuchum*, p. 511. Édit. in f°; Antv., 1623).

tiennent que, si le blessé ne meurt pas, son adversaire n'est affranchi que du châtiment attaché au meurtre ; en d'autres termes, ils prétendent que, nonobstant la guérison de sa victime, il doit subir la peine du talion, comminée contre ceux qui frappent et blessent leur prochain (1).

Si cette opinion était fondée, on ne comprendrait pas l'utilité de la disposition qui nous occupe. Au paragraphe précédent, nous avons constaté que le fait de tuer quelqu'un d'un coup de pierre ou de poing se trouve littéralement prévu au livre des Nombres. Nous verrons plus loin que, dans d'autres livres de l'Écriture, les blessures et les mutilations sont également prévues et punies avec une précision rigoureuse. Moïse se serait donc borné à dire ici, sans aucune nécessité, que les peines de l'homicide ne seront pas appliquées quand il n'y aura pas de meurtre ! Il est bien plus raisonnable de supposer que les versets 18 et 19 tracent une règle exceptionnelle pour les blessures données et reçues dans une rixe, parce que, dans ce cas, il y a presque toujours des torts réciproques (2).

La règle relative au châtiment à infliger au maître qui fait périr un esclave sous le bâton, mérite une attention particulière.

Moïse ne parle que de l'emploi du bâton, parce qu'il voit dans celui-ci un instrument de correction. Si le maître se sert d'une arme propre à donner la mort,

(1) Voy. Dom Calmet, dans son *Commentaire littéral* de l'Exode.
(2) Josèphe (*Ant. jud.*, l. IV, c. 8) dénature les versets 18 et 19, comme il l'a fait pour beaucoup d'autres. (Voy., à l'Appendice, la note R.)

telle qu'une hache ou une épée, il encourt incontestablement la peine du meurtre, quand même l'esclave vit jusqu'au surlendemain (1) ; car, ainsi que nous l'avons vu au paragraphe précédent, la loi protége la vie de l'esclave et de l'étranger, aussi bien que celle du Juif et de l'homme libre (2). Comme l'esclave est « l'argent du maître, » le législateur présume que celui-ci, en se servant du bâton, n'a eu d'autre but que de châtier un serviteur négligent ou infidèle. Mais cette présomption cesse en cas de mort immédiate, parce que l'événement prouve alors, à la dernière évidence, que les limites du droit de correction ont été méchamment dépassées (3). Quelques rabbins ont tort de soutenir que les versets 20 et 21 supposent un traitement barbare infligé à un esclave israélite. Les mots « c'est son argent » démontrent clairement que c'est surtout l'esclave étranger que le législateur a voulu protéger. L'esclave hébreu n'était pas, à proprement parler, la propriété de son maître, puisqu'il ne servait jamais que pendant un petit nombre d'années ; tandis que, dans plusieurs passages, l'esclave étranger se trouve expressément désigné par ces termes expressifs : *l'acheté pour de l'argent (miqnath keseph)* (4).

Mais quel était le châtiment à infliger au maître ? Que veulent dire les mots « on en tirera vengeance ? » Ici de nouvelles dissidences surgissent parmi les inter

(1) Nombres, XXXV, 16-18, 20 et suiv.
(2) Voy. ci-dessus, p. 184.
(3) Voy. Maïmonide. *Mischné Torâ*, l. XI, traité *Rocea'h*, c. XI.
(4) Voy. Genèse, XVII, 12 et suiv. Exode, XII, 44.

prètes (1). Nous croyons que ces mots ne peuvent avoir qu'un sens unique : le sang sera vengé par le sang. Moïse n'a-t-il pas dit, quelques lignes plus haut : « Quiconque frappera un homme de manière qu'il meure « sera puni de mort (2) ? » Pour savoir à quel degré les prescriptions du libérateur d'Israël dépassent ici celles des autres législateurs de l'antiquité, il suffit de lire ce fragment du Digeste : *Apud omnes peræque gentes animadvertere possumus dominis in servos vitæ necisque potestatem fuisse* (3).

Le législateur des Hébreux s'occupe ensuite des lésions que deux hommes, engagés dans une lutte, occasionnent à une femme enceinte. Si cette lésion n'entraîne qu'un accouchement anticipé, les auteurs du mal payent au mari une indemnité à fixer de commun accord ou à déterminer par le juge. Si, au contraire, la mère elle-même se trouve atteinte, les coupables subissent la peine du talion. Il importe de remarquer que, dans cette espèce, on ne prévoit que le cas où la femme blessée se trouve en état de grossesse. Les autres femmes pouvant facilement se garer, leur mort ne constitue ici qu'un homicide involontaire.

Quant au meurtre du voleur surpris au moment de l'effraction, Moïse fait une distinction qui figure aujourd'hui dans la plupart des codes européens. Pour que ce meurtre soit considéré comme justifié, il faut qu'il ait été

(1) Voy. les opinions des rabbins, rapportées par Selden, *De naturâ juris et gentium juxta disciplinam Ebræorum,* l. IV, c. 1.
(2) Vers. 12, 13, 14.
(3) L 1, § 1er, Dig., l. I, t. VI.

commis pendant la nuit (1). Mais quel est le châtiment applicable à celui qui, en plein jour, repousse l'effraction et tue le voleur? M. Saalschütz s'exprime ainsi : « Le « texte ne détermine pas de quelle manière la dette du « sang doit être supportée par celui qui, sans nécessité, « tue le voleur en plein jour. Était-il puni de mort? « Pouvait-il se racheter moyennant une somme « d'argent? Ne s'agissait-il que d'une dette morale, « pour laquelle on pouvait devenir l'objet d'une puni- « tion divine? Tout cela dépendait peut-être des cir- « constances aggravantes ou atténuantes qui accompa- « gnaient la perpétration de l'acte (2). » Il nous semble que les versets 2 et 3 ne sont pas de nature à légitimer ces demandes. Comme, d'une part, le législateur dé- clare que l'auteur du meurtre est responsable du sang versé, et que, d'autre part, il a maintes fois posé en principe que le sang doit être expié par le sang, il est naturel d'admettre que celui qui tue le voleur en plein jour doit être mis à mort, à moins que l'accusé, au moment de la perpétration de l'acte, ne se trouve en état de légitime défense. Il est évident, en effet, que cette dernière cause de justification n'était pas inconnue

____

(1) Voy. une disposition analogue à l'art. 417 du code pénal belge et à l'art. 329 du code pénal français de 1810.

A Rome, le voleur, surpris en flagrant délit pendant la nuit, pouvait être tué impunément, en quelque état qu'il se trouvât; pendant le jour, il pouvait l'être également, lorsqu'il se défendait avec une arme offen- sive, mais l'auteur de l'homicide devait appeler au secours, pour échapper au soupçon d'assassinat. L. 4, § 1er, D., l. IX, t. II. L. 233, § 2, D., l. L, t. XVI. Cicéron, *Pro Milone*, III. Aulu-Gelle, XI, 18.

(2) *Das Mosaische Recht*, p. 543.

en Judée. Si l'Israélite, qui repousse l'effraction nocturne en tuant le voleur, est justifié, c'est précisément parce qu'on suppose que sa vie se trouvait en danger et que l'auteur de l'effraction était prêt à passer du vol à l'assassinat (1). Les versets 2 et 3 du chapitre XXII de l'Exode ne sont que l'application d'une règle générale à un cas particulier. Les talmudistes, comme les jurisconsultes de l'Europe moderne, enseignent même qu'on peut se prévaloir de la nécessité de la défense d'autrui. Ils déclarent non punissable l'homicide commis pour sauver la vie du prochain, pour empêcher le viol d'une fiancée et prévenir un attentat à la pudeur sur la personne d'un garçon (2). Ils décident qu'on ne saurait incriminer la conduite de la sage-femme qui, pour sauver la vie de la mère, est obligée de déchirer l'enfant que celle-ci porte dans ses entrailles (3).

§ 3. *De l'homicide involontaire.*

Exode. *Celui qui tue un autre involontairement et sans lui avoir dressé d'embûche pourra se réfugier dans un lieu que j'indiquerai à cette fin* (XXI, 13).

Nombres. *Marquez les villes qui devront servir de refuge aux fugitifs qui auront répandu le sang contre leur volonté* (XXXV, 11).

... Si c'est par hasard et sans haine qu'il (l'auteur d'un

(1) Mischnah, *Sanhédrin*, VIII. 6.
(2) Mischnah, *Sanhédrin*, VIII, 7.
(3) Mischnah, *Oholoth*, VII, 6. Voy., pour la cause de justification résultant de la contrainte, ci-dessus, le § 2 du chap. IV.

homicide) a frappé son prochain et que cela se prouve devant le peuple, après que la cause du meurtre aura été agitée entre celui qui aura frappé et le parent du mort, il sera délivré de la main de celui qui voulait venger le sang, et il sera ramené par sentence dans la ville où il avait cherché un asile, et il y demeurera jusqu'à la mort du grand-prêtre (ibid., 22-25).

Deutéronome. ... *Si quelqu'un frappe son prochain par mégarde et qu'il soit prouvé qu'il n'avait aucune haine contre lui quelques jours auparavant; mais qu'il s'en était allé avec lui simplement en une forêt pour couper du bois, que le fer de sa cognée, lorsqu'il en voulait frapper un arbre, s'est échappé de sa main et, sortant du manche où il était attaché, a frappé son ami et l'a tué; il se retirera dans l'une des villes (de refuge) et sa vie sera en sûreté; de peur que le plus proche parent de celui dont le sang a été répandu, étant emporté par sa douleur, ne poursuive l'homicide et ne l'atteigne... et ne tue celui qui n'a pas mérité la mort, parce qu'on n'a point découvert qu'il ait eu auparavant quelque haine contre celui qui a été tué* (XIX, 4-6).

L'auteur d'un homicide volontaire ou prémédité est toujours puni de mort (1); tandis que l'auteur d'un homicide accidentel est simplement obligé de résider dans l'une des villes de refuge jusqu'à la mort du grand-prêtre. Nous avons exposé ailleurs le rôle du Goël et tous les détails de la procédure (2).

Dans les codes modernes, l'homicide involontaire, pour devenir un délit, doit être le résultat d'une négligence coupable; l'acte purement fortuit et accidentel n'est pas incriminé. Moïse ne pouvait suivre cette règle sans exposer l'auteur à tous les périls de la *vengeance*

(1) Voy. le § 1er de ce chapitre.
(2) Voy. ci-dessus, p. 85, et, ci-après, la note D.

du sang, qui fut toujours l'une des passions les plus vives et les plus indomptables des peuples de l'Orient (1). Dans l'intérêt même de l'accusé, il devait l'éloigner, pour un terme plus ou moins long, du lieu où demeuraient les parents du mort. La pensée de ne pas laisser entièrement impuni l'homicide, quel qu'il soit, entrait d'ailleurs dans l'esprit général de l'antiquité. Porphyre dit que les lois n'ont pas admis l'impunité absolue de l'auteur d'un homicide involontaire, afin d'ôter tout prétexte aux meurtriers et d'obliger tous les hommes en général à veiller constamment sur leurs actes, pour prévenir ce malheur (2).

On aura remarqué que Moïse, agissant ici comme il l'a fait en parlant de l'homicide volontaire, indique plusieurs exemples destinés à guider l'intelligence des juges dans l'appréciation des cas particuliers. Chaque fois qu'il s'agit de la vie humaine, il manifeste une sollicitude extrême.

---

§ 4. *De l'homicide causé par défaut de surveillance ou de précautions.*

Exode. *Si un taureau a frappé de ses cornes un homme ou une femme, et qu'il les tue, on lapidera le taureau et on ne mangera pas de sa chair; mais le maître du taureau ne sera pas puni* (XXI, 28).
Mais si le taureau frappait déjà des cornes hier et avant-

(1) Voy., ci-après, la note D.
(2) *De abstinentiâ*, l. I, c. 9.

*hier, et que le maître, en ayant été averti, ne l'ait pas enfermé,
et que cet animal tue un homme ou une femme, le bœuf sera
lapidé et son maître mourra* (ibid., 29).

*Que si on le taxe à une somme d'argent, il donnera, pour
racheter sa vie, tout ce qu'on lui demandera* (ibid., 30).

*Si ce taureau frappe un garçon ou une fille, le maître sera
soumis au même traitement* (ibid., 31).

*Si le taureau frappe un esclave ou une servante, on payera
à son maître trente sicles d'argent, et le bœuf sera lapidé*
(ibid., 32).

———

Si le taureau frappe un homme et le tue, il est lapidé
et on ne mange pas de sa chair. Il est lapidé, pour que
le peuple, en voyant périr ainsi un animal privé de raison, conçoive une grande horreur pour l'effusion du
sang humain. On ne mange pas de sa chair, afin que
les propriétaires de bétail, mis dans l'impossibilité de
tirer profit des restes d'un animal lapidé, se livrent à
une surveillance active et constante (1).

Mais si le taureau a l'habitude de frapper des cornes
et que le maître en ait été averti, Moïse se montre sévère.
Pour prévenir un fait éminemment dangereux dans un
pays où l'élève du bétail était l'industrie principale des
habitants, il applique alors rigoureusement la maxime :
« qui veut la cause veut l'effet. » Le possesseur de l'animal est condamné à mort, à moins qu'il ne rachète sa vie

(1) S'il est ordonné, dit Maïmonide, de mettre à mort l'animal qui
aura tué un homme, ce n'est pas pour infliger un châtiment à l'animal,
— opinion absurde que nous attribuent les hérétiques, — mais pour
punir son maître. C'est pourquoi il a été défendu de tirer profit de sa
chair... (*Moré nebochim*, IIIᵉ part. c. XL ; t. III, p. 308 de la traduction
de M. Munk).

par une rançon. Il subit ce châtiment quand même la victime ne serait qu'un enfant. L'amende de trente sicles d'argent ne le libère que dans le seul cas où l'individu qui a succombé est un esclave étranger.

On s'est demandé quel était le sort réservé au propriétaire de l'animal, quand le plus proche parent du mort refusait d'accepter une rançon (1). La réponse est facile à fournir. Si Moïse a gardé le silence à cet égard, c'est par une raison on ne peut plus simple. Aux termes du verset 30, le remplacement du supplice par une indemnité était le fait des juges.

Le Talmud enseigne que, dans les passages cités de l'Exode, le bœuf ne figure que pour exemple. Les règles qu'on doit suivre sont absolument les mêmes quand la mort d'un homme ou d'un enfant est causée par un animal domestique qui n'appartient pas à la race bovine (2). Les rabbins ont, en outre, discuté une foule de cas particuliers qu'il nous semble inutile de reproduire (3).

---

§ 5. *Des blessures, des mutilations et des actes de violence.*

Exode. *Si, dans une rixe entre deux hommes, une femme enceinte est blessée et qu'elle accouche d'un enfant mort, sans qu'elle soit autrement lésée, le coupable sera condamné à payer ce que le mari voudra et ce que les juges ordonneront; mais,*

(1) Saalschütz, p. 545, en note.
(2) Mischnah, *Baba qama*, V, 7; *Sanhédrin*, I, 4; *Edijoth*, VI, 1.
(3) Voy. Mischnah, *Baba qama*, chap. XI et suiv., et *Erachin*, III, 3.

si la mère est gravement atteinte, il rendra vie pour vie, œil pour œil, dent pour dent, pied pour pied, brûlure pour brûlure, plaie pour plaie, meurtrissure pour meurtrissure (XXI, 22-25).

Si quelqu'un frappe dans l'œil son esclave ou sa servante, et qu'ils en perdent l'œil, il les mettra en liberté pour l'œil qu'ils auront perdu (ibid., 26) (1).

S'il leur fait sortir une dent de la bouche, il leur rendra de même la liberté (ibid., 27).

Lévitique. *Celui qui aura frappé son prochain, en sorte qu'il lui en reste quelque défaut ou difformité, souffrira le mal qu'il a fait souffrir à l'autre* (XXIV, 19).

Il recevra fracture pour fracture, et perdra œil pour œil, dent pour dent; il sera traité comme il a traité l'autre (ibid., 20).

On jugera de la même manière parmi vous le citoyen et l'étranger qui auront commis ces crimes; parce que je suis l'Éternel votre Dieu (ibid., 22).

Deutéronome. *S'il arrive un démêlé entre deux hommes et qu'ils commencent à se quereller l'un l'autre, et que la femme de l'un, voulant tirer son mari d'entre les mains de l'autre plus fort que lui, étende la main et le prenne par un endroit que la pudeur défend de nommer, vous lui couperez la main, sans vous laisser fléchir par aucune compassion pour elle* (XXV, 11, 12).

Nous avons parlé ailleurs du cas où les blessures et les lésions corporelles sont faites dans une rixe. Nous avons vu que celles-ci n'entraînent d'autre conséquence que l'obligation de réparer le dommage causé (2).

Deux autres hypothèses exceptionnelles sont prévues

(1) L'hébreu porte textuellement : *s'il leur a gâté l'œil.*
(2) Voy. le § 2 de ce chapitre.

dans les fragments que nous venons de transcrire. D'un côté, Moïse punit de la mutilation de la main les femmes qui, même pour dégager leurs maris, commettent un acte de violence que réprouvent à la fois l'humanité et la pudeur; de l'autre, il oblige les maîtres à donner la liberté à l'esclave qu'ils ont privé de l'un de ses membres (1).

En dehors de ces espèces particulières, la peine des blessures consiste dans le talion (2). Il va de soi que le coupable doit, en outre, réparer le dommage causé, puisque cette obligation pèse même sur celui qui blesse son prochain dans une rixe. La Mischnah distingue cinq espèces de réparations pécuniaires qui pouvaient être réclamées par le blessé ou le mutilé : pour la lésion corporelle (*neseq*), pour la douleur et l'inquiétude (*tsaar*), pour les frais de guérison (*rippui*), pour le travail négligé (*schebeth*), et enfin pour la honte (*boscheth*) (3).

---

(1) Nous disons *de l'un de ses membres*. On lit, en effet, dans le Talmud, que les yeux et les dents ne sont cités ici que pour exemple; les premiers indiquant les mutilations graves et les secondes les mutilations les moins importantes (*Qidduschin*, 24, a, b).

(2) Nous avons examiné plus haut (p. 60) les controverses auxquelles la nature même du talion a donné naissance.

(3) Mischnah, *Baba qama*, VIII, 1. Les rabbins ajoutent que ces indemnités ne doivent pas être payées par les sourds-muets, les fous, les enfants, les femmes et les esclaves. Les trois derniers sont dispensés de cette obligation, parce que le payement devrait se faire aux dépens du père, du mari et du maître; ce qui serait en opposition manifeste avec le principe du caractère éminemment personnel des peines. (*Baba qama*, VIII, 4.) — Les diverses espèces d'indemnités étaient dues quand on blessait ou mutilait un esclave israélite ou même un esclave étranger appartenant à autrui (*Ibid.*, 3). Seulement, quand l'acte de violence

Le Pentateuque ne punit expressément que les blessures et les mutilations. Les rabbins enseignent que la jurisprudence nationale, beaucoup plus complète, réprimait également le coup de poing et le soufflet. Le premier était puni de l'amende d'un sicle ; le second, de 200 *zuz* et même de 400 *zuz*, s'il était donné par le revers de la main. La Mischnah ajoute qu'on doit punir d'une amende de 400 *zuz* celui qui tire quelqu'un par l'oreille ou par les cheveux, qui arrache le manteau d'un autre, lui crache à la figure, ou découvre dans la rue la tête d'une femme ; pourvu que la personne qui est l'objet de ces actes de violence appartienne à une condition honorable. Les juges pouvaient se montrer moins sévères quand l'outrage s'adressait à un homme ou à une femme de la classe inférieure (1).

Cette dernière décision ne saurait être admise. Le législateur dit formellement que, lorsqu'il s'agit de réprimer les actes de violence, l'étranger lui-même doit être mis sur la même ligne que le Juif.

----

§ 6. *Du vol d'un homme.*

Exode. *Si quelqu'un vole et vend un homme, et qu'il soit trouvé entre ses mains, il sera mis à mort* (XXI, 16).

Deutéronome. *Si quelqu'un est convaincu d'avoir volé un Israélite, de l'avoir privé de sa liberté et vendu, il sera*

était perpétré sur un esclave israélite, par son propre maître, la victime ne pouvait pas réclamer d'indemnité du chef de travail négligé. C'était, en effet, le maître lui-même qui supportait ce dommage. (*Ibid.*, 3.)

(1) Mischnah, *Baba qama*, II, 6 ; III, 1 et suiv. ; VIII, 6.

puni de mort; et vous ôterez ainsi le mal du milieu de vous
(XXIV, 7).

———

Dans la Vulgate, le texte de l'Exode est ainsi traduit : *Qui furatus fuerit hominem et vendiderit eum,
convictus noxœ, morte moriatur.* Au lieu de *convictus
noxœ*, le texte hébraïque dit : *s'il est trouvé entre ses
mains.* Il semble cependant que l'auteur de la Vulgate
a très-exactement rendu le sens de la loi. On ne peut
attribuer à Moïse la pensée absurde de laisser l'acte
impuni, aussitôt que l'homme ravi ne se trouve plus
entre les mains du ravisseur. Grotius dit, avec raison,
que les mots « *s'il est trouvé entre ses mains* » sont un
hébraïsme qui signifie : *être trouvé coupable, être convaincu du délit.* Cette interprétation est d'autant plus
incontestable que, dans le fragment du Deutéronome
où Moïse prévoit le même fait, la loi n'exige nullement que la victime se trouve encore en la possession
de l'auteur du crime. On peut ajouter, avec les rabbins,
que les mots « *s'il est trouvé entre ses mains* » prouvent
qu'il ne suffit pas qu'un homme libre soit l'objet de
manœuvres ayant pour but de le priver de sa liberté et
de le faire vendre comme esclave. La peine capitale
n'est encourue que lorsque le ravisseur s'est réellement
emparé de la personne d'un Israélite (1).

Le texte du Deutéronome, qui sert ici de complément à l'Exode, exige que l'homme volé soit un enfant

(1) Mischnah, *Sanhédrin*, X, 1.

d'Israël. Le vol d'un esclave étranger n'était frappé que des peines ordinaires de la soustraction frauduleuse.

A l'époque où l'esclavage existait chez tous les peuples, le vol d'un homme était l'un des crimes les plus fréquents et les plus dangereux. Moïse, en punissant cet acte du dernier supplice, se montre d'accord avec plusieurs autres législateurs de l'antiquité. A Athènes, le voleur d'hommes subissait le dernier supplice, et la même règle était consacrée par la législation romaine (1).

———〰〰〰———

§ 7. De la calomnie.

Exode. *Ne répandez point de bruits faux* (XXIII, 1).

Lévitique. *Ne soyez point calomniateur parmi votre peuple* (XIX, 16).

Deutéronome. *Si un homme, ayant épousé une femme et s'étant approché d'elle, en conçoit ensuite de l'aversion, et, cherchant un prétexte pour la répudier, répand des bruits fâcheux en disant : « J'ai épousé cette femme; mais, m'étant approché d'elle, j'ai trouvé qu'elle n'était pas vierge; » son père et sa mère la reprendront et ils représenteront aux Anciens, qui seront assis au siége de la justice, les preuves de la virginité de leur fille. Et le père dira : « J'ai donné ma fille à cet homme, il s'est approché d'elle, et voici que maintenant il répand contre elle des choses infamantes, en disant : Je n'ai pas trouvé les signes de la virginité chez votre enfant. » Le père ajoutera, en déployant le linge : « Voici les preuves de la virginité de ma fille. » Alors les Anciens de la ville*

______

(1) Digeste, l. I, l. XLVIII, t. XV ; S. Petit, *Leges atticæ*, l. VII, c. 5, pp. 60 et 639 (édit. de Leyde, 1741).

*feront saisir cet homme, et ils le puniront et le condamneront
à payer cent sieles d'argent, qu'il payera au père de la fille,
parce qu'il a déshonoré par un acte infâme une vierge d'Israël.
Et elle restera sa femme sans qu'il puisse la répudier*
(XXII, 13-16).

———

Moïse défend la calomnie en général ; mais, comme
il ne la frappe pas d'une peine particulière, les juges,
en vertu des principes exposés ci-dessus, ne pouvaient
la réprimer que par le fouet (1).

C'est encore le fouet qui sert de châtiment à l'homme
marié qui porte atteinte à l'honneur de sa femme, en
l'accusant d'inconduite avant le mariage.

Le texte de la Vulgate dit que les Anciens doivent
condamner ce calomniateur à la peine du fouet : *Appre-
hendentque Senes urbis illius virum et verberabunt illum.*
Le texte hébraïque, moins explicite, porte simplement :
Ils saisiront cet homme et ils le puniront. Au lieu de traduire littéralement les termes employés par Moïse,
l'auteur de la Vulgate a préféré en indiquer la portée
juridique. Le Talmud (2), Josèphe (3) et Philon (4) disent
positivement que le coupable devait subir la peine du
fouet. Nous avons donc ici un remarquable exemple de
cumul de peines : les coups et l'amende viennent se
joindre à la perte du droit de répudiation.

Le texte porte l'amende à cent sicles ; tandis que,

(1) Voy. ci-dessus, p. 69.
(2) *Kethuboth,* 46, a.
(3) *Antiq. jud.,* l. IV, c. 8.
(4) *De specialibus legibus,* p. 789; édit. cit.

suivant Josèphe, elle n'en dépassait pas cinquante (1).
Il est probable que les copistes ont altéré le texte des
Antiquités judaïques. Comme il était permis de supposer que le mari avait accusé la femme pour se dis-
penser de restituer la dot ordinaire de cinquante sicles,
la loi se montrait juste et rationnelle en le condamnant
à payer le double. Maïmonide dit avec raison qu'on lui
appliquait le traitement réservé aux voleurs (2). Suivant les principes ordinaires du droit mosaïque, il eût
dû subir la peine beaucoup plus rigoureuse du faux
témoignage.

§ 8. *Du faux témoignage.*

Exode. *Vous ne porterez point de faux témoignage contre
votre prochain* (XX, 16).

*Ne répandez point de bruits faux. Ne tendez pas votre main
à l'impie pour prêter un faux témoignage en sa faveur*
(XXIII, 1).

Lévitique. *Ne soyez point calomniateur parmi votre
peuple. Ne poursuivez pas la mort de votre prochain. Je suis
l'Eternel* (XIX, 16).

Deutéronome. *Vous ne porterez point de faux témoignage contre votre prochain* (V, 20).

*Si un faux témoin procède contre un homme pour déclarer
contre lui ce qui s'écarte de la vérité, les deux hommes engagés dans ce débat se présenteront devant le Seigneur, en présence des juges ou des prêtres qui seront dans ce temps-là. Et
lorsque, après une exacte recherche, il sera constaté que c'était*

(1) *Antiq. jud.*, l. IV, c. 8.

(2) *Moré nebochim*, IIIe part., c. XLIX. Comp. Deutéronome, XXII,
29.

un faux témoin, qui a avancé une calomnie contre l'autre, on le traitera comme il avait dessein de traiter son frère, pour que le mal soit ôté du milieu de vous, et que les autres, entendant ceci, soient dans la crainte et n'entreprennent rien de semblable (XIX, 16-20).

Vous n'aurez point de compassion du coupable ; mais vous ferez rendre vie pour vie, œil pour œil, dent pour dent, pied pour pied (ibid., 21).

————

Donnant au mot *sarah*, qui caractérise ici le faux témoignage, le sens de *défection*, d'*apostasie*, plusieurs interprètes ont supposé, bien à tort, que le législateur, dans les versets qui précèdent, ne s'occupe que du cas où un individu reproche faussement à un autre d'avoir commis un crime religieux. La peine seule, consistant dans le talion, suffit pour écarter cette interprétation. Les crimes religieux entraînent la mort, mais ne sont jamais punis de la perte d'un membre. Si le législateur avait eu l'intention qu'on lui attribue, les mots « œil « pour œil, dent pour dent, pied pour pied, » seraient complétement dépourvus de sens. Le mot *sarah* présente ici la signification d'*écart*, d'*éloignement* (de la vérité) (1), et le précepte, avec le châtiment qui lui sert de sanction, est applicable à tous les faux témoignages, sans en excepter la dénonciation calomnieuse. Le Talmud admet cette doctrine et l'applique même en matière civile. Si un faux témoin accuse quelqu'un de ne pas payer une dette imaginaire, il doit lui-même remettre au défendeur la somme méchamment indiquée (2).

(1) Saalschütz, p. 562.
(2) Telle est aussi la doctrine de la Mischnah. Voy. *Maccóth*, I, 1 et suiv.; *Baba qama*, VII, 3 ; *Baba bathra*, III, 4.

Mais faut-il, pour encourir le châtiment, que le faux témoignage ait produit un résultat nuisible, un dommage réel? Il existait à ce sujet une vive controverse parmi les Israélites. Les Saducéens prétendaient que la peine du talion n'était applicable que lorsque le jugement, rendu à la suite du faux témoignage, avait reçu son exécution. Les Pharisiens, au contraire, soutenaient que le fait du mensonge proféré devant la juridiction criminelle suffisait pour motiver la condamnation du coupable. Ils se prévalaient, avec raison, des paroles du législateur qui veulent qu'on traite le faux témoin *comme il avait dessein de traiter son frère.* Ils se contentaient de l'existence d'un jugement, sans exiger que ce jugement eût été exécuté. Dans leur système, qui a été admis par le Talmud, le faux témoin n'échappe au talion que dans la seule hypothèse où sa mauvaise foi, découverte à temps, n'a pas été suivie d'une sentence judiciaire (1).

Il est cependant des cas où, même en donnant cette portée générale au précepte du législateur, on se trouve dans l'impossibilité d'appliquer la règle du talion. Les talmudistes citent, entre autres, les espèces suivantes. On déclare faussement qu'un prêtre est inhabile à exercer ses fonctions. On prétend, de mauvaise foi, qu'un Israélite a commis un homicide involontaire. Suivant la Mischnah, ces cas exceptionnels étaient punis de trente-neuf coups de verges (2).

(1) Mischnah, *Maccôth,* I, 6.
(2) Mischnah, *Maccôth,* I, 1 et suiv. Voy. aussi ci-dessus, p. 69.

Ni l'Écriture ni le droit rabbinique ne prévoient le faux témoignage commis en faveur de l'accusé. Le Pentateuque garde également le silence sur la subornation de témoins, et le Talmud ne s'en occupe que pour les matières civiles. A celui qui a corrompu un témoin dans l'intérêt d'autrui, il impose l'obligation morale, et à celui qui l'a corrompu dans son propre intérêt, l'obligation positive de réparer le dommage causé (1).

A Rome, sous le régime de la loi des XII Tables, le faux témoin était précipité de la roche Tarpéienne, même quand le crime avait été commis dans une instance civile (2).

Moïse a suivi le système pratiqué en Égypte (3). Dans l'Inde brâhmanique, l'accusation téméraire était passible de châtiments corporels abandonnés à l'appréciation des juges, tandis que le bannissement et l'amende étaient la peine du faux témoignage (4).

(1) *Baba qama,* 56, a.
(2) Aulu-Gelle, *Noctes Atticæ,* l. XX, c. 1.
(3) Les Égyptiens punissaient la dénonciation calomnieuse de la même manière que le Pentateuque. (Voy. ci-dessus, t. Ier, p. 152.)
(4) Voy. ci-d essus, t. Ier, p. 45 et 48.

CHAPITRE VI.

§ 1er. *Du vol.*

Exode. *Si quelqu'un ayant volé un bœuf ou une brebis, les vend ou les tue, il rendra cinq bœufs pour un bœuf et quatre brebis pour une brebis* (XXII, 1).

Si le voleur est découvert et tué au moment de l'effraction d'un mur, celui qui l'a tué n'est pas responsable de son sang. Mais si le soleil est déjà levé, il est responsable du sang.

Si le voleur n'a pas de quoi payer, il sera vendu pour son vol (ibid., 2 et 3).

Si ce qu'il a volé est trouvé vivant entre ses mains, que ce soit un bœuf, un âne ou une brebis, il payera le double (ibid., 4).

Il est peut-être superflu de faire remarquer que, dans ces textes, le bœuf, la brebis et l'âne ne figurent que pour exemple. Le Décalogue prohibe le vol d'une manière absolue (1). La pensée de placer la soustrac-

(1) Exode, XX, 15, 17. Lévitique, XIX, 11. Deutéronome, V, 19.

tion frauduleuse d'un objet quelconque au nombre des faits simplement dommageables, n'entraînant d'autre obligation que celle de réparer le dommage causé, ne saurait être attribuée à un législateur qui condamne solennellement la seule convoitise du bien d'autrui. Parlant à des pasteurs, Moïse leur faisait mieux comprendre la portée de ses préceptes, en les appliquant au bétail, qui formait leur seule richesse (1).

La peine ordinaire du vol est la restitution du double. Seulement, si le voleur tue ou vend le bœuf ou la brebis qu'il a dérobés, il est tenu de restituer cinq fois la valeur du premier et quatre fois la valeur de la seconde (2).

(1) Exode, XX, 17. Deutéronome, V, 21. Les rabbins disent que le bœuf et la brebis ne sont cités que pour exemple (Mischnah, *Baba qama*, V, 7 ; VII, 1 et suiv.) Au chap. VI du Lévitique, v 1-6 (voy. le § 2 ci après). l'appropriation indue de tous les objets mobiliers, sans distinction, est prévue dans le texte.

(2) Plusieurs commentateurs de la Bible se sont donné beaucoup de peine pour découvrir la raison de cette différence entre la peine du vol d'un bœuf et celle du vol d'un mouton. Elle s'explique tout naturellement par l'importance que le bœuf offrait, comme animal de labour et de trait, dans le régime économique de la Palestine. — Maïmonide donne les explications suivantes : « L'amende que paye celui qui vole « des brebis est double de celle qu'on paye pour d'autres objets transpor- « tables..., à condition toutefois qu'il s'en soit dessaisi en les vendant « ou qu'il les ait égorgées. De tout temps, en effet, elles ont été fré- « quemment volées, parce qu'elles sont dans les champs, où on ne peut « les surveiller comme on surveille les choses qui sont dans l'intérieur « des villes... Ainsi donc l'amende pour les cas de vol les plus fréquents « est la plus forte. L'amende à payer pour le vol d'un bœuf est encore « augmentée d'un degré de plus, parce que ce vol est encore bien plus « facile Les brebis paissent réunies, de sorte que le berger peut les em- « brasser de la vue... ; mais les bœufs... paissent très-éloignés les uns des « autres, ce qui fait que le bouvier ne saurait les embrasser de la vue « et qu'ils sont très-fréquemment volés. » (*Moré nebochim*, IIIe part., c. XLI ; t. III, p. 316 de la traduction de M. Munk.).

Aussi longtemps que les animaux se trouvent vivants aux mains de celui qui les a soustraits, le législateur se montre indulgent, parce que le coupable peut se repentir et opérer spontanément la restitution ; mais aussitôt que, soit par la vente, soit par l'abattage, le vol a été irrévocablement consommé, la peine devient plus rigoureuse. Les talmudistes enseignent toutefois que cette amende du quintuple ou du quadruple n'était infligée que lorsqu'il s'agissait du vol d'un bœuf ou d'une brebis. La soustraction d'autres animaux, comme celle de tous les objets mobiliers en général, n'était jamais punie que de l'amende du double de la valeur (1).

La pauvreté ne suffisait pas pour soustraire le coupable à l'obligation de payer l'amende. S'il ne payait pas, il était vendu comme esclave, et il restait dans la condition servile pendant six ans, à moins qu'il ne se fût auparavant libéré par son travail (2). Mais la jurisprudence hébraïque, au témoignage des rabbins, avait entouré l'application de cette règle de plusieurs restrictions importantes. La femme coupable de vol ne pouvait être vendue (3), et le voleur mâle lui-même n'était jamais vendu à un étranger (4). Il était libéré aussitôt

---

(1) Mischnah, *ibid.*, VII, 1. Les rabbins font encore d'autres distinctions qui peuvent être difficilement admises. Voy. Mischnah, *Baba qama*, VII, 5, 6 ; IX, 1. *Baba mezia*, IV, 9. *Schebuoth*, VI, 5.

(2) Exode, XXI, 2. Beaucoup d'interprètes prétendent cependant que la règle générale du v. 2 reçoit ici une exception et que le condamné doit servir jusqu'au jour où il s'est libéré par son travail. Nous avons suivi l'opinion émise par Josèphe (*Antiq. jud.*, l. XVI, c. 1).

(3) Mischnah, *Sotah*, III, 8.

(4) Josèphe, *Antiq. jud.*, l. XVI, c. 1. On sait avec quelle indignation Josèphe parle du décret d'Hérode qui ordonnait de vendre à des étran-

qu'il avait gagné une somme égale à la valeur des objets dérobés; en d'autres termes, il n'était pas obligé de servir pour le payement de l'amende du double, du quadruple ou du quintuple (1).

Au surplus, le voleur avait, dans tous les cas, le moyen d'échapper au châtiment légal, en faisant spontanément l'aveu du délit et en restituant la chose volée, avant la poursuite de la partie lésée. Le payement d'un cinquième de la valeur du corps de délit, accompagné d'un sacrifice d'expiation, lui procurait alors « le pardon de son péché, » et la prière du prêtre lui rendait, aux yeux de tous, l'honneur qu'il avait perdu par son méfait (2). Le législateur, par cet adoucissement de peine, avait voulu provoquer la réparation volontaire d'un délit souvent difficile à constater, dans un pays où la police judiciaire était loin d'offrir les ressources qu'elle tient à la disposition des magistrats de l'Europe moderne.

Michaëlis fait remarquer, avec raison, que le droit

gers les Israélites qui perceraient des murs pour entrer dans les maisons. « Vendre ainsi, dit-il, un Juif comme esclave à des étrangers dont « la manière de vivre est entièrement différente de la nôtre, et le mettre « dans la nécessité de faire tout ce qui peut lui être commandé, était « bien plutôt un acte de mépris de notre religion qu'une juste punition « du coupable. »

(1) Voy. les autorités citées par Surenhusius, dans son commentaire de la Mischnah, t. III, p. 228.

(2) Lévitique, VI, 1-7. Nombres, V, (7-8). Les rabbins se montrent ici excessivement larges. Ils enseignent que, si un animal a été abattu ou vendu, le voleur, en avouant le fait du vol, mais en niant celui de l'abattage ou de la vente, échappe à la peine ordinaire. (Mischnah, *Kethuboth*, III, 8; *Schebuoth*, VIII, 4.) Mais ils exigent que, dans tous les cas, la restitution précède le sacrifice d'expiation. (Mischnah, *Baba qama*, IX.)

mosaïque ne renferme aucune disposition spéciale pour le vol sacrilége et le vol commis avec violence ou à main armée (1). On peut supposer que ces faits étaient trop rares pour nécessiter une répression exceptionnelle. A l'égard du vol sacrilége, la vivacité du sentiment religieux du peuple venait corroborer énergiquement les prescriptions du législateur (2). Pour le vol commis avec violence, les mœurs guerrières de la nation offraient un obstacle sérieux et permanent (3). Moïse se borne à déclarer légitime le meurtre de celui qui tente de commettre un vol nocturne avec effraction.

Michaëlis prétend encore que, du temps de Salomon, les peines édictées par Moïse avaient été considérablement aggravées. Il cite le passage du Livre des Proverbes, où le Sage s'écrie que le voleur, alors même qu'il vole pour apaiser sa faim, doit rendre sept fois le prix des choses soustraites. Cette opinion ne saurait être admise. Il est difficile d'apercevoir ici, dans le langage de Salomon, la reproduction littérale d'un précepte de législation. Saalschütz n'y voit qu'une figure poétique (4), et le marquis de Pastoret prouve que très-

(1) *Mosaisches Recht*, §§ 286 et 287.

(2) Dans le Lévitique (V, 15, 16; XXII, 14-16), Moïse ne parle que de ceux qui, par ignorance ou par erreur, ont manqué aux cérémonies religieuses ou mangé des choses sanctifiées. Il leur impose l'obligation de restituer la valeur au prêtre, avec un cinquième en sus.

(3) Au chap. VI, v. 1-6 du Lévitique, où il s'agit de l'expiation volontaire de la soustraction frauduleuse, le vol avec violence est mis sur la même ligne que le vol simple. — Voy. aussi Mischnah, *Baba qama*, IX, 1.

(4) *Das Mosaische Recht*, c. LXXVII, p. 555.

souvent, dans le langage de l'Écriture, l'expression *sept fois* est employée comme synonyme de *plusieurs* (1).

Nous avons parlé ailleurs de la disposition qui justifie l'homicide du voleur nocturne surpris au moment de l'effraction d'un mur (2).

§ 2. *De la violation de dépôt.*

Exode. *Si quelqu'un met en dépôt de l'argent ou quelque autre chose chez son ami, et qu'on le dérobe chez le dépositaire, le voleur, s'il est découvert, rendra le double.*

Mais si on ne trouve pas le voleur, le dépositaire comparaitra devant les juges, et fera serment qu'il n'a point pris ce qui était à son prochain.

A l'égard de tout ce qui peut être matière d'appropriation frauduleuse, tel qu'un bœuf, un âne, une brebis, un vêtement ou une chose perdue, que quelqu'un réclame comme étant cela (3), l'un et l'autre (demandeur et défendeur) comparaîtront devant les juges, et celui que les juges condamneront payera le double à son prochain (XXII, 7-9).

Tandis que le législateur, quand il s'agit de la répression du vol, se contente de citer quelques exemples, il s'exprime ici en termes généraux et absolus. Il

(1) Caïn sera puni sept fois ; les ennemis s'enfuirent par sept chemins, etc. Genèse, IV, 15. Deutéronome, XXVIII, 7. *Histoire de la législation*, t. IV, p. 192 et 420. David condamne à l'amende du quadruple le voleur d'une brebis abattue et mangée (2 Rois, XII, 6). Le changement de législation, imaginé par Michaëlis (*Mosaisches Recht*, § 285), aurait donc dû avoir lieu entre le règne de David et celui de son fils.

(2) Voy. ci-dessus le § 2 du chapitre V.

(3) C'est-à-dire, comme étant l'objet soustrait ou détourné.

applique formellement la règle à toute chose mobilière qui peut être l'objet d'une appropriation frauduleuse (1).

Ajoutons que, de même que le voleur, le dépositaire infidèle échappait au châtiment ordinaire, s'il restituait volontairement les objets détournés, avec un cinquième en sus. Un sacrifice d'expiation et la prière du prêtre effaçaient son péché (2).

§ 3. *Du déplacement de bornes.*

Deutéronome. *Vous ne lèverez point et vous ne transporterez point les bornes de votre prochain, qui auront été placées par vos prédécesseurs, dans l'héritage que le Seigneur votre Dieu vous donnera dans le pays que vous devez posséder* (XIX, 14).

.... Et les Lévites prononceront ces paroles à haute voix et diront devant tout le peuple d'Israël :..... Maudit est celui qui change les bornes de l'héritage de son prochain ; et tout le peuple répondra : Amen (XXVII, 17).

Il serait difficile d'imaginer une défense plus énergique, plus solennelle. Mais Moïse avait-il ajouté à la

(1) Les rabbins cependant, toujours guidés par le désir de diminuer la rigueur de la loi, font ici des distinctions difficiles à justifier. Ils disent que le texte ne prévoit pas le détournement des esclaves, parce qu'il ne s'occupe que de choses mobilières et que les esclaves sont assimilés aux terres ; ni le vol des titres de propriété, parce que ceux-ci, dépourvus de valeur intrinsèque et ne servant qu'à constater la possession des choses acquises, ne sauraient être assimilés aux choses mêmes, etc. Voy. *Baba mezia*, IV, 9, et *Schebuoth*, VI, 5, avec les commentaires de Maïmonide et de Bartenora, rapportés par Surenhusius, t. IV, p. 127 et 312.

(2) Lévitique, VI, 1-7.

sanction religieuse le frein d'une peine proprement dite?
Plusieurs interprètes chrétiens, appliquant ici le châtiment du vol et de la violation de dépôt, prétendent que
le coupable devait restituer le double du terrain usurpé.
Les talmudistes repoussent cette interprétation. Ils
soutiennent, avec raison, que les termes employés par
Moïse, pour la répression du vol et de la fraude, ne
peuvent s'appliquer qu'au détournement d'un objet
mobilier (1). Le législateur ayant gardé le silence, les
juges ne pouvaient infliger que la peine du fouet (2).

Josèphe voit, dans ce précepte du Deutéronome
(XIX, 14), la défense d'étendre frauduleusement les
limites du territoire national (3). D'autres y découvrent
l'obligation de maintenir exactement le partage des
terres entre les diverses tribus d'Israël (4). Il est raisonnable de supposer que Moïse avait surtout en vue
de protéger les héritages des particuliers contre les
convoitises de leurs voisins. Les rabbins le prétendent,
et les termes employés par le législateur favorisent
manifestement leur interprétation (5). Moïse voulait
empêcher un genre de fraude que toutes les législations de l'antiquité ont flétri avec une énergique persé-
vérance.

La sanction du précepte était surtout religieuse. Le
déplacement des bornes était l'objet d'une malédiction

(1) Mischnah, *Baba mezia*, IV, 9. *Schebuoth*, VI, 5.
(2) Voy. ci-dessus, p. 69.
(3) *Antiq. jud.*, l. IV, c. 8.
(4) Dom Calmet, *Commentaire littéral*, sous ce texte.
(5) Voy. Selden, *De jure naturali et gentium juxta disciplinam
Ebrœorum*, l. VI, c. 3.

solennelle. « Ne déplace pas la borne ancienne, dit le
« Livre des Proverbes, et n'entre pas dans les champs
« des orphelins, car leur garant est puissant : il défen-
« dra leur cause contre toi (1). »

(1) XXIII, 10, 11.

B

(Tome 1er, p. 128 et 147.)

A PROCÈS DE MAGIE SOUS LE RÈGNE DE RHAMSÈS III (1).

Malgré les effroyables bouleversements dont l'Égypte fut le théâtre, depuis l'invasion des Éthiopiens de la vingt-cinquième dynastie jusqu'à l'arrivée des hordes d'Omar, la science moderne a eu plus d'une fois le bonheur de retrouver des papyrus appartenant à l'âge lointain des Rhamessides. A force de travail et de patience, les Arabes découvrent, de temps à autre, quelques-unes de ces cachettes mystérieuses, où des prêtres de l'époque pharaonique, tombés sous le fer des envahisseurs de leur patrie, avaient déposé les manuscrits qu'ils voulaient préserver de la destruction.

Parmi ces précieux débris d'une grande et puissante civilisation, exhumés par les avides fouilleurs du sable

(1) Extrait des *Bulletins de l'Académie royale de Belgique*, 2e série, t. XXIII, n° 1 (1867).

libyque, nous avons remarqué le texte d'une condamnation capitale du chef de magie, prononcée sous le règne de Rhamsès III, le fondateur du grand temple de Médinet-Abou.

C'est à l'Égypte que les Hébreux avaient emprunté ces sciences occultes que le Lévitique et le Deutéro-rome proscrivirent avec une inflexible rigueur (1). C'est des rivages de l'Égypte que le goût des opérations magiques et la croyance à leurs merveilleux effets se répandirent parmi les peuples de la Grèce et de l'Italie. Sous le règne de Claude, quand l'heure de la décadence romaine avait déjà sonné, Juvénal, flagellant la vie licencieuse des femmes de son siècle, leur reproche encore de braver toutes les douleurs et de commettre toutes les extravagances, pour se conformer à des pratiques superstitieuses importées des bords du Nil :

> . . . . *Si candida jusserit Io,*
> *Ibit ad Ægypti finem, calidaque petitas*
> *A Meroë portabit aquas, ut spargat in œdem*
> *Isidis* (2) :

A ce point de vue, la découverte d'une sentence

(1) Voy. ci-dessus, p. 135.

(2 Juvénal, satire VI, v. 527 et suiv. — Nous n'entendons pas soutenir que les œuvres magiques, connues en Grèce et en Italie, fussent toutes originaires des bords du Nil. L'Inde, la Babylonie et d'autres contrées de l'Orient transmirent plus d'une pratique superstitieuse aux peuples de l'Europe ancienne. Mais nous pouvons affirmer que la plupart de ces croyances bizarres que nous rencontrons, en matière de magie et de divination, chez les Grecs et les Romains, provenaient incontestablement de l'Égypte. A Rome, les merveilleux effets que les rédacteurs des douze Tables et, dans les siècles suivants, les historiens, les poëtes

égyptienne rendue en matière de magie, quatorze siècles
avant l'ère chrétienne, présente déjà une importance
historique difficile à nier. Le fait seul de l'existence de
ce jugement prouve que les lois de l'Égypte, au moins
pour quelques cas, rangeaient les opérations magiques
au nombre des crimes frappés du dernier supplice. Il
atteste que le législateur de la vallée du Nil a devancé
tous les autres dans la répression des sortiléges et des
maléfices. Mais ce remarquable fragment d'un monde
évanoui ne désigne pas seulement le nom du coupable,
la nature de l'infraction et l'intensité du châtiment
infligé par les juges. Malgré les mutilations qu'il a malheureusement subies, il porte l'empreinte d'une procédure prudente, minutieuse et expérimentée. Il confirme
les renseignements que les Grecs nous ont transmis
sur les mœurs judiciaires de ces illustres magistrats
de Thèbes et d'Héliopolis, dont l'antiquité tout entière
se plaisait à vanter la sagesse et les vertus. Sous ce
rapport surtout, il mérite de fixer l'attention de l'historien et du jurisconsulte.

Rappelons d'abord les faits de la cause.

On sait que les Égyptiens, comme la plupart des
peuples primitifs, attribuaient une importance extrême
aux œuvres magiques. Conserver la jeunesse et la
beauté, devenir riche et puissant, asservir les éléments,
déchirer le voile de l'avenir, éloigner les périls, cou-

---

et les jurisconsultes attribuent à la magie, sont trait pour trait ceux
que nous rencontrons dans les formulaires magiques de l'époque des
Pharaons. (Voy. Chabas, *Papyrus magique Harris, passim.*)

vrir de honte ou frapper d'impuissance le rival qu'on
déteste, tous ces prodiges et bien d'autres encore pouvaient être réalisés par les initiés. Il suffisait de réciter
quelques formules, de tenir à la main ou de cacher
dans ses vêtements quelques objets, parfois informes,
consacrés à des êtres invisibles.

Des livres sacrés, soigneusement dérobés aux regards
des profanes, renfermaient tous ces merveilleux secrets.
On les conservait dans le Khen, vaste salle des palais
royaux, réservée au dépôt des choses saintes (1). C'était
là que les hiérogrammates et les « hommes des écri-
« tures secrètes (2) » allaient les consulter, quand les
Pharaons, placés au milieu de conjonctures épineuses,
faisaient un appel à leur science et à leur adresse (3).

Un jour l'Égyptien Haï, simple régisseur du bétail
d'une ferme, passant devant la porte du Khen, sentit
surgir dans son âme un irrésistible mouvement d'ambition et d'orgueil. Il se dit : « Là se trouvent, à quel-
« ques pas de moi, les livres mystérieux qui donnent
« la force, la richesse et la puissance ; si je pouvais
« m'en emparer, je serais à mon tour riche et puissant
« dans la terre d'Égypte ! » Cédant à la tentation, il
se procura la complicité d'un tailleur de pierres, péné-

(1) Chabas, *Papyrus magique Harris*, p. 174.

(2) Dans son savant mémoire sur la stèle du temple de Chons à
Thèbes, donnée à la bibliothèque impériale de Paris par M. Prisse
d'Avenne, M. de Rougé leur attribue le titre de *Docteurs des mystères.*
(*Journal Asiatique*, 5e série, t. X, p. 130, et t XII, p. 225).

(3) C'étaient « ces hommes des écritures secrètes » qui vinrent lutter
de prodiges avec le libérateur d'Israël : *Vocavit autem Pharao sapientes
et maleficos; et fecerunt etiam ipsi per incantationes ægyptiacas et
arcana quædam similiter.* (Exode, VII, 11 et suiv.)

tra dans le Khen et commit un vol sacrilége; mais ce crime, au lieu de lui procurer la domination, le luxe et la gloire, le fit condamner à une mort ignominieuse.

Le papyrus qui renferme le récit du jugement et de la condamnation se compose de trois pages. Les deux premières, publiées par M. Sharpe, sont conservées dans la collection du docteur Lee à Hartwell (1). La troisième fait partie du riche dépôt de la bibliothèque impériale de Paris (2). Le texte intégral, accompagné d'une traduction et de notes philologiques, a été reproduit par M. F. Chabas, dans son bel et savant ouvrage intitulé : *Le papyrus magique Harris* (3).

La première ligne a disparu. La seconde débute par les mots : « ... tous du lieu où je suis, et aux hommes « du pays. »

M. Chabas suppose que le fonctionnaire qui parle ici à la première personne est un magistrat faisant un rapport et l'attestant devant ses concitoyens, d'après une formule en usage. Nous examinerons plus loin la valeur de cette hypothèse.

Le texte continue ainsi :

« Ce Haï, homme mauvais, était intendant de trou- « peaux; il avait dit : Puissé-je avoir un livre qui me « donne une puissance redoutable!

« Et il lui fut donné un des livres de formules de « Rhamsès méri-Amoun, le dieu grand, son royal « maître. Et il lui arriva de procurer par pouvoir divin

(1) Sharpe, *Egypt. Inscrip.*, 2ᵉ série, pl. 87 et 88.
(2) *Papyrus Rollin*, c , 1188.
(3) Pages 169 et suiv.

« des fascinations aux hommes. Il réussit à se procu-
« rer, d'une part une officine, de l'autre un endroit très-
« profond. Et il lui arriva de faire des *hommes de Menh* (1),
« des écrits d'amour (2); les ayant fait voler dans le Khen
« par la main du tailleur de pierres Atirma..., en for-
« çant à s'éloigner l'un des agents, agissant magique-
« ment sur les autres, volant quelques formules dans
« le Khen et d'autres au dehors.

« Puis il s'ingénia sur elles, et il trouva le véritable
« moyen pour toutes les horreurs et toutes les méchan-
« cetés dont son cœur avait conçu la pensée ; et il les
« pratiqua réellement; et il les fit toutes, ainsi que
« d'autres grands crimes, l'horreur de tout dieu et de
« toute déesse. De même, qu'il lui soit fait les prescrip-
« tions grandes jusqu'à la mort, que les paroles divines
« disent devoir lui être faites (3). »

(1) Suivant l'opinion de M. Chabas, les *hommes de Menh* étaient probablement des figures préparées en vue des opérations magiques. Haï
en avait fabriqué d'après des modèles volés dans le Khen.

(2) Il avait copié les formules soustraites dans le Khen.

(3) Les *paroles divines* rappelées dans ce passage sont probablement
les livres sacrés attribués à Thoth, l'Hermès trismégiste des Grecs.
(Voy. ci-dessus, t. Ier, p. 80.)

Dans ses *Mélanges égyptologiques,* M. Chabas a lui-même modifié la
traduction de cette partie du procès de Haï, qu'il appelle cette fois
Penhaïben. Voici cette seconde version :

« Ce Penhaïben, étant intendant des troupeaux, avait dit : Puissé-je
« avoir un livre qui me donne une puissance redoutable, et il lui fut
« donné un livre de recettes dangereuses appartenant au roi Rhamsès II,
« le dieu grand, son royal maître; et il lui arriva de fasciner les hom-
« mes ; et il parvint, d'une part, jusqu'au Pakhent, de l'autre, jusqu'au
« lieu très-profond ; et il fit des hommes de Menh, des écrits d'amour,
« qu'il fit porter dans l'intérieur (du palais) par les mains du sculpteur
« Atirma..., afin de charmer l'un des agents et d'agir magiquement sur

Cette première page, dont la rédaction n'est pas constamment méthodique et claire, nous apprend que l'intendant Haï, lorsqu'il obtint le concours du tailleur de pierres Atirma, n'en était pas à son coup d'essai. Il possédait déjà le livre des formules de Rhamsès méri-Amoun, et ce fut à l'aide d'incantations qu'il réussit à éloigner les agents préposés à la garde du Khen. Poussé par l'ambition et la cupidité, Haï volait les formules magiques partout où elles se trouvaient à sa portée.

Dans la deuxième page, déplorablement mutilée, on peut tout au plus reconstituer les phrases suivantes :

« Et il a trouvé le véritable moyen pour toutes les
« horreurs et toutes les méchancetés dont son cœur
« avait conçu la pensée, et il les a pratiquées réelle-
« ment ainsi que d'autres grands crimes, l'horreur de
« tout dieu et de toute déesse.

« Ce sont des abominations dignes de mort les abo-
« minations qu'il a commises, des abominations grandes
« au point que celui qui fait cela doit mourir lui-même.

« D'ailleurs, les magistrats qui l'ont examiné, ont
« fait leur rapport, en disant : Qu'il meure (*par l'ordre*)
« du Pharaon, selon ce qui est dans les livres de la
« langue divine, qui disent : que cela lui soit fait ! »

« les autres ; transportant quelques discours au dedans et d'autres au
« dehors. Il fut jugé sur cela, et l'on trouva la vérité de tous les crimes
« et de toutes les turpitudes que son cœur avait imaginé de faire. Et la
« vérité sur eux, c'est qu'il les avait commis tous, avec les autres grands
« criminels, horreur de tout dieu et de toute déesse. En conséquence,
« il lui a été appliqué le châtiment grand jusqu'à la mort, que les
« divines écritures disent devoir lui être appliqué. » (T. Ier, p. 9 et 10.)

La troisième page porte ces lignes :

« Il lui est arrivé de faire des écrits magiques pour
« repousser, pour tourmenter, de faire quelques dieux
« de Menh et quelques hommes (*de même substance*),
« pour faire paralyser les membres des hommes; de
« faire, par la main de l'esclave Kamen, ce que le
« Pharaon ne permet pas à un chef de maison de faire,
« et d'autres grands crimes, en disant : *qu'ils se pro-*
« *duisent*, et en les faisant *se produire* (1).

« Et il s'est appliqué à faire les méchancetés qu'il a
« faites, desquelles le Pharaon ne permet pas qu'il
« profite; et il s'est ingénié et a trouvé le véritable
« moyen pour toutes les abominations et toutes les
« méchancetés dont son cœur avait conçu la pensée,
« et il les a pratiquées réellement avec d'autres grands
« crimes.

« Les abominations qu'il a commises sont dignes de
« mort; ce sont les plus grandes abominations du
« monde celles qu'il a commises; par suite, il est con-
« vaincu des abominations dignes de mort qu'il a com-
« mises.

« Il mourra lui-même. »

Dans l'opinion de M. Chabas, la première de ces

---

(1) La phrase : *De faire par la main de l'esclave Kamen*, etc., inspire
à M. Chabas la réflexion suivante : « Déjà le *Rituel* nous avait appris
« que, même pour certaines cérémonies mystiques funéraires, il était
« interdit à celui qui les accomplissait de s'exposer aux regards d'un
« esclave. Le Pharaon, c'est-à-dire le pouvoir suprême qui faisait
« exécuter la loi, ne permettait pas même à un chef de maison l'accès
« ni l'étude des livres dans lesquels étaient consignés les secrets mysté-
« rieux de la science égyptienne. » (*Papyrus magique Harris*, p. 175.)

pages est l'œuvre d'un juge rapporteur et la seconde contient le réquisitoire de l'accusateur public. La troisième reproduit le texte de la sentence rendue par les juges.

Nous ne saurions accueillir ce système d'interprétation.

Suivant Diodore de Sicile, le dénonciateur, ou le citoyen qu'il avait chargé d'agir en son nom, rédigeait une plainte énumérant les circonstances du fait, exposant les preuves et se terminant par l'indication du dédommagement qu'il réclamait de la partie adverse ou de la justice répressive. Le défendeur, prenant connaissance de cette plainte, répondait également par écrit à chaque chef d'accusation. Le plaignant répliquait, l'accusé répondait de nouveau, et les juges, après avoir ainsi reçu deux fois l'accusation et la défense, délibéraient et rendaient un arrêt. Celui-ci était signifié par le président du tribunal, en imposant l'image de la déesse Saté (la *Vérité aux yeux fermés*) sur la tête de l'une des parties mises en présence. Celle qui recevait cet attouchement sacré obtenait gain de cause (1).

Si l'historien d'Agyre, dont aucune découverte moderne n'infirme ici le témoignage, a fidèlement dépeint les mœurs judiciaires de l'Égypte, les trois pages traduites par M. Chabas ne sont que des fragments d'un écrit beaucoup plus considérable.

Il se peut que la deuxième ligne du premier fragment renferme les paroles d'un magistrat inférieur,

(1) Voy. ci-dessus, t. Ier, p. 125 et suiv.

chargé de procéder à la publication du jugement ; mais les lignes suivantes, au lieu de reproduire les termes d'un rapport, nous donnent très-probablement une partie de la plainte rédigée par le dénonciateur des vols et des maléfices perpétrés par Haï. Dans le deuxième fragment, où l'on invoque le témoignage des magistrats qui avaient interrogé le coupable, nous voyons un passage de la réplique du demandeur, et nullement le réquisitoire d'un accusateur public, fonctionnaire dont l'existence près des tribunaux de l'Égypte pharaonique n'est pas démontrée. Le troisième et dernier fragment, qui se termine par une sentence capitale, renferme évidemment la décision du tribunal.

En admettant cette interprétation, tout s'explique et se coordonne d'une manière aussi simple que rationnelle. Le dénonciateur indique dans son acte d'accusation les crimes commis par Haï. Il énumère de nouveau ces crimes, en les accompagnant de qualifications plus énergiques, dans sa réponse aux moyens de défense produits par son adversaire. Enfin, le jugement, récapitulant à son tour les divers chefs d'incrimination, nous fait connaître des particularités nouvelles empruntées aux pages du papyrus qui ne sont pas venues jusqu'à nous. Le système de procédure décrit par Diodore se retrouve tout entier, et les premiers mots du papyrus ne sont plus que la fin d'une formule usitée pour la publication des jugements criminels.

Notre opinion est d'autant plus admissible que, dans un papyrus grec de l'époque des Lagides, déposé au Musée de Turin, on voit la mise en action des règles qui, au dire de Diodore, constituaient la procédure égyptienne (1).

Il est une autre opinion de M. Chabas que nous ne saurions admettre sans réserve.

« La loi égyptienne, dit-il, frappait de mort l'étude « seule et la pratique de la magie. Ce fait est exprimé « de la manière la plus formelle dans le texte que je « viens de traduire (2). »

Il nous semble que le savant égyptologue attribue au texte du papyrus une portée exagérée.

Quel est le caractère réel de l'accusation dirigée contre Haï?

On lui impute d'avoir fabriqué des philtres d'amour, d'avoir paralysé les membres des hommes, d'avoir commis de grands crimes, en disant : *Qu'ils se produisent,* et en les faisant *se produire.* Le châtiment qu'on lui inflige s'applique évidemment à des opérations magiques accompagnées de maléfices.

Or, dans la répression du crime de magie, les législateurs de l'antiquité n'ont pas tous suivi le même système. Chez les Hébreux, le fait seul de se livrer à des opérations magiques entraînait le supplice de la lapidation (3). A Athènes, à Rome sous la République, ailleurs encore, les œuvres magiques, pour devenir un crime capital, devaient être accompagnées de maléfices ayant causé un dommage à autrui (4).

(1) Voy. ci-dessus, t. Ier, p. 113.
(2) *Papyrus magique Harris,* p. 174.
(3) Voy. ci-dessus, p. 136.
(4) A Rome, les lois des Douze Tables punissaient celui qui, par

La condamnation de Haï atteste que les œuvres magiques de cette dernière espèce étaient sévèrement réprimées en Égypte. Mais le châtiment infligé à cet intendant ambitieux ne nous révèle, d'aucune façon, l'existence d'une loi érigeant en crime capital l'étude seule et la pratique inoffensive des arts occultes.

On peut présumer à bon droit que l'exercice de la magie, par d'autres que les « hommes des lettres se-« crètes, » était toujours un crime capital sur les rives du Nil, comme sur les bords du Jourdain. La sévérité des lois égyptiennes en matière de sacrilége, le caractère éminemment superstitieux du peuple, l'intérêt de la caste sacerdotale dépositaire des formules magiques, tout nous autorise à croire qu'on ne faisait pas, devant les tribunaux de l'Égypte, la distinction admise à Athènes et à Rome. Mais il n'en faut pas moins reconnaître que le texte du jugement traduit par M. Chabas laisse ce problème historique complétement intact. Ainsi que nous l'avons déjà dit, c'est pour des opérations magiques, accompagnées de maléfices, que Haï fut condamné à mourir.

enchantement, flétrissait les récoltes ou les attirait d'un champ dans un autre (Pline, *Hist. nat.*, XXVIII, 4; Senèque, *Natur. quæst.*, IV, 7; saint Augustin, *De Civit. Dei*, VIII, 19; Servius *ad Virg. Eclog.*, VIII, 99). La magie ne constituait point par elle-même un délit. Plus tard, les empereurs chrétiens se montrèrent beaucoup plus sévères. (Voy. W. Rein, *Das Criminalrecht der Römer*, pp. 901 et suiv., édit. de 1844.) — Pour Athènes, on peut consulter, entre autres, les plaidoyers de Démosthène contre Aristogiton.

C

(Tome II, page 44.)

LA PEINE DE MORT DANS LE TALMUD.

Les traditions rabbiniques concernant le nombre, le classement et le mode d'exécution des peines capitales ont été vivement contestées.

Ces dissidences trouvent leur point de départ dans le texte de l'Écriture.

Le Pentateuque renferme de nombreux passages où Moïse a parlé de la peine capitale. On y rencontre tour à tour la lapidation, le feu, le poteau, la mort sans autre désignation et le « retranchemènt du milieu du « peuple (1). »

Les crimes auxquels l'Exode, le Lévitique, les Nombres et le Deutéronome attachent expressément la peine de la lapidation sont au nombre de dix : l'idolâ-

___

(1) Nous avons parlé du retranchement, ci-dessus, p. 46.

trie (1), l'excitation à l'idolâtrie (2), la consécration des enfants à Moloch (3), la magie (4), l'évocation des esprits (5), la désobéissance obstinée aux parents (6), la profanation du sabbath (7), le blasphème (8), le viol de la fiancée d'autrui (9), l'inconduite de la femme attestée par l'absence des signes de la virginité au moment de la consommation du mariage (10). La forme du supplice n'est pas décrite avec précision, mais les termes employés par le législateur supposent toujours l'intervention de la multitude. Ordinairement il se contente de dire : « Les habitants de la ville leur jetteront des « pierres jusqu'à ce qu'ils meurent (11). » Quand il s'agit de punir ceux qui s'adonnent à la magie et à l'évocation des esprits, Moïse ajoute : « Leur sang retombera « sur eux (12). » Deux fois il ordonne aux témoins de jeter la première pierre ; c'est lorsqu'il s'occupe du culte des idoles et de l'excitation à l'idolâtrie. « Si quelqu'un, « dit-il,... veut vous persuader, en vous tenant en se-

(1) Exode, XX, 3-5 ; XXII, 20 ; XXIII, 24 ; XXXIV, 17. Deutéronome, IV, 15-19 ; V, 7-9 ; XVI, 22 ; XVII, 2-5.

(2) Deutéronome, XIII, 6-10.

(3) Lévitique, XVIII, 21 ; XX, 2. Deutéronome, XVIII, 10.

(4) Exode, XXII, 18. Lévitique, XIX, 31 ; XX, 27. Deutéronome, XVIII, 10-12.

(5) Lévitique, XX, 27, et les textes cités à la note précédente.

(6) Deutéronome, XXI, 18-21.

(7) Exode, XXXI, 13-17 ; XXXIV, 21 ; XXXV, 2. Lévitique, XXVI, 2. Nombres, XV, 32-36. Deutéronome, V, 12-14.

(8) Lévitique, XXIV, 14-16.

(9) Deutéronome, XXII, 23-27.

(10) *Ibid.*, XXII, 20, 21.

(11) *Ibid.*, XXI, 21 ; XXII, 21. Lévitique, XXIV, 16.

(12) Lévitique, XX, 27.

« cret ce langage : Allons et servons les dieux étran-
« gers,... ne l'écoutez pas, mais tuez-le. Que votre
« main s'élève la première contre le coupable pour le
« tuer, et que tout le peuple agisse ensuite. Accablez-
« le de pierres jusqu'à ce qu'il meure (1). Lorsque...
« un homme ou une femme commettent le mal devant
« le Seigneur et violent son alliance, en suivant les
« dieux étrangers..., vous amènerez à la porte de votre
« ville l'homme et la femme qui ont commis ce crime,
« et vous les accablerez de pierres jusqu'à ce qu'ils
« meurent... La main des témoins se lèvera la pre-
« mière contre eux, pour les tuer, et ensuite la main
« de tout le peuple réuni (2). »

La peine du feu se trouve deux fois mentionnée dans
le Lévitique. « Celui, dit Moïse, qui, après avoir
« épousé la mère, épouse encore la fille, commet un
« crime énorme ; avec du feu vous les brûlerez lui et
« elles (3). » Il ajoute : « Si la fille d'un prêtre se livre
« à la prostitution et déshonore le nom de son père,
« elle sera brûlée avec du feu (4). »

Le supplice du glaive ne se rencontre qu'une seule
fois, pour la répression de l'apostasie de toute une ville.
Le texte du Deutéronome, qui joue un si grand rôle
dans l'exégèse rabbinique, est ainsi conçu : « Si vous
« entendez dire de l'une de vos villes... que des gens
« pervers sont sortis du milieu de vous et ont conduit

____

(1) Deutéronome, XIII, 6-9.
(2) *Ibid.*, XVII, 2-7. Comp. Josué, VII, 25. Jean, VIII, 7.
(3) Lévitique, XX, 14.
(4) Lévitique, XXI, 9.

« à l'apostasie les habitants de leur cité,... informez-
« vous, et s'il est vrai et constant que cette abomina-
« tion a été réellement commise au milieu de vous,
« vous ferez passer les habitants de cette ville au tran-
« chant de l'épée, et vous la détruirez avec tout ce qui
« s'y rencontrera, jusqu'aux bêtes. Vous amasserez
« dans ses rues toutes les choses qui s'y trouveront et
« vous les brûlerez avec la ville, consumant tout en
« présence du Seigneur votre Dieu. Elle sera à jamais
« un monceau de ruines (1). »

Pour le supplice du poteau, on doit également,
comme nous l'avons déjà dit ailleurs, se contenter d'un
texte unique, qui ne spécifie pas même les cas où les
juges sont obligés d'infliger ce châtiment : « Si un
« homme, dit Moïse, a commis un crime qui mérite la
« mort, selon le droit, et que vous le tuiez et que vous
« le pendiez à l'arbre (*au bois*), vous ne laisserez point
« pendant la nuit son cadavre à l'arbre (*au bois*), mais
« vous l'ensevelirez le même jour ; car le pendu est une
« malédiction de Dieu, et vous ne profanerez pas la
« terre que l'Éternel votre Dieu vous a donnée en hé-
« ritage (2). »

La peine de mort, sans désignation ultérieure, est le
châtiment indiqué pour là répression de la désobéissance aux arrêts de la juridiction suprême (3), de la
prophétie exercée par orgueil et sans mission divine (4),

(1) Deutéronome, XIII, 12-15.
(2) *Ibid.*, XXI, 22-23.
(3) *Ibid.*, XVII, 12.
(4) *Ibid.*, XVIII, 20.

de la prophétie faite au nom des dieux étrangers (1),
de l'adultère (2), des coups portés au père ou à la
mère (3), des malédictions jetées aux parents (4), du vol
d'un Israélite (5), de l'homicide volontaire (6), de l'union
de l'homme ou de la femme avec un animal (7), de la
sodomie (8), de l'inceste avec la mère, l'épouse du père
ou la bru (9), des blessures mortelles causées par un
animal domestique, que son maître a laissé à l'abandon tout en connaissant ses vices (10), des actes de violence ayant amené la mort instantanée de l'esclave (11).
L'expression ordinairement employée est celle-ci :
« Qu'ils meurent de mort (12) ; » mais quelquefois le
législateur ajoute : « Son sang soit sur lui (*damav bo*) »
ou « leur sang soit sur eux (*demehem bam*) (13). »

De tous ces textes, envisagés dans leur ensemble,

(1) Deutéronome, XIII, 2-5 ; XVIII, 20.

(2) *Ibid.*, XXII, 22. Lévitique, XX, 10.

(3) Exode, XXI, 15.

(4) Lévitique, XX, 9. Exode, XXI, 17.

(5) Exode, XXI, 16.

(6) Exode, XXI, 12, 14, 23. Lévitique, XXIV, 17, 21. Nombres,
XXXV, 16-21. Deutéronome, XIX, 12.

(7) Exode, XXII, 19 Lévitique, XX, 15-16.

(8) Lévitique, XX, 13.

(9) Lévitique, XVIII, 7 ; XX, 11, 12. Deutéronome, XXII, 30 ;
XXVII, 20.

(10) Exode, XXI, 29.

(11) Exode, XXI, 20.

(12) *Moth jumath.*

(13) C'est le système qu'il a suivi pour la répression de la sodomie
(Lévitique, XX, 13), des malédictions jetées aux parents (Lévitique,
XX, 9 ; Exode, XXI, 17), de l'union de la femme avec un animal (Lévi-
tique, XX, 16), de l'inceste avec la mère, l'épouse du père ou la belle-
fille (Lévitique, XVIII, 7 ; XX, 11, 12. Deutéronome, XXII, 30 ;
XXVII, 20).

Michaëlis tire la conséquence que les rabbins ont
introduit dans le Talmud un système de répression
incompatible avec les lois de Moïse. A son avis, le
Pentateuque n'admettait que deux supplices capitaux,
la lapidation et le glaive, et ni l'une ni l'autre de ces
peines ne s'exécutaient suivant les formes indiquées dans
la Mischnah. Il soutient que le feu et la suspension au
poteau n'étaient qu'une flétrissure accessoirement infligée aux cadavres d'un petit nombre de suppliciés (1).

Le savant professeur de Gœttingue prétend que la
lapidation se faisait en Judée, comme elle se fait encore
aujourd'hui dans plusieurs contrées de l'Orient, où les
témoins, en jetant la première pierre, ne font que donner à la foule un signal toujours avidement accueilli.
Pour lui, l'échafaud de la hauteur de deux hommes,
la chute du condamné habilement ménagée, la lourde
pierre jetée sur la poitrine, la marche lente et solennelle vers le lieu de l'exécution, l'appel aux témoins à
décharge, toutes ces précautions et tous ces ménagements sont le produit de l'imagination patriotique des
rabbins. Quant à la décapitation par le glaive, elle est,
aux yeux de Michaëlis, une peine égyptienne, qu'on ne
voit figurer nulle part au nombre des châtiments appli-
cables aux Hébreux (2). En cas de meurtre, les Juifs
livraient le coupable au Goël, et rien n'atteste que
celui-ci fût obligé de le décapiter (3). Si le Goël faisait

(1) *Mosaisches Recht*, § 234.

(2) La peine égyptienne à laquelle Michaëlis fait allusion se trouve
mentionnée au v. 19 du c. XL de la Genèse. Nous avons déjà dit (t. Ier,
p. 141 ; t. II, p. 38) qu'il n'est pas certain que ce texte désigne la décollation.

(3) Nous examinons les attributions du Goël dans la note D ci-après.

défaut, ou s'il s'agissait d'un crime qui ne portait pas directement atteinte aux intérêts privés des familles, l'exécution s'opérait par la main des témoins. Comment ceux-ci auraient-ils effectué la décollation, sans en faire un spectacle plein d'horreur et de dégoût? La décapitation par le glaive suppose à la fois beaucoup de force et beaucoup d'adresse ; elle exige nécessairement l'institution d'un bourreau, et Moïse n'en a pas voulu. Salomon dit à Benaja : « Va, jette-toi sur Joab et tue-le. » Benaja obéit à cet ordre royal ; il arrache Joab de l'autel et lui plonge une épée dans la poitrine (1). C'est de cette manière que s'exécutait la peine du glaive. Quand une ville était condamnée à périr, pour avoir abandonné le culte de Jéhovah, tous ses habitants étaient ainsi exterminés (2).

Continuant à combattre le système des rabbins, Michaëlis avoue que le texte du Lévitique est de nature à laisser subsister un doute sur le point de savoir si le coupable était jeté vivant dans les flammes; mais, à son avis, ce doute se dissipe en présence du récit d'une exécution judiciaire que nous trouvons dans le livre de Josué. Un vol sacrilége ayant été commis à Jéricho, l'auteur encore inconnu de ce crime est condamné à périr par le feu. Le lendemain, on découvre le voleur, et le peuple, sous les yeux des chefs d'Israël, commence par le lapider; on brûle ensuite son cadavre et on dresse sur ses cendres un monceau de pierres, pour perpétuer le souvenir de son infamie. Michaëlis en con-

(1) 3 Rois, II, 25-31, 46.
(2) Deutéronome, XIII, 13-16.

clut que le supplice du feu n'était jamais infligé aux vivants. En somme, il n'admet le système de la Mischnah que pour le mode d'exécution de la peine du poteau (1).

Les jurisconsultes et les historiens se trouvent ainsi en présence de plusieurs systèmes inconciliables. Michaëlis réduit le nombre des peines capitales à deux, la lapidation et le glaive. Les rabbins, fidèles aux traditions de la Mischnah, y ajoutent deux autres modes d'exécution, l'étranglement et la mort par le feu. Enfin, un grand nombre de savants chrétiens, allant plus loin que Juda le Saint, arrivent à cinq et même à six supplices capitaux : la lapidation, le glaive, le feu, l'étranglement, la croix et le *kerith*.

Les controverses relatives à la croix et à la peine du *kerith* ayant déjà été discutées, nous examinerons simplement ici quelle est l'opinion qu'il importe de suivre à l'égard des autres peines capitales mentionnées dans la Mischnah.

En ce qui concerne la lapidation, les rabbins ont été les premiers à faire remarquer que le texte du Pentateuque n'attache pas expressément cette peine à tous les

____

(1) *Mosaisches Recht.* § 235. Indépendamment du récit de l'exécution d'Achan (Josué, VII, 15-25), Michaëlis invoque l'exemple de Thamar (Genèse, XXXVIII, 24). Nous en parlerons plus loin.

L'opinion de Michaëlis est partagée par De Wette (*Lehrbuch der Hebräisch-Jüdichen Archäologie*, § 166). Warnecros, au contraire, admet trois peines capitales : le glaive, la lapidation et l'extermination du milieu du peuple. Il émet cependant un doute à l'égard de la dernière de ces peines et n'en détermine pas la forme (*Entwürf der Hebräischer Alterthümer*, c. XIX, § 10-12).

crimes qui en sont frappés dans la Mischnah. Ils expliquent cette différence en disant que Moïse ordonne implicitement la lapidation dans tous les cas où, après avoir prescrit la mort sans autre désignation, il ajoute les mots suivants : « Que leur sang retombe sur eux ! » Ils arrivent ainsi à l'étendre à la sodomie, à l'union de la femme avec un animal, à la malédiction jetée aux parents et aux trois espèces d'incestes que nous avons indiquées (1). Cette explication n'est pas dénuée de valeur ; car Moïse, après avoir ordonné la lapidation de ceux qui s'adonnent à la magie et à l'évocation des esprits, ajoute réellement : « Que leur sang retombe « sur eux ! » Mais il n'était pas même nécessaire de se prévaloir de ce texte de l'Écriture. Quand la loi divine n'avait pas déterminé la nature du supplice, les rois et, à leur défaut, les magistrats nationaux avaient incontestablement le droit de prescrire les règles qu'ils jugeaient utiles ou indispensables. En agissant ainsi, ils ne violaient pas le précepte qui leur imposait l'obligation de conserver la loi, sans y ajouter et sans en retrancher un mot ; ils ne faisaient qu'user d'une liberté que le législateur avait accordée aux générations futures (2). Pour mettre ici le rédacteur de la Mischnah à l'abri de toute critique sérieuse, les rabbins pouvaient, comme Aben-Esra, dans son commentaire sur le Lévitique, se contenter d'invoquer les traditions d'Israël (3). Nous en dirons autant du mode d'exécution

(1) Voy. ci-dessus, p. 170 et 171, et Lévitique, XX, 9, 11, 12, 13, 16.
(2) Deutéronome, IV, 2 ; XI, 18 ; XXXI, 11.
(3) Jean-Benoît Michaëlis, père de l'auteur du *Mosaisches Recht*, tra-

décrit dans la Mischnah. Les textes du Pentateuque qui ordonnent la lapidation exigent à la fois le concours des témoins et celui de la multitude. Rien n'atteste, il est vrai, que, du temps de Moïse, le rôle des premiers fût déterminé avec une précision rigoureuse ; mais il ne s'ensuit pas que plus tard la jurisprudence, tout en observant strictement les prescriptions essentielles du législateur, fût privée du droit de régler l'intervention des témoins de manière à lui enlever l'apparence d'une cruauté surabondante, pouvant offrir des inconvénients à une époque de civilisation plus avancée. A défaut de preuves contraires, on peut admettre, au moins, que tel fut l'avis des Pharisiens, qui étaient très-audacieux en matière d'interprétation et exerçaient, dans la der-

duit ainsi une remarque faite par Aben-Esra, sur le v. 9 du ch. XX du Lévitique : *Opus habemus traditione patrum nostrorum in definiendis suppliciorum capitalium generibus, quoniam non possumus ea debita ratione definire ex Scriptura* (J.-B. Michaëlis, *Tractatio de judiciis pœnisque capitalibus in Sacra Scriptura commemoratis*, c. XI ; au t. XXVI du *Thesaurus antiquitatum sacrarum* d'Ugolini). Maïmonide, *Sanhédrin*, XIV, s'exprime à peu près dans les mêmes termes.

Pour arriver à une liste de dix-sept crimes punissables de la lapidation, les rabbins, comme nous l'avons dit, commencent par joindre aux cas expressément prévus par Moïse ceux où, après avoir ordonné la mort sans autre désignation, il ajoute : " Que leur sang retombe sur " eux. " Ils étendent ensuite la lapidation à la bestialité commise par l'homme, en disant que, puisque l'animal lui même doit être lapidé quand il a servi à assouvir les passions brutales d'une femme (Lévitique, XX, 16), on ne saurait se montrer plus indulgent pour l'homme qui pèche avec une bête. (Voy. les commentaires reproduits par Surenhusius, t. IV, p. 239.) Il est seulement étrange que la Mischnah (*Sanhédrin*, VII, 4), en énumérant les coupables qui doivent être lapidés, oublie la femme dont l'inconduite est découverte au moment de la consommation du mariage (Deutéronome, XXII, 20, 21).

nière période de l'existence nationale des Juifs, une influence décisive au sein du Sanhédrin (1). Il est un seul point où Juda le Saint, comme nous l'avons déjà dit, s'écarte ici manifestement des traditions juridiques de sa patrie; c'est lorsqu'il efface l'adultère du catalogue des crimes passibles de la lapidation, pour le placer au nombre des méfaits punis de l'étranglement (2).

A l'égard du nombre et de la nature des actes passibles du supplice du feu, la Mischnah nous présente une liste de dix crimes, tandis que le Lévitique ne place dans cette catégorie que la prostitution d'une fille de race sacerdotale et le commerce illicite avec la mère et la fille (3). La contradiction n'est pas aussi complète qu'on pourrait le croire au premier abord. La flétrissure imprimée aux rapports charnels avec la mère et la fille atteint en réalité celui qui abuse de sa propre fille, de la fille de sa femme et de la mère de celle-ci; de sorte que les dix infractions indiquées par Juda le Saint se réduisent, au fond, à huit. Mais il n'en est pas moins vrai que la jurisprudence hébraïque, en la supposant fidèlement rapportée, a fait ici une importante addition aux lois de Moïse. Dans le texte du Lévitique, les relations coupables avec les petites-filles, qui four-

---

(1) On sait que, sous prétexte de se conformer à l'esprit de la loi, ils arrivaient souvent à des interprétations bien plus audacieuses que celle que nous leur attribuons ici. (Voy. ci-dessus, t. Ier, p. 186.)

(2) Voy. ci-dessus, p. 44. Les Pharisiens étaient souvent d'une grande hardiesse. C'est à eux qu'appartient la maxime : « Le sabbath t'est « donné à toi, mais toi, tu n'es pas donné au sabbath. » (*Mechilta* sur *ki-tissa*, c. 1.)

(3) Voy. ci-dessus, p. 29.

nissent quatre espèces d'incestes au rédacteur de la Mischnah, ne sont punies que du *kerith* (1), et le Pentateuque, si explicite en cette matière, garde un silence absolu sur l'union illicite avec la mère du beau-père ou de la belle-mère. On peut alléguer que ces rigueurs nouvelles ont eu pour cause déterminante la corruption de plus en plus profonde des mœurs du peuple; mais, en fait et en droit, il est incontestable que le législateur inspiré des Hébreux s'était montré moins sévère.

Quant à la forme du supplice du feu, il est certain que le Pentateuque ne renferme pas un mot d'où l'on puisse induire que les coupables étaient préalablement lapidés. L'exemple d'Achan, fils de Carmi, cité par Michaëlis, est loin de fournir un argument plausible à l'appui de la thèse contraire. Achan, ayant dérobé des objets mobiliers destinés « au trésor de la maison de « l'Éternel, » c'est Dieu lui-même qui ordonne à Josué de punir le coupable et d'exterminer avec lui sa famille et tout ce qui lui appartenait. A la suite de cet ordre, « Josué et tout Israël avec lui, prenant Achan... et ses « fils, ses filles, ses bœufs, ses ânes, ses brebis, sa « tente et tout ce qui était à lui, les conduisirent dans « la vallée d'Hacor... Josué lui dit : Pourquoi nous « as-tu troublés? L'Éternel te troublera aujourd'hui... « Et tous les Israélites les assommèrent de pierres et « les brûlèrent au feu. Et ils dressèrent sur lui un « grand monceau de pierres, qui dure jusqu'à ce jour. « Et l'Éternel apaisa sa colère (2). » L'extermination

(1) Lévitique, XVIII, 10, 29.
(2) Josué, VI, 19 ; VII, 24-26.

de cette famille était un fait de guerre, une mesure de
salut public; c'était surtout un acte d'expiation religieuse, et nullement une condamnation judiciaire proprement dite. On chercherait en vain dans le Pentateuque un texte attachant la peine du feu au vol
sacrilége commis par Achan. Au lieu d'une ordonnance
de Moïse, c'était un commandement exprès de Dieu,
que le premier Juge d'Israël exécutait dans cette circonstance solennelle (1).

L'exemple de Thamar, également invoqué par Michaëlis, est moins décisif encore. Le texte de la Genèse,
aussi lucide que précis, désigne évidemment un feu
disposé autour de la femme vivante : « On vint dire à
« Juda : Thamar, votre belle-fille, est tombée en for-
« nication; car sa grossesse commence à paraître.
« Juda répondit : Qu'on la fasse sortir et qu'on la
« brûle (2). » C'est en vain que le célèbre auteur du
Mosaisches Recht prétend qu'il ne s'agissait que de brûler le cadavre de Thamar, parce que celle-ci devait,
suivant le droit de lévirat, être envisagée comme coupable d'adultère et punie de la lapidation. Rien ne
prouve, en effet, que, plusieurs siècles avant Moïse, le
feu ne fût pas, dans la terre de Chanaan, la peine ordinaire de l'adultère (3).

(1) Deutéronome, XXIV, 16. 4 Rois, XIV, 6. 2 Chroniques, XXV, 4.
—La famille entière, peut-être complice du crime de son chef, subit le
traitement réservé aux hommes et aux choses voués à l'anathème. (Lévitique, XXVII, 29. Nombres, XXI, 2-4. Deutéronome, VII, 25-26 ; XIII,
16, 17.)

(2) Genèse, XXXVIII, 24.

(3) L'adultère était puni du feu dans plusieurs législations primitives.
— Les Philistins brûlèrent la femme que Samson avait épousée et qui
avait abandonné son premier mari. (Juges, XV, 6.)

A moins de dénaturer les termes du Lévitique, il faut admettre que, dans les deux cas où il prescrit le supplice du feu, les condamnés étaient brûlés vivants. C'est, du reste, ainsi que Josèphe a compris le langage de Moïse (1).

Mais comment procédait-on à l'exécution de la sentence? Était-ce à l'aide du bûcher? Était-ce au moyen du plomb fondu? A ne consulter que le sens littéral des termes employés par Moïse, on est tenté de se prononcer en faveur du bûcher. Les mots « on les brû- « lera avec du feu » éveillent naturellement l'idée d'un feu consumant le corps d'un condamné vivant. Il se peut cependant que, plusieurs siècles après la promulgation du Lévitique, la jurisprudence eût modifié la forme primitive de ce supplice, en accueillant une innovation dans laquelle tous les rabbins célèbres se plaisent à voir un progrès réel. Comme le législateur des Hébreux, s'élevant bien au-dessus des coutumes de tous les peuples contemporains, n'avait nulle part prescrit l'emploi de tortures préalables à la mort, les magistrats pouvaient supposer que le précepte était rempli aussitôt que l'exécution se faisait à l'aide du feu (2). Maïmonide, qui possédait des connaissances médicales très-étendues, affirme que le métal fondu, amenant rapidement la mort, devait être préféré aux tortures lentes et atroces de la combustion extérieure; c'était, à ses yeux, le moyen de réaliser, jusque dans la

(1) *Antiq. jud.*, l. IV, c. 8 (καίεσθω ζῶσα).
(2) Saalschütz, *Das Mosaische Recht*, p. 460

punition des grands coupables, le précepte divin qui nous ordonne d'aimer notre prochain comme nous-mêmes (1). On cherche en vain les motifs qui auraient pu déterminer le rédacteur de la Mischnah à dénaturer les mœurs judiciaires de son pays, en leur attribuant un supplice qu'elles n'avaient pas connu. Pourquoi les écoles encore nombreuses de la Palestine auraient-elles immédiatement accepté et propagé ce mensonge? Comment, bientôt après, les célèbres et florissantes académies des bords de l'Euphrate se seraient-elles associées à cette œuvre de falsification sans portée et sans but? Cette unanimité des docteurs du deuxième et du troisième siècle à rejeter le bûcher, pour lui substituer le plomb fondu, serait un phénomène historique inexplicable. Le bûcher ne devait pas les faire rougir, puisqu'ils le trouvaient dans la législation criminelle de tous les peuples qui les entouraient. Loin de procurer à leurs ancêtres un renom de douceur et de sagesse, la préférence donnée au métal en fusion pouvait amener un résultat tout opposé ; car, quoi qu'en dise Maïmonide, les affreux détails de la peine du feu, telle qu'elle est décrite par Juda le Saint, ne sont pas de nature à produire une impression favorable sur l'esprit du lecteur. En somme, il serait téméraire, croyons-nous, de rejeter avec dédain une tradition qui ne se trouve con-

---

(1) *Sanhédrin*, XV. Il ajoute que, d'autre part, les docteurs d'Israël avaient été guidés par le désir de ne pas défigurer les parties extérieures des corps des suppliciés, suivant en cela l'exemple que Dieu lui-même leur avait donné lorsque ses flammes vengeresses vinrent punir les crimes des fils d'Aaron. (Lévitique, X, 1-6.)

tredite par aucun témoignage historique digne d'attention (1).

Arrivant au supplice du glaive, nous rencontrons encore une différence entre le Pentateuque et la Mischnah. Celle-ci fait du glaive le châtiment de deux crimes, l'apostasie collective et l'homicide volontaire (2). Le premier cas se trouve formellement indiqué dans le Deutéronome (3); mais le second n'a pas été prévu par Moïse. Dans son système de répression du meurtre, le coupable devait être livré au plus proche parent de la victime, pour être mis à mort. Acceptant ici, dans toute leur rigueur, les traditions de la vie patriarcale, il ne s'était pas même donné la peine de limiter la vengeance de la famille outragée, et l'on peut à bon droit supposer que le vengeur du sang versé, le *Goël*, appliquant le rude principe du talion, faisait souffrir au condamné toutes les tortures qu'avait endurées le parent assassiné. Mais le redoutable privilége du *Goël* est

___

(1) On peut tout au plus alléguer que l'exécution par le feu, limitée à deux cas spéciaux, doit toujours avoir été très-rare, et que, dès lors, la tradition manquait de faits assez nombreux pour se produire avec un caractère suffisant de certitude. Dans le texte même de la Mischnah, on voit le rabbin Eléazar contredire l'opinion commune, en se prévalant du fait qu'une tradition parvenue jusqu'à lui parlait d'une fille de prêtre qui, convaincue de prostitution, avait été brûlée sur un bûcher de sarments de vigne (Sanhédrin, VII, 2). Mais les autres docteurs lui répondirent que, si cette exécution avait eu lieu, elle dénoterait simplement l'influence abusive des Saducéens au sein du Sanhédrin de ce temps. — Les Saducéens, en effet, rejetaient les traditions orales pour s'en tenir exclusivement au texte du Pentateuque. (Voy. Josèphe, *Antiq. jud.*, l. XIII, c. 18.)

(2) Voy. ci-dessus, p. 29.

(3) XIII, 12-15.

mentionné pour la dernière fois sous le règne de David (1) ; il était tombé en désuétude après le retour de la captivité de Babylone, et, par une conséquence nécessaire, il fallait bien que l'assassin, à partir de ce moment, fût jugé par les tribunaux et exécuté sous leur surveillance. La loi nationale n'était pas violée par cette jurisprudence relativement moderne ; car si Moïse, en cas de meurtre, avait admis la légitimité de la vengeance individuelle, cette dérogation aux règles ordinaires n'était qu'une concession indispensable, mais temporaire, aux mœurs invétérées du Désert (2). Rien ne s'opposait à ce que les magistrats, placés dans une situation toute différente, fissent désormais du glaive l'instrument du supplice des meurtriers ; ils pouvaient même invoquer à l'appui de leur opinion le célèbre texte de la Genèse, où Dieu lui-même dit aux enfants de Noé : « Quiconque répandra le sang humain sera puni « par l'effusion de son propre sang (3). » Michaëlis se trompe en affirmant que les Juifs ne connaissaient pas la décapitation ; car Abimelech fit décapiter les soixante-dix fils de Gédéon sur la même pierre (4), et les habitants de Samarie décapitèrent les fils d'Achab, pour envoyer leurs têtes à Jéhu dans des corbeilles (5). Il n'est pas plus heureux dans les conséquences qu'il déduit de l'événement rapporté au troisième livre des

(1) 2 Rois, XIV, 5-7.
(2) Voy. la preuve à la note D ci-après.
(3) Genèse, IX, 6.
(4) Juges, IX, 5.
(5) 4 Rois, X, 7-8.

Rois. Quand Benaja perçait Joab de son glaive, c'était un ordre de Salomon et non pas la sentence d'un tribunal ordinaire qu'il mettait à exécution ; de plus, loin d'obéir et de tendre le cou, Joab avait embrassé les cornes de l'autel, et l'envoyé du souverain dut recourir à la violence pour l'en arracher. Peu importe encore l'absence d'un bourreau en titre dans l'organisation judiciaire de la Palestine. Aujourd'hui même, les races orientales ignorent les ménagements et les délicatesses des législations criminelles de l'Europe moderne. On méconnaîtrait profondément l'esprit général de l'antiquité, en allant chercher dans les prétoires de Jérusalem une philanthropie que nos propres tribunaux ne connaissent que depuis la fin du dix-huitième siècle ! Quand Moïse avait ordonné de remettre l'assassin aux mains du Goël altéré de vengeance, il ne s'était pas préoccupé de « l'art de la décollation. » Pas plus pour le glaive que pour la lapidation et le feu, on ne saurait, sans dépasser les limites d'une critique impartiale, mépriser les traditions judaïques consignées dans la Mischnah.

Nous en dirons autant de l'étranglement. Juda le Saint s'est trompé en appliquant ce châtiment à l'adultère et à l'accusation calomnieuse dirigée contre l'honneur d'une fille de prêtre. Le premier de ces crimes, comme nous l'avons déjà prouvé, était puni de la lapidation, et le second entraînait probablement le supplice du feu, suivant le texte du Deutéronome qui inflige au faux témoin la peine qu'il cherche à faire infliger à son frère (1). Mais la critique raisonnable et juste ne doit pas aller au delà de ce double reproche. S'il est vrai que l'Écriture ne nous fournit aucun exemple de l'application de cette peine à un Israélite, il faut bien admettre, d'autre part, qu'elle ne renferme pas un mot d'où l'on puisse induire quelles étaient les formes du supplice, quand le texte se bornait à prescrire la peine de mort sans autre désignation. Pour déterminer la nature du châtiment qui était alors infligé aux coupables, le meilleur et même l'unique moyen d'investigation consiste à interroger les traditions nationales des Juifs (2). On doit de nouveau se demander ici pourquoi de vieux docteurs, dont les pères pouvaient avoir vu le sac de Jérusalem, se seraient procuré l'étrange plaisir de doter d'un supplice imaginaire le système de répression en vigueur dans leur patrie ; pourquoi, même à l'époque où Juda le Saint vivait encore, toutes les écoles de la Palestine auraient bénévolement accueilli et enseigné ce mensonge. Si le mode d'exécution décrit dans la Mischnah s'écarte considérablement de la pratique suivie chez les autres peuples, surtout dans le monde

----

(1) Deutéronome, XIX, 17-20. — Nous avons déjà constaté que le rédacteur de la Mischnah a oublié de placer au nombre des crimes capitaux les mauvais traitements ayant amené la mort instantanée de l'esclave. Dans son système, cette infraction était punissable de l'étranglement, puisque Moïse l'avait frappée de la peine de mort sans désigner la forme du supplice. (Voy. ci-dessus, p. 45.)

(2) Au ch. IX de sa dissertation citée ci-dessus, p. 240, J.-B. Michaëlis, si peu favorable aux traditions rabbiniques, dit lui-même : *Interim licuit omnino Judæorum magistratibus, ubi lex mosaica capitale quidem supplicium decerneret, nec tamen genus supplicii determinaret, strangulationis pœnam rei dictitare.*

moderne, ce fait n'est pas de nature à légitimer un doute sérieux. Les jurisconsultes qui ont fait une étude, même superficielle, de l'histoire du droit pénal, savent que la bizarrerie des supplices n'est pas une raison suffisante pour nier leur existence. L'étranglement à l'aide de deux linges roulés en forme de corde était un mode d'exécution approprié à l'intervention obligatoire des témoins, et il serait téméraire d'affirmer qu'il fût plus douloureux que la pendaison, encore aujourd'hui usitée dans plusieurs pays de l'Europe. Nous avons vainement cherché un texte qui contredise les affirmations des rabbins à l'égard du quatrième et dernier supplice capital qu'ils attribuent à la législation criminelle de leurs ancêtres. Loin de là, l'étranglement se trouve mentionné dans le Livre de Job, et Josèphe nous apprend qu'Hérode fit étrangler ses deux fils Alexandre et Aristobule, après avoir arraché une sentence capitale à un simulacre de tribunal siégeant à Béryte (1).

En somme, rien ne s'oppose à ce qu'on admette, avec le rédacteur de la Mischnah, l'existence de quatre peines capitales dans les lois de Moïse : la lapidation, le feu, le glaive et l'étranglement. Mais faut-il également se conformer à la doctrine des rabbins dans le classement de ces peines, au point de vue de leur gravité respective ?

Dans le remarquable ouvrage qu'il a consacré à l'examen du droit mosaïque, M. Saalschütz enseigne que Moïse ne s'est pas préoccupé de la classification

____

(1) Job, VII, 15. Josèphe, *Antiq. jud.*, l. XVI, c. 17.

des peines capitales. Il prétend que le grand législateur des Hébreux, complétement étranger à l'idée d'établir une gradation dans les supplices, n'a tenu aucun compte du caractère plus ou moins douloureux du châtiment. Moïse, dit le savant professeur de Berlin, veut tantôt l'exécution par un seul, tantôt l'exécution par plusieurs, et il a fait son choix en conséquence. Si des individus isolés se livraient à l'idolâtrie, ils étaient lapidés; tandis que, si toute une ville commettait le même crime, la population était exterminée par le glaive, parce que la lapidation ne convenait plus. La mort par le glaive était encore la peine naturellement réservée à l'assassinat, parce que, dans les prévisions du Deutéronome, le plus proche parent était seul chargé d'exécuter la sentence des juges. Au contraire, la lapidation devait être préférée au glaive, quand Moïse, voulant agir plus efficacement par l'exemple, requérait le concours de la foule pour la répression des crimes plus particulièrement dirigés contre la religion ou les mœurs, tels que le blasphème et le culte des idoles (1).

Nous ne saurions accepter ce système. On peut, on doit même admettre que Moïse, en punissant l'idolâtrie, a tenu compte, d'une part, du nombre de ceux qui devaient subir la peine, et, d'autre part, du nombre de ceux qui étaient appelés à participer à l'exécution. Il serait difficile d'expliquer autrement le choix alternatif du glaive et de la lapidation pour le châtiment du même

____

(1) *Das Mosaische Recht*, c. LVIII, § 2, p. 457 en note, et § 3, p. 458.

crime. Mais il ne s'ensuit pas que le législateur eût perdu de vue le caractère plus ou moins douloureux du supplice, quand il s'agissait de punir des individus isolés, coupables de méfaits différents. Pourquoi, par exemple, ordonne-t-il·de faire mourir par le feu la fille de prêtre qui déshonore son père en se prostituant, tandis qu'il condamne à la lapidation la femme qui, coupable à la fois de débauche et de fraude, affecte la pudeur d'une vierge et se présente souillée par la luxure aux premiers embrassements de son époux? Par cela seul que Moïse fait choix de deux peines différentes, il est manifeste qu'il envisage l'une d'elles comme plus grave que l'autre, et dès lors, sans prétendre qu'il ait voulu procéder avec la précision rigoureuse des codes modernes, on doit admettre l'existence d'une classification des supplices capitaux dans la jurisprudence hébraïque. Cette conséquence est d'autant plus inévitable que la loi, après avoir successivement désigné la lapidation, le feu et le glaive, se contente, à diverses reprises, d'indiquer la peine de mort sans détermination ultérieure.

Le texte du Pentateuque gardant le silence, les rabbins ont comblé la lacune à l'aide de leurs traditions nationales. Au sommet de l'échelle pénale, ils placent la lapidation, parce que celle-ci, exigeant l'intervention de la foule et laissant un large champ aux raffinements de la vengeance populaire, pouvait, au gré des exécuteurs, amener très-lentement la mort du coupable. Immédiatement au-dessous, ils mettent la peine du feu, parce que celle-ci, quoique plus redoutable en appa-

rence, produisait rapidement la suffocation de l'accusé.
Ils arrivent ensuite à la décollation, laquelle, exécutée
par des mains presque toujours inexpérimentées, est à
son tour envisagée comme plus rigoureuse que l'étranglement.

Nous hésitons à rejeter cette classification parmi les
fables issues de l'imagination aventureuse des Pharisiens. En effet, loin d'être inconciliable avec les parties
essentielles de la jurisprudence hébraïque, elle y trouve,
en plus d'un point, une confirmation au moins indirecte.
Quand un homme, égaré par ses passions brutales,
corrompt la femme dont il a épousé la fille, il encourt
la peine du feu; mais si, commettant un acte beaucoup
plus révoltant encore, il oublie les lois de la nature et
de la pudeur au point d'entretenir un commerce inces-
tueux avec sa propre mère, il est lapidé (1). La lapidation était donc, aux yeux des Juifs, un châtiment plus
rigoureux que le feu, puisque, placés en présence de
deux crimes de gravité inégale, ils font lapider l'auteur
de l'acte le plus immoral et, par suite, le plus coupable. Aussi est-ce de la lapidation et non du feu que
Moïse lui-même punit l'abandon du culte national et
l'excitation publique à l'idolâtrie, deux faits qui, dans
l'organisation religieuse et politique qu'il destinait aux
Hébreux, devaient incontestablement lui apparaître
comme les plus grands et les plus dangereux de tous
les crimes. Sans doute, il est difficile de pousser cette
comparaison jusqu'au bout, en classant toutes les infrac-

---

(1) Mischnah, *Sanhédrin*, VII, 4, et IX, 1.

tions dans l'ordre de leur gravité respective. Mais les criminalistes savent que la perversité intrinsèque du délit n'est pas toujours et nécessairement le seul guide du législateur dans le choix des peines. On est obligé de tenir compte des habitudes, des penchants, des préjugés, de la fréquence des exemples, de la facilité plus ou moins grande de perpétrer l'infraction. Les causes de la criminalité varient à l'infini suivant les temps et les lieux, et les exigences de la pénalité se modifient nécessairement avec elles. En l'absence d'une classification claire et méthodique des peines dans le texte mosaïque, les exemples que nous avons cités présentent une valeur incontestable.

Nous ne voyons pas davantage un roman philanthropique dans le récit des cérémonies qui précédaient et accompagnaient l'exécution des condamnés. Nulle part, il est vrai, ailleurs que dans la Mischnah, on ne rencontre cet ensemble de formalités protectrices, cette accumulation de préceptes et de règles destinés à rendre les erreurs judiciaires aussi rares que le permettaient les mœurs du temps et les imperfections, malheureusement permanentes, de l'intelligence humaine. Mais, par contre, à défaut d'un récit complet, on trouve dans nos livres sacrés une foule de règles, de maximes et d'exemples qui viennent merveilleusement s'adapter au tableau si lucide et si bien coordonné qui nous a été transmis par Juda le Saint. Pour mettre ce fait en évidence, il suffit de grouper quelques textes relatifs à l'exercice du pouvoir judiciaire, disséminés dans toutes les parties de l'Écriture. Les juges siégeaient

ux portes de la ville (1). Ils s'assemblaient de bonne
eure (2). Ils devaient s'abstenir de boissons enivrantes
t même rester à jeun, quand ils avaient à statuer sur
n fait pouvant entraîner la peine de mort (3). La procédure était publique et verbale (4). L'accusé était présent et répondait aux assertions de son adversaire placé
à sa droite (5). Les témoins étaient obligés de déclarer
toutes les circonstances et tous les détails des crimes
commis en leur présence (6). S'il s'agissait de prononcer
une sentence capitale, la cause était remise à un autre
our (7). L'exécution des peines se faisait sans retard (8).
Elle avait lieu en dehors des murs de la cité (9). Les
uges y faisaient procéder sous leur surveillance directe (10), et il était sévèrement défendu de critiquer

(1) Deutéronome, XVI, 18; XXI, 19; XXII, 15; XXV, 7. Job, V, 4;
XXIX, 7. Ruth, IV, 1. Proverbes, XXII, 22. Zacharie, VIII, 16

(2) Psaume C, 8. Jérémie, XXI, 12.

(3) Isaïe, V, 22, 23. Ecclésiaste, X, 16. 3 Rois, XXI, 9.

(4) Exode, XVIII, 15, 16. Deutéronome, XXV, 1. 3 Rois, III, 16 et s.
saïe, XXIX, 21. Comp. Exode, XXIII, 1, 2.

(5) Deutéronome, I, 16; XXV, 1. 3 Rois, III 16 et s. Psaume CVIII,
5, 7. Jean, VII, 51.

(6) Lévitique, V, 1. Proverbes, XXIX, 24.

(7) Matthieu, XXVI, 66; XXVII, 1.

(8) Daniel, XIII, 41-47. Deutéronome, XXV, 2. Josué, VII, 16-25.
2 Rois, I, 13-16; IV, 9-12; XV, 3, 4. 3 Rois, II, 23 25, 28-34, 41 46; III,
24-25.

(9) Lévitique, XXIV, 14. Nombres, XV, 35. Deutéronome, XVII, 5;
XXII, 24. Josué, VII, 24. 3 Rois, XXI, 13. Epître de saint Paul aux
Hébreux, XIII, 12. Actes des Apôtres, VII, 57, 58. Il n'y avait d'excep-
tion que pour la fille dont l'inconduite avait souillé la maison pater-
nelle. Elle était lapidée devant la porte de ses parents (Deutéronome,
XXII, 21).

(10) Deutéronome, XXV, 2. Comp. 2 Rois, I, 13, 15; IV, 5 et suiv.

leurs décisions (1). Les condamnés à mort n'étaient pas exécutés les jours de sabbath et de fête légale (2). Pendant que Suzanne marche au supplice, Daniel la fait reconduire dans l'enceinte du prétoire, parce qu'il se déclare en mesure de produire de nouveaux moyens de justification (3). Josué, engageant Achan à confesser son crime, lui tient mot pour mot le langage que la Mischnah place sur les lèvres des Disciples témoins de l'exécution (4). Après la destruction des chairs, les ossements des descendants de Saül, crucifiés par les Gabaonites, sont portés au sépulcre de leurs ancêtres (5). Donnez le vin à celui qui va périr, dit le Livre des Proverbes (6), et saint Marc, racontant le crucifiement de Jésus-Christ, rapporte que les soldats lui présentèrent, sur le lieu même de l'exécution, du vin mêlé de myrrhe (7). Tous les Évangélistes ajoutent que Pilate, respectant les usages des Juifs, permit que le corps fût détaché de la croix, pour être enseveli avant la nuit (8). Enfin si, dans les derniers temps, nous voyons parfois des soldats remplir le rôle d'exécuteurs des jugements capitaux, il n'en est pas moins incontestable que l'intervention directe des témoins était requise par plusieurs

(1) Exode, XXII, 28.
(2) Matthieu, XXVI, 5. Jean, XIX, 31.
(3) Daniel, XIII, 45 et suiv.
(4) Josué, VII, 25.
(5) 2 Rois, XXI, 13, 14.
(6) Proverbes, XXXI, 6.
(7) Marc, XV, 23.
(8) Jean, XIX, 30 et suiv. Matthieu, XXVII, 57 et suiv. Marc, XV, 42 et suiv. Luc, XXIII, 50 et suiv.

textes formels du Pentateuque (1). Ne sont-ce pas là autant de traits isolés du vaste tableau tracé par Juda le Saint? S'il s'agisssait d'un événement appartenant à l'antiquité grecque ou romaine, et si l'on possédait, d'une part, un récit complet, de l'autre, un faisceau de témoignages irrécusables confirmant les détails essentiels de ce même récit, personne ne s'aviserait de mettre en doute la véracité de l'historien. Nous ne croyons pas qu'il faille se servir d'une autre mesure dans l'appréciation des monuments historiques et juridiques des Hébreux.

(1) Lévitique, XXIV, 14. Deutéronome, XVII, 7. — M. Saalschütz (c. LXI, p. 486, en note réfute péremptoirement l'opinion des archéologues qui ont attribué l'office de bourreau aux gardes royaux désignés sous les noms de *Kréthi* et de *Pléthi*. (2 Rois, VIII, 18; XX, 23. 3 Rois, II, 25, 29-34.)

D

(Tome II, p. 67 et 85.)

LA VENGEANCE DU SANG

DANS LA LÉGISLATION MOSAIQUE.

Quand on lit avec attention les lois strictes et rigoureuses, mais toujours justes et admirablement coordonnées, que les Hébreux reçurent des mains de Moïse,
on est tout étonné d'y rencontrer la vengeance individuelle au nombre des priviléges juridiques de la famille
nationale. En cas de meurtre, comme nous l'avons
déjà dit (1), le plus proche parent du mort n'était pas
obligé de recourir aux tribunaux pour obtenir la punition du coupable. Justement indigné de l'outrage infligé
à sa race, il pouvait à l'instant, sans jugement préalable, poursuivre et tuer l'auteur du crime. Il repré-

(1) Voy. ci-dessus, p. 85.

sentait à la fois la famille lésée et la loi violée par le
coupable : il était le messager de la justice, le vengeur,
le *rédempteur du sang*, le *Goël* (1).

Nous lisons dans le livre des Nombres :

« Si quelqu'un frappe un autre avec le fer, en sorte
« que celui qui aura été frappé en meure, il sera cou-
« pable d'homicide et il sera puni de mort.

« S'il jette une pierre et que celui qu'il aura frappé
« en meure, il sera puni de même.

« Si celui qui aura été frappé avec du bois meurt,
« sa mort sera vengée par l'effusion du sang de celui
« qui l'aura frappé.

« Le parent de celui qui aura été tué tuera l'homi-
« cide. Il le tuera aussitôt qu'il le rencontrera.

« Si quelqu'un frappe un autre par haine ou lui jette
« quelque chose par un mauvais dessein, ou si, étant
« son ennemi, il lui donne un coup de sa main et qu'il
« en meure, celui qui l'aura frappé sera mis à mort
« comme coupable d'homicide, et le parent de celui

(1) Michaëlis, *Mosaisches Recht*, §§ 131 et 136, fait dériver ce mot du
verbe *Gaal*, lequel, dans son sens primitif, signifie, selon lui, *souiller*.
Le plus proche parent était, dit-il, censé souillé du sang répandu, aussi
longtemps qu'il n'avait pas tiré vengeance du meurtre. Cette interprétation n'est pas généralement admise. Munk (*Description géographique,
historique et archéologique de la Palestine*, p. 217) et Oleaster (*Commentaria in Pentateuchum*, p. 601 ; édit. de 1589, traduisent *Goël had-dam*
par *Redemptor sanguinis*. M. Saalschütz, *Das Mosaische Recht*, c. LXI,
§ 1er, admet cette traduction. La véritable racine de *Goël* est *Ga-al*, qui
signifie *redemit, repetiit*. — La vengeance n'appartenait pas à tous les
membres de la famille ; elle ne pouvait être exercée que par le plus
proche parent. Dans tous les textes où il s'agit du Goël, ce mot se trouve
au singulier. (Voy. Osiander, *De Asylis Hebræorum* c. XXIX ; au
t. XXVI du *Thesaurus antiquitatum sacrarum* d'Ugolini.)

« qui aura été tué le pourra tuer, aussitôt qu'il le ren-
« contrera (1). »

C'est en vain que quelques Juifs modernes, entre autres M. Salvador (2), prétendent que ce texte ne donne pas au plus proche parent du mort le droit de tuer le meurtrier sans jugement préalable. Le langage lucide et précis du législateur dissipe tous les doutes. Le vengeur, le *rédempteur* du sang, le Goël, tuait impunément l'assassin *aussitôt qu'il l'avait rencontré* : bien plus, des préjugés populaires qui, aujourd'hui encore, exercent une influence considérable dans plusieurs contrées de l'Orient, lui faisaient un devoir d'user de son droit et de tirer promptement vengeance du sang versé, sous peine de se déshonorer aux yeux de sa famille et de ses concitoyens (3).

L'exercice du droit de vengeance, par un homme blessé dans toutes ses affections et parfois lésé dans tous ses intérêts, est de nature à produire des inconvénients d'une gravité considérable. Surexcité par la colère, égaré par des indices trompeurs, accueillant avec empressement les indications si souvent irréfléchies de la clameur publique, dépourvu de toutes les qualités d'un juge calme et impartial, le parent du mort est sans cesse exposé à frapper l'innocent au lieu du coupable ; et alors, le sang appelant le sang, la ven-

(1) Nombres, XXXV, 16-21.

(2) *Institutions de Moïse,* t. II, p, 64 ; édit. belge de 1829 (l. IV, c. 2).

(3) J.-B Michaëlis, *Commentatio ad leges divinas de pœna homicidii,* §§ 17-29. Nous parlerons plus loin de la vengeance privée chez les autres peuples de l'Orient.

geance succédant à la vengeance, un acte accompli sans réflexion peut devenir la source de toute une série de meurtres.

Comment donc le Goël, avec ses redoutables et dangereuses prérogatives, se rencontre-t-il dans les lois si belles et si sages de Moïse?

Constatons d'abord que cette légitimation de la vengeance individuelle n'a pas sa source dans le fragment du livre des Nombres que nous avons reproduit. Le droit du Goël n'est pas le résultat d'une loi promulguée au moment où Israël, après trente-neuf années d'épreuves et d'espérances, se trouvait pour ainsi dire au seuil de la terre promise. Le Goël existait incontestablement parmi les Hébreux, le lendemain du jour où ils traversèrent la mer Rouge, et il est plus que probable qu'ils connaissaient déjà ce rude vengeur du sang, lorsqu'ils gémissaient encore sous le joug des Pharaons. On le trouve, sinon nommé, du moins clairement désigné, dans l'une des premières lois publiées après la sortie de l'Égypte. C'est évidemment de lui que se préoccupe le texte sacré au vingt et unième chapitre de l'Exode, où nous lisons que « Dieu indiquera un lieu de refuge « pour servir d'abri à celui qui aura tué son prochain « par une rencontre imprévue et sans lui avoir dressé « d'embûches (1). » Puisque, comme nous l'avons vu ailleurs (2), l'homicide involontaire n'entraînait pas l'application d'une peine proprement dite, ce n'était pas contre

(1) Versets 12 et 13.
(2) Ci-dessus, p. 83 et 185.

la sentence des juges, mais uniquement contre la vengeance de la famille du mort, que l'auteur de cet homicide avait besoin d'obtenir un lieu de refuge. Dans le livre des Nombres, Moïse se borne à constater et à régulariser un usage préexistant (1).

Pour trouver l'origine du Goël, il faut remonter à l'époque la plus reculée de l'histoire biblique, c'est-à-dire au berceau même des institutions sociales.

Au temps des patriarches, le chef de la famille exerçait sur les siens un pouvoir qui n'avait d'autre frein que la crainte de Dieu, d'autres limites que les avertissements de la conscience. Il jugeait leurs différends et prenait les mesures nécessaires pour y mettre un terme (2). Il réprimait leurs écarts et prononçait même la peine de mort (3). Faisant des traités, contractant des alliances, déclarant la guerre, possédant des serviteurs armés, il jouissait de tous les droits essentiels de la souveraineté (4). Son pouvoir était d'autant plus grand qu'il exerçait en même temps le commandement et le sacerdoce. La bénédiction ou la malédiction tombant de ses lèvres était un infaillible oracle (5).

---

(1) Michaëlis (*Mosaisches Recht*, § 136) voit une allusion au Goël dans les craintes manifestées par Rebecca, lorsqu'elle fut informée des menaces de mort proférées par Esaü contre Jacob : « Pourquoi serais-je « privée de mes deux fils en un seul jour ? » (Genèse, XXVII, 45.) Kalthoff (*Handbuch der Hebraïschen Altherthümer*, § 66, p. 343) fait remonter le droit du Goël jusqu'au verset 6 du chap. IX de la Genèse.

(2) Genèse, XXI, 10 et suiv. Job, XXIX, 12 et suiv.

(3) *Ibid.*, XXXVIII, 24.

(4) *Ibid.*, XIV, 14-24 ; XXI, 22-32 ; XXVI, 26-31 ; XXXIV, 9.

(5) *Ibid.*, VIII, 20 ; IX, 25-27 ; XV, 9-10 ; XXII, 13 ; XXVII, 27-29 et 39-40 ; XLVIII, 15, 16, 20 ; XLIX, 1-27. Job, I, 5.

Au sein de la tribu, l'autorité tutélaire du patriarche, introduite par la nécessité, sanctionnée par les mœurs, garantie par la religion, suffisait ainsi à toutes les exigences de la répression du meurtre. Mais cette autorité ne s'étendait pas au delà du territoire toujours restreint où la tribu avait momentanément dressé ses tentes ; elle devenait impuissante, illusoire, quand le coupable, franchissant un étroit espace, cherchait un refuge, toujours facile à trouver, au milieu d'autres tribus indifférentes ou hostiles. Alors la poursuite implacable du Goël pouvait seule suppléer à l'insuffisance du pouvoir du chef de la famille ; et comme, chez les races civilisées, on ne recule jamais longtemps devant les conséquences d'un fait indispensable, la légitimité de la vengeance individuelle, en cas de meurtre, ne tarda pas à obtenir l'assentiment universel. Dans l'immensité du désert, au sommet des montagnes, dans les profondeurs des forêts et des cavernes, au foyer hospitalier de l'étranger, partout où le meurtrier portait ses pas, le vengeur du sang se jetait sur ses traces et venait réclamer l'expiation du crime. Messager de la justice divine, il se constituait l'exécuteur du redoutable précepte donné aux premiers descendants de Noé : « Celui qui aura répandu le sang humain sera « puni par l'effusion de son propre sang (1). » Il cherchait le coupable avec l'acharnement du chasseur qui poursuit sa proie ; car la terre elle-même, souillée par le meurtre, restait impure jusqu'à ce que le sang eût

(1) Genèse, IX, 6.

été lavé par le sang (1). La vengeance du proche parent était un élément de sécurité, un moyen de répression indispensable à cette époque lointaine.

Sans doute, à mesure que les tribus, en se multipliant et en se rapprochant, arrivaient lentement à l'organisation d'une justice régulière, en d'autres termes, à mesure que la fuite rencontrait plus d'obstacles et offrait moins de chances d'impunité, le terrible privilége du Goël devenait moins nécessaire. Mais cependant, à cette époque plus rapprochée de nous, son intervention présentait encore d'incontestables avantages. C'était l'association de la famille des victimes au rôle de répression et d'expiation déféré aux juges nationaux ; c'était un moyen d'intimidation souverainement efficace dans une société rude et pleine de violences, où la punition des forfaits était loin d'être aussi bien assurée qu'au sein des populations agglomérées du monde moderne. On commençait, il est vrai, à entrevoir le caractère antisocial du délit ; de l'idée restreinte de la famille, on s'élevait par degrés à l'idée large et féconde de l'unité nationale ; mais on n'en restait pas moins privé des éléments indispensables à l'organisation d'une police judiciaire intelligente et active.

Tel était probablement l'état réel des choses au moment de la promulgation des lois que nous rencontrons dans le Deutéronome et le livre des Nombres.

En présence de cette situation, que fit le législateur inspiré des Hébreux ?

____

(1) Nombres, XXXV, 33-34.

Supprimer le droit jusque-là reconnu du Goël ; interdire la vengeance individuelle, même en cas de meurtre, c'eût été formuler un précepte nouveau, avec la certitude de le voir fouler aux pieds par une nation éminemment turbulente et vindicative ; c'eût été, d'autre part, au sein d'une société dépourvue d'une police judiciaire convenablement organisée, porter une atteinte sérieuse à la sécurité publique. Moïse maintint, en conséquence, le droit du Goël ; mais, tout en conservant le vengeur du sang, il régla et limita son action de manière à enlever à celle-ci, autant que possible, tous les inconvénients qu'elle pouvait entraîner.

Soustraire à la vengeance du sang l'auteur d'un meurtre involontaire ; imposer au Goël, autant que les mœurs de la nation le permettaient, l'obligation de subordonner son intervention au jugement préalable de la justice régulière, même en cas d'assassinat : tel était le double but que Moïse voulait atteindre.

A cette fin, il ordonna l'établissement de six villes de refuge, trois en deçà et trois au delà du Jourdain (Kédès, Sichem et Hebron dans les tribus de Nephtali, d'Éphraïm et de Juda ; Betzer, Ramoth et Golan dans les tribus de Ruben, de Gath et de Manassé). Placées à des distances à peu près égales, chacune d'elles se trouvait au centre d'une troisième partie du pays situé de chaque côté du fleuve, « afin que le fugitif eût tou-
« jours un lieu voisin où il pût se retirer en sûreté. » C'étaient six villes saintes, choisies parmi les quarante-huit cités assignées aux Lévites. Destinées à servir d'asile aux malheureux, elles participaient, au dire de

Philon, de la majesté du temple. Les chemins qui y conduisaient devaient être *rendus aisés*, pour que l'homme poursuivi par le Goël ne rencontrât aucun obstacle dans sa fuite (1).

Aussitôt que l'auteur d'un homicide atteignait les faubourgs de l'une de ces villes de refuge, le Goël perdait son droit de vengeance. Il était désormais obligé d'attendre la décision des juges.

Parvenu à la porte de la ville, le fugitif, Juif ou étranger résidant parmi les Juifs, s'adressait aux juges

(1) Nombres, XXXV, 11-15. Deutéronome, XIX, 1-7. Josué, XX, 7-8. Philon, *De specialibus legibus*, p. 790 (*Opera Philonis*, Franc., 1691). Maïmonide, *Moré nebochim*, IIIe part., c. XXXIX, affirme que les quarante-huit cités des Lévites étaient toutes des villes d'asile, avec cette seule différence que, dans les six villes que nous avons citées, le fugitif devait être reçu et logé gratuitement; tandis que, dans les autres, on était libre de ne pas le recevoir, même provisoirement, et dispensé de lui fournir un logement, si on le recevait. Il n'est pas possible de concilier cette interprétation avec le texte clair et précis de l'Écriture. Josèphe (*Antiq. jud.*, liv. IV, c. 7) et Philon (*De præmiis et honoribus sacerdotum, in fine*), plus rapprochés des événements, ne parlent que de six villes de refuge. Voy. les chapitres XV et XVI de la dissertation d'Osiander, citée ci-dessus, p. 259. Les rabbins, s'appuyant sur les traditions orales de leurs ancêtres, nous donnent une foule de détails sur le régime intérieur et même sur les abords des villes de refuge. A tous les endroits où les chemins qui y conduisaient se croisaient avec d'autres, des poteaux indicateurs étaient dressés avec l'inscription *Miklat* (salut, évasion). Le fugitif se faisait accompagner de deux ou trois sages, pour apaiser les parents du mort, s'ils parvenaient à l'atteindre en route. Il était défendu de fabriquer des armes dans une ville de refuge, de peur que, sous prétexte de venir en acheter, on ne se procurât l'occasion de tuer l'homme qui y avait cherché un asile, etc. Voy. Ugolini, *Tractatus de pœnis Gemara hierosolymitana illustratus, nunc primum ex hebraïco latine reddita,* chap. V, p. 190-192. Thomas Godwin, *Moses et Aaron, cum notis Henr. Hottingeri*, liv. II, c. V, p. 328-330 (t. III et XXV du *Thesaurus antiquitatum sacrarum*).

de la cité et leur rendait compte des motifs de son arrivée (1). Si les juges, à la suite d'un examen sommaire, croyaient qu'il n'avait pas volontairement commis le meurtre, ils lui accordaient leur protection, lui assignaient provisoirement une demeure et le faisaient ensuite conduire, sous bonne escorte, devant les magistrats du lieu où l'infraction avait été commise. Si ceux-ci, à leur tour, imprimaient au fait le caractère d'un meurtre accidentel, le fugitif était ramené dans la ville de refuge, où il continuait à résider jusqu'à la mort du grand-prêtre. Alors seulement il pouvait, sans craindre la vengeance du Goël, retourner dans sa demeure et reprendre l'administration de son patrimoine. C'était une sorte d'exil temporaire, destiné à produire un double résultat : laisser à la colère des parents du mort le temps de se calmer et inspirer à chacun le désir de veiller constamment sur ses actes, de manière à ne pas commettre même un homicide involontaire. Aussi, quand le fugitif, avant la mort du grand-prêtre, franchissait les limites de la ville, le Goël reprenait ses droits et pouvait impunément le mettre à mort (2).

(1) Deutéronome, XIX, 5. Josué, XX, 4, 5, 6. Je me suis servi à dessein de l'expression *Juif ou étranger résidant parmi les Juifs*. Les docteurs hébreux enseignent que le texte ne s'occupe que des Juifs et des prosélytes. Plusieurs interprètes chrétiens pensent, au contraire, que la disposition était applicable à tous les étrangers qui demeuraient sur le territoire des Juifs, et leur opinion me semble confirmée par le livre des Nombres (XV, 15, comb. avec XXXV, 15). Voy., ci-dessus, p. 94 et 95.

(2) Nombres, XXXV, 11-15, 22-28, 32. Deutéronome, XIX, 4-10. Josué, XX, 1-9. — Grotius *(Ann. ad. Vet. Test.*, sub cap. XXXV Num.) prétend que, si le fugitif quittait la ville, il pouvait être mis à mort par le premier venu. Il nous semble difficile de concilier cette opinion avec

La position du suppliant était toute différente, quand il avait commis un homicide volontaire. L'asile était inexorablement refusé à celui qui versait de propos délibéré le sang de son semblable. Les juges auxquels les magistrats de la ville de refuge avaient renvoyé la cause livraient le coupable au Goël, et celui-ci le faisait mettre à mort ou le tuait de sa propre main ; car, même dans l'hypothèse d'un homicide involontairé, la responsabilité dérivant de l'effusion du sang ne pouvait être rachetée à prix d'argent. Par un sentiment élevé de la dignité de l'espèce humaine, le législateur des Hébreux avait voulu que la vie de l'homme restât toujours en dehors des stipulations des parties intéressées. Le riche et le pauvre étaient placés sur la même ligne. Le premier ne pouvait, à l'aide de ses richesses, se

le sens littéral et naturel du v. 27 du chap. XXXV des Nombres. Josèphe (*Ant. jud.*, liv. IV, c. 7) dit positivement le contraire. Le droit de vengeance n'appartenait qu'au Goël.

Quelques docteurs juifs donnent d'étranges raisons à l'appui de la loi qui prolongeait l'exil de l'auteur de l'homicide jusqu'à la mort du grand-prêtre. Maïmonide (*Moré nebochim*, IIIe part., c. XL) dit que le décès du souverain pontife était la source d'un deuil tellement profond et universel, que tous les autres sentiments disparaissaient devant lui. (Voy. les autres opinions dans la dissertation de Krumholz, intitulée : *Sacerdotium Hebraïcum*, p. 98 et suiv. ; au t. XII du *Thesaurus* d'Ugolini.)

J'ai émis l'avis que le fugitif était jugé par les magistrats du lieu ou le meurtre avait été commis. L'opinion qui attribue la connaissance de la cause aux juges de la ville de refuge me paraît être inconciliable avec le v. 25 du chap. XXXV des Nombres, ainsi conçu : « Il sera délivré, « comme étant innocent, des mains de celui qui voulait venger le sang « répandu, et il *sera ramené par sentence dans la ville où il s'était* « *réfugié...* » Dom Calmet (*Commentaire littéral des Nombres*, p. 378 ; édit. in-4°) indique les arguments allégués de part et d'autre. — Voy. le Siphra, dans le *Thesaurus d'Ugolini*, t. XV, p. 440-442, et la Mischnah, *Maccôth*, II, 6.

soustraire au châtiment qu'il avait mérité ; il ne pouvait pas même échapper à l'obligation de résider dans une ville de refuge jusqu'à la mort du grand prêtre, s'il était l'auteur d'un homicide involontaire (1).

On avouera qu'il n'était pas possible d'atteindre plus admirablement le double but du législateur. Indépendamment de l'autel, qui fut toujours un lieu d'asile et de protection, l'homme qui avait donné la mort à son semblable pouvait immédiatement se diriger vers une ville de refuge, toujours située à une faible distance. Là le Goël devait cesser de le poursuivre, sous peine de payer lui-même le prix du sang. S'il était déclaré innocent, sa vie se trouvait désormais en sûreté. S'il était, au contraire, déclaré coupable de meurtre, une sentence régulière le mettait aux mains du Goël, et celui-ci, devenant ainsi l'exécuteur d'un arrêt de la justice nationale, échappait de son côté à la vengeance de la famille du condamné. De même que tous les abus inhérents à la vengeance individuelle, les haines héréditaires étaient écartées, autant que le permettaient les passions ardentes des races orientales (2).

La vengeance du sang fut, en effet, de temps immé-

______

(1) Deutéronome, XIX, 11, 12, 13. Nombres, XXXV, 31-32, et le *Commentaire littéral* de Dom Calmet sur ces derniers versets.

(2) A côté du privilége des villes de refuge, j'ai placé l'immunité de l'autel. (Exode, XXI, 13, 14. 3 Rois, I, 50 ; II, 28-34. 4 Rois, XI, 12, 15.) En effet, les deux priviléges continuèrent à subsister simultanément. Philon (*De legat. ad Caïum*, p. 1040 ; édit. cit.) nous apprend que même sous la domination de Caligula, le temple était encore un lieu d'asile. Mais l'autel, pas plus que les villes de refuge, ne procurait l'impunité aux assassins. (Exode, XXI, 14. 3 Rois, II, 28-32.)

morial, l'une des coutumes les plus enracinées chez plusieurs peuples de l'Orient.

Chez les Arabes voisins de la Palestine, où le Goël portait le nom de *Taïr* (1), l'impunité du meurtre imprimait à la famille du mort une tache indélébile. Pardonner à l'assassin, accepter la rançon du sang, c'était trafiquer de l'honneur des siens; c'était se couvrir de la double honte de l'avarice et de la lâcheté. Dans les poëmes nationaux, où les idées et les aspirations des Arabes se manifestent si clairement de siècle en siècle, trois vertus sont célébrées par-dessus toutes les autres : la valeur, l'hospitalité et *l'ardeur à venger le sang*. Pour atteindre et tuer le coupable, toutes les manœuvres sont autorisées, tous les moyens deviennent licites. La trahison, le mensonge, la perfidie, le parjure même, se transforment en vertus, quand le Taïr en a besoin pour arriver à ses fins. Les poëtes les plus harmonieux se plaisent à décrire les supplications, les angoisses et les douleurs du meurtrier terrassé par le vengeur; ils exaltent le Taïr qui plonge et retourne lentement le couteau dans les entrailles de son ennemi vaincu (2). Mahomet, malgré l'immense empire qu'il exerçait sur ses partisans, ne réussit

(1) Ou, suivant un autre système de prononciation, *Thsaïr* (Michaëlis, *Mosaisches Recht*, § 131).

(2) Michaëlis, *Mosaisches Recht*, § 134 ; Michaëlis, *Arabische chrestomathie*, 2ᵉ édit., pp. 67-114 ; Warnecros, *Entwurf*, etc., chap. XX, § 7 ; Kalthoff, *Handbuch*, etc., § 66 ; De Wette, *Lehrbuch der Hebraïsch-Judischen archæologie*, § 177 ; Rosenmüller, *Das alte und neue Morgenland*, t. II, p. 286 et suiv. ; Noël Desvergers, *Arabie*, p. 109 et suiv. (dans la collection de l'*Univers pittoresque*.)

jamais à modifier à cet égard les idées et les passions d'une grande partie de ses compatriotes. S'écartant ici de la loi de Moïse, il engagea vainement les croyants à consentir au rachat de la vie de l'assassin : les mœurs, plus fortes que les lois, triomphèrent de tous les efforts du prophète et de ses successeurs. Des tribus entières prenaient fait et cause pour l'un des leurs et organisaient un vaste système de sanglantes représailles (1).

Plusieurs savants, entre autres Michaëlis, Warnecros, De Wette et Rosenmüller, citent une foule d'autorités pour prouver que la légitimité de la vengeance individuelle, en cas de meurtre, a été admise, jusqu'au dix-neuvième siècle, par les Persans, les Circassiens, les Abyssins et plusieurs populations musulmanes de l'Inde (2). On pourrait dire, en thèse générale, que cette opinion se rencontre nécessairement chez tous les peuples où les passions sont ardentes et où les institutions judiciaires ont conservé les formes de la civili-

(1) A l'égard de la punition du meurtre volontaire, le Koran renferme les règles suivantes. La famille du mort peut entrer en composition avec le meurtrier; celui-ci paye alors une amende à fixer de commun accord. Mais le plus proche parent du mort n'est pas obligé d'accepter cette satisfaction. Il peut exiger que le meurtrier lui soit livré pour être mis à mort (*Koran*, Sourate II, v. 173-175; XVII, 35. Voy. encore XVI, 128). Quant à l'homicide involontaire, il doit être expié par une amende et par la délivrance d'un captif musulman. La *Sonna* fixe cette amende à cent chameaux à distribuer entre les parents du mort suivant la loi des héritages. Si l'auteur de l'homicide involontaire est pauvre, il doit jeûner pendant deux mois (*Koran*, Sourate IV, 94). Voy. Sale, *Observations historiques et critiques sur le mahométisme*, sect. VI ; au t. I des *Livres sacrés de tous les peuples*, publiés par l'abbé Migne.

(2) Voy. la note 2 de la p. 270. On trouve aussi, pour l'Abyssinie, de curieux exemples dans l'*Introduction historique à l'étude de la législation française*, de V. Hennequin, t. I, p. 570 et suiv. (Paris, 1841).

sation primitive. Aussi bien que les peuples de l'Asie, les races occidentales ont longtemps connu ce régime (1). Chez les Grecs, au temps d'Homère, les parents du mort tiraient vengeance du meurtre, et leur pardon mettait l'assassin à l'abri de toute poursuite. Ajax, blâmant l'humeur altière d'Achille, prononce ces remarquables paroles : « Héros sans miséricorde ! n'accepte-« t-on pas la rançon du meurtre d'un frère ou même « d'un fils? Le meurtrier ne reste-t-il pas parmi le peu-« ple lorsque son ennemi consent à calmer son âme en « recevant une riche rançon (2)? « Au quinzième chant de l'*Odyssée*, Théoclymène dit à Télémaque : « J'aban-« donne ma patrie, où j'ai immolé un citoyen d'une « puissante famille. Ses nombreux frères... habitent « Argos, féconde en coursiers, et exercent un grand « pouvoir sur les Grecs. Je fuis pour éviter de leurs « mains la mort et la sombre Parque... Reçois-moi « sur ton navire, je t'aborde en suppliant; car sans « doute ils me poursuivent (3). » Chez les Romains, les hommes les plus austères étaient unanimes à excuser le meurtre commis pour venger le sang d'un père, d'un fils ou d'un frère (4). Huit siècles plus tard, dans un

(1) Dans ses *Études sur les développements de la société humaine*, M. Kœnigswarter prouve ce fait pour les Germains, les Celtes, les Scandinaves, les Slaves, les Russes et les populations primitives de l'Amérique (p. 56 et suiv.).

(2) *Iliade*, IX, v. 633-37.

(3) *Odyssée*, XV, v. 271-78. Trad. de M. Giguet. Pausanias fait plusieurs fois allusion à l'antique usage constaté par Homère (l. V, c. I; l. VII, c. 34).

(4) Cicéron, *Pro Milone*, III ; IV *in Catil.*,6. Valère Maxime, VIII, 1. Ammien Marcellin, XXIX, 2. Aulu-Gelle, XII, 7.

empire chrétien, Charlemagne, parvenu à l'apogée de la puissance et de la gloire, essaya vainement de proscrire la vengeance individuelle du meurtre, jusque-là autorisée par les coutumes nationales (1).

Pour juger avec impartialité l'œuvre des législateurs du monde ancien, il faut se rappeler les idées, les mœurs, les traditions et les besoins des peuples au milieu desquels ils vivaient ; il faut surtout tenir compte de la pénurie et de l'imperfection des matériaux qu'ils pouvaient faire entrer dans la construction de l'édifice. Quand on suit ce procédé à l'égard des lois de Moïse, la conservation du terrible privilége du Goël, même au point de vue exclusif de la science, se laisse aisément justifier. Le grand législateur des Hébreux voulait, autant qu'il le pouvait sans amener le mépris de ses préceptes, adoucir et régulariser la vengeance du sang. L'histoire atteste que le but de ses nobles efforts fut complétement atteint. On ne trouve pas dans les annales d'Israël ces haines héréditaires et ces longues séries de meurtres, si fréquentes chez les nations voisines de la Palestine. L'Écriture ne renferme qu'un seul exemple d'assassinat accompli sous prétexte de venger la mort d'un frère (2).

On ne peut déterminer avec précision l'époque où le

______

(1) Chap. XXII du *Capitulaire* de 779, XXXII du *Capitulaire* de 802, VI du quatrième *Capitulaire* de 805, XIII du premier *Capitulaire* de 819. — Montesquieu (*Esprit des lois*, liv. XXX, c. 19) n'a pas exactement rapporté la législation des Francs sous les rois de la première race. Voy. la XIIᵉ dissertation, placée par M. Pardessus à la suite de son Commentaire de la loi salique, p. 651 et suiv.

(2) 2 Rois, II, 19-23 ; III, 26-27.

Goël cessa de figurer dans la procédure criminelle des Juifs. Il est certain qu'il existait encore sous les rois (1) ; mais alors l'exercice du droit de vengeance rencontrait un nouvel obstacle dans l'autorité royale, despotique en fait, sinon en droit. Un fragment du deuxième livre des Rois atteste, à l'évidence, qu'un ordre du souverain suffisait pour arrêter le bras du Goël prêt à frapper sa victime. Une femme de Tékoah dit à David : « O roi! « aide-moi. Je suis une femme veuve, et mon mari est « mort. Votre servante avait deux fils qui se sont que- « rellés dans les champs, et il n'y avait personne pour « les séparer : l'un a frappé l'autre et l'a tué. Et voici « que toute la famille se soulève contre votre servante, « en disant : Donne-nous celui qui a frappé son frère, « afin que nous le mettions à mort, à cause de la vie « de son frère qu'il a tué. Ils veulent ainsi éteindre le « charbon vif qui m'est resté, afin qu'ils ne laissent « point de nom à mon mari, et qu'ils me privent de « tout soutien sur la terre. » David lui répond : « Va- « t'en en ta maison, et je donnerai mes ordres en ta « faveur... Aussi vrai que l'Éternel est vivant, pas un « cheveu ne sera arraché de la tête de ton fils (2)! » L'autorité du souverain était donc une nouvelle garantie ajoutée à celle qui résultait déjà du privilége de l'autel et de l'institution des villes de refuge.

Loin d'être une preuve d'ignorance, un indice de barbarie, un impardonnable oubli des principes fonda-

(1) Voy. les textes cités à la note précédente et le troisième livre des Rois, II, 5-6.
(2) 2 Rois, XIV, 4-11.

mentaux du droit pénal, les règles établies par Moïse
pour restreindre la vengeance du sang constituent un
progrès réel dans le développement historique de la
législation criminelle. Montesquieu ne s'y est pas
trompé. « Les lois de Moïse, dit-il, furent très-sages.
« Les homicides involontaires étaient innocents; mais
« ils devaient être ôtés de devant les yeux du parent
« du mort. Il établit un asile pour eux. Les grands
« criminels ne méritent point d'asile, ils n'en eurent
« pas (1). »

(1) *Esprit des lois*, l. XXV, c. 3.

E

CONSEILS DONNÉS A MOISE PAR JETHRO.

Plusieurs interprètes soutiennent que les magistrats inférieurs ne jugeaient que les affaires purement civiles et temporelles ; ils prétendent que Moïse seul avait le droit de statuer sur les causes qui se trouvaient en rapport avec la religion nationale.

Ce système d'interprétation est principalement basé sur ces paroles de Jethro : *Esto tu populo in his quæ ad Deum pertinent, ut referas quæ dicuntur ad Eum ; ostendasque populo ceremonias et ritum colendi* (1).

Le texte hébraïque, littéralement traduit, donne le résultat suivant : « Soyez au peuple en la présence de « Dieu et rapportez à Dieu les paroles du peuple. Vous « leur expliquerez les préceptes et les lois. »

Il est évident qu'il ne s'agit pas ici de la réserve d'un simple droit de juridiction. Jethro voulait que

(1) Exode, XVIII, 19-20.

Moïse restât seul le législateur et le guide inspiré
d'Israël. Il désirait que le libérateur des Hébreux con-
servât seul le privilége de prendre directement les
ordres de Dieu, comme Moïse le fit, en effet, dans une
foule de circonstances, notamment quand le peuple
demanda quelle peine on devait infliger au violateur
du sabbath saisi dans le Désert (1). S'il était permis
d'appliquer le langage du prêtre de Madian aux préoccu-
pations du monde moderne, nous pourrions le résumer
de la manière suivante : « Conservez la plénitude de
« votre pouvoir constituant. »

Les recommandations de Jethro concernant les prérogatives judiciaires qu'il voulait conserver à Moïse se
trouvent dans une autre partie de son discours ; elles
sont ainsi formulées : « Qu'ils (les juges) rendent la
« justice au peuple en tout temps ; qu'ils vous rappor-
« tent les causes importantes, et qu'ils ne jugent que
« les affaires de moindre conséquence, afin que le far-
« deau, étant ainsi partagé, vous devienne plus
« léger (2). »

On ne trouve là aucune distinction entre les affaires
religieuses et les affaires civiles, distinction qui ne pouvait exister sous le gouvernement théocratique du législateur d'Israël, puisque tous les préceptes sans distinction étaient le produit d'ordres immédiats de Dieu.
Aussi le texte, après avoir constaté que Moïse fit tout
ce que Jethro lui avait ordonné, ajoute-t-il, en parlant

(1) Nombres, XV, 32-35.
(2) Exode, XVIII, 22.

des juges nouvellement institués : « Ils rendaient la
« justice au peuple en tout temps, et rapportaient à
« Moïse tout ce qui se rencontrait de plus difficile, ne
« jugeant que les affaires les plus aisées (1). » Les
théologiens des trois derniers siècles, en interprétant
les textes de l'Ancien Testament relatifs à l'exercice du
pouvoir judiciaire, étaient visiblement dominés par la
crainte de nuire aux prérogatives de la juridiction
ecclésiastique.

D'autres interprètes, prenant pour guide des traditions dépourvues de valeur historique, réservent à
Moïse les causes suivantes : celles qui regardent le
culte, celles où il est besoin de modérer la rigueur de
la loi par quelque adoucissement, celles où il s'agit de
la peine de mort, et enfin les appels des sentences rendues par les juges ordinaires (voy. Dom Calmet,
Commentaire littéral, Exode, XVIII, 26). Nous croyons
avoir assez prouvé que le texte ne comporte aucune de
ces distinctions.

On doit toutefois admettre que ce régime n'était pas
tellement absolu que Moïse ne pût jamais, en sa qualité
de lieutenant de Dieu et de dépositaire du pouvoir
suprême, exercer directement et immédiatement un
acte de juridiction criminelle. Nous le voyons, en effet,
condamner à mort un blasphémateur (2) et un violateur
du sabbath (3).

Voyez encore ci-après, les notes G, K et L.

(1) Exode, XVIII, 26.
(2) Lévitique, XXIV, 11-23.
(3) Nombres, XV, 32 et suiv.

F

(Tome Ier, page 211.)

UNE LACUNE DANS LE TEXTE DU PENTATEUQUE.

Nous croyons que les textes du Pentateuque qui se rapportent à l'institution des magistrats, chargés de juger les Israélites pendant leur voyage dans le Désert, ne renferment pas toutes les règles qui, à cette occasion, furent tracées par Moïse.

Au début du Deutéronome (1), le législateur d'Israël, après avoir rappelé au peuple assemblé l'institution des premiers juges, ajoute : « Je vous ordonnai alors « tout ce que vous aviez à faire. » Il avait donc donné aux Hébreux des instructions qui ne sont point reproduites dans l'Exode et le Deutéronome. On peut déduire la même conséquence d'un passage du livre de Josué : « Il (Josué) lut tout haut toutes les paroles de la loi... « Il n'omit rien de tout ce que Moïse avait commandé

(1) I, 18.

« de dire ; mais il *expliqua toutes choses* devant tout le
« peuple d'Israël, devant les femmes, les enfants et les
« étrangers qui demeuraient parmi eux (1). »

Nous ajouterons que les écrits de Josèphe ne sont
pas de nature à dissiper les doutes qui existent au sujet
de l'organisation et de la compétence des premiers tribunaux institués par Moïse. Le récit de l'historien des
Juifs est à la fois incomplet et inexact. Il fait dire à
Jethro : « ... Les juges décideront les différends ordi-
« naires, et lorsqu'il s'en rencontrera de plus impor-
« tants, on pourra les renvoyer devant les princes du
« peuple. Que s'il s'en présente quelques-uns plus
« difficiles encore et qu'ils ne puissent pas résoudre,
« vous vous en réserverez la connaissance (2). » Tel
n'est pas le langage que l'Écriture met sur les lèvres du
prêtre de Madian. Celui-ci n'a point placé les princes
du peuple entre Moïse et les juges ordinaires. Josèphe
a visiblement altéré le document historique le plus
important qu'il eût à sa disposition pour composer cette
partie de son livre.

Puisque la Bible ne renferme pas toutes les règles
tracées par Moïse et que, d'autre part, le langage de
l'historien des Juifs laisse beaucoup à désirer, il n'y a
pas lieu de s'étonner des nombreuses controverses qui
divisent les interprètes modernes.

Voy., pour la valeur du témoignage de Josèphe, la
note R ci-après.

(1) Josué, VIII, 34, 35.
(2) *Antiq. jud.*, l. III, c. 3.

G

(Tome Ier, page 216.)

PRÉTENDU CARACTÈRE SACERDOTAL DES TRIBUNAUX
DE LA PALESTINE.

Beaucoup d'interprètes des trois derniers siècles, craignant toujours de compromettre les prérogatives de la juridiction ecclésiastique, ont eu tort d'attribuer aux tribunaux inférieurs de la Palestine, institués d'après les ordres de Moïse, un caractère sacerdotal qui ne résulte nullement du texte de nos livres sacrés.

Moïse ordonne d'établir des tribunaux *dans chaque ville*, et il appelle à y siéger les *Anciens de la ville*. Il faut à la fois faire violence à la langue, à la logique et au bon sens pour appliquer ces derniers mots aux lévites et aux prêtres, à qui le législateur avait assigné des résidences particulières (1). En dehors des quarante-huit villes qui leur étaient échues en partage,

(1) Deutéronome, XVIII, 1, 2. Nombres, XXXV, 2, 8. Josué, XIII, 14 ; XXI, 1 et suiv. 1 Paralipomènes, VI, 54 et suiv. 2 Paralipomènes, XI, 13, 14.

les lévites remplissaient les fonctions de greffiers et de
schoterim (voy., pour ces derniers, la note H) ; mais les
juges étaient pris parmi les Anciens du pays. Après la
sortie d'Égypte, Moïse choisit les juges « parmi tout le
« peuple (*miccol ha-'am*), parmi tout Israël (1). » Pourquoi aurait-il brusquement changé d'avis, au moment
où il s'agissait de déterminer le caractère des tribunaux sédentaires de la Palestine ? Pourquoi aurait-il
étendu les attributions de la tribu de Lévi précisément
à l'heure où celle-ci allait se séparer de la masse du
peuple ?

Les textes qu'on oppose à notre opinion n'ont aucu-
nement la portée qu'on leur attribue. Nous en citerons
quelques-uns à titre d'exemple.

Au chapitre XXI du Deutéronome, où Moïse détermine les cérémonies expiatoires à accomplir quand
on trouve le cadavre d'un homme assassiné par une
main inconnue, se trouve un passage (verset 5) que la
Vulgate traduit ainsi : *Accedentque sacerdotes filii Levi,
quos elegerit Dominus Deus tuus ut ministrent ei et bene-
dicant in nomine ejus, et ad verbum eorum omne nego-
tium et quicquid mundum vel immundum est judicetur.*
Le texte hébraïque, plus concis et plus énergique,
semble dire : « ... et selon leur parole, on jugera tout
« différend et toute plaie. » On en conclut que ces derniers mots attestent la grande autorité des prêtres dans
le jugement de toutes les affaires civiles et criminelles (2).

(1) Exode, XVIII. 21, 25.
(2) Voy. Dom Calmet, sous ce texte.

La conclusion est forcée. Dans le cas qui nous occupe, les prêtres devaient être présents, puisqu'il s'agissait d'immoler une victime (versets 3 et 4); mais les Anciens de la ville, c'est-à-dire les juges du pays, étaient également présents, et c'étaient eux qui, après l'immolation de la victime, prononçaient la formule : « Nos mains n'ont pas répandu ce sang et nos yeux ne « l'ont point vu répandre... (verset 7). » Quant aux mots hébraïques que nous avons traduits par *différend* et par *plaie*, ils ont un sens très-obscur, et ils peuvent fort bien se référer ici aux attributions du sacerdoce en matière d'impureté et de lèpre, comme le suppose clairement l'auteur de la Vulgate dans la version que nous venons de reproduire (1). Cette interprétation est d'autant plus naturelle que, dans le fragment du Deutéronome qu'on nous oppose, il s'agit précisément de purifier un canton souillé par l'effusion du sang humain. Les questions relatives au pur et à l'impur occupaient une grande place dans la vie des Juifs. L'image choisie par le prophète Aggée suffirait au besoin pour nous en fournir la preuve (2).

« Si un faux témoin, dit le Deutéronome, accuse un « homme de prévarication, les deux parties se présen- « teront devant le Seigneur, en la présence des prêtres « et des juges qui seront en ce temps-là, et lorsque, « après une très-exacte recherche, ils auront reconnu « que le faux témoin a avancé une calomnie contre « son frère, ils le traiteront comme il avait dessein de

(1) Voy., à cet égard, les chap. XIII et XIV du Lévitique.
(2) Aggée, II, 12, 13.

« faire traiter son frère... (1). » Voilà bien la preuve,
dit-on, que les prêtres étaient juges des matières con-
tentieuses les plus difficiles ! Or, pour faire disparaître
tous les embarras et mettre ce passage en parfaite harmonie avec l'ensemble du Pentateuque, il suffit de
traduire ici : *ou des juges*, au lieu de : *et des juges*, ce
qui peut se faire sans difficulté, en employant, comme
au verset 12 du chapitre XVII, ּ dans la signification
de אוֹ. Toutes les objections qu'on déduit de ce passage
se dissipent alors à l'instant même (2). Quant à l'expression « se présenter devant le Seigneur, » elle désigne
simplement, dans le sens où elle est employée ici, le fait
de comparaître devant les juges, auxquels l'Écriture a
plus d'une fois attribué le titre « d'hommes de Dieu (3). »

Pour les passages que Michaëlis invoque au § 49 de
son ouvrage (1 Paralipomènes, XXIII, 3, 4 ; XXVI,
29-32. 2 Paralipomènes, XIX, 4-11 ; XXXIV, 13), la
réponse est plus facile encore. Au verset 13 du chapitre XXXIV du deuxième livre des Paralipomènes, il
s'agit de travaux de réparation à effectuer au Temple,
et il était naturel que les lévites en eussent la surveillance. Ce texte doit donc être complétement écarté du
débat. Nous en dirons autant des versets 8 à 11 du
chapitre XIX du même livre, qui concernent l'organisation du tribunal central et n'ont rien de commun
avec les tribunaux régionaux, les seuls qui nous

(1) Deutéronome, XIX, 16-19.
(2) Voy. t. Ier, p. 212 et suiv.
(3) Exode, XXI, 6 ; XXII, 28. Deutéronome, I, 17. 2 Paralipomènes,
XIX, 6.

occupent en ce moment (voy., pour le tribunal suprême, le fragment 1). Quant aux versets 3 et 4 du
chapitre XXIII du livre premier, ils ne prouvent absolument rien contre notre système d'interprétation. Il est
vrai que le dénombrement du peuple, opéré sous le
règne de David, constata que, sur 38,000 lévites âgés
de plus de trente ans, 6,000 exerçaient les fonctions
de juges et de *schoterim*; mais ce fait n'a rien qui doive
nous étonner. Si l'on attache, comme nous l'avons fait
sur le témoignage de Josèphe, deux lévites aux tribunaux de toutes les villes; si l'on se rappelle, en même
temps, que les lévites devaient choisir dans leur propre
tribu les juges des quarante-huit villes qu'on leur avait
attribuées, et qu'un grand nombre d'entre eux remplissaient les fonctions de *schoterim* dans toutes les parties
du pays; si l'on se souvient enfin que les bourgades
décorées du nom de ville étaient tellement nombreuses
que la seule tribu de Juda en comptait plus de cent
sur son territoire, on peut même être surpris d'appren-
dre que le nombre total des juges et des schoterim de
la tribu de Lévi ne s'élevait qu'à 6,000. Aussi le savant
professeur de Gœttingue n'a-t-il guère tardé à tomber
dans une singulière contradiction. Aux §§ 35 et 49, il
pose en principe que les juges étaient ordinairement
choisis dans la tribu de Lévi, tandis que, au § 57, il ne
fait plus siéger les lévites que dans « certains tribu-
« naux supérieurs, *peut-être* présidés par les fils de
« David (1). » La vérité est que dans les deux livres

____

(1) M. Warnecros (*Entwurf der Hebraïschen Altherthümer*, c. XVII,

des Paralipomènes, comme dans le Pentateuque, nous voyons distinctement, à côté des juges lévites, figurer d'autres juges laïques tirés des principales familles d'Israël (1).

Nous croyons inutile de nous étendre davantage. Quelques passages, plus ou moins obscurs, détournés de leur véritable signification, ne sauraient prévaloir contre les textes formels de l'Exode et du Deutéronome que nous avons cités à l'appui de notre thèse.

Ainsi que nous l'avons dit, deux lévites étaient attachés à chaque tribunal, pour tenir les écritures et expliquer, au besoin, aux magistrats le sens réel de la loi nationale. C'était une mesure conforme aux mœurs du temps et surtout au rôle que les descendants de Lévi étaient appelés à jouer dans un pays où la religion réglait tous les actes de la vie de l'homme, depuis le berceau jusqu'à la tombe. Les prêtres et les lévites étaient les gardiens et les interprètes de la loi divine (2). Mais Michaëlis va beaucoup trop loin quand il fait des lévites une « noblesse lettrée » (§ 42) et qu'il affirme que les juges étaient habituellement fournis par leur tribu (§ 35).

---

§ 5) commet la même erreur ; il compose le tribunal suprême exclusivement de prêtres. Dans les lévites cités au premier livre des Paralipomènes (XXIII, 4 ; XXVI, 29-31), il voit les membres « de hautes cours « d'appel instituées par David ! »

(1) 1, XXVI, 29-32 ; 2, XIX, 8.

(2) Deutéronome, XVII, 18 ; XXXI, 9, 10-13 ; XXXIII, 9, 10. 2 Esdras, VIII, 9. Ezéchiel, XLIV, 23, 24.

H

(Tome 1er, page 46.)

LES SCHOTERIM.

———

Il est assez difficile de traduire exactement le mot *schoterim*, qu'on rencontre tant de fois dans l'Ancien Testament. Les Septante nomment ces fonctionnaires γραμματοεισαγωγεύς. La Vulgate se sert des mots *præfecti, magistri, præpositi*. Les interprètes chrétiens leur ont attribué une foule de noms plus ou moins équivalents : *magistratus administri, apparitores, statores, monitores*, etc. M. Saalschütz (1) les appelle *Beamte*, et M. Frankel (2) se sert du mot *Aufseher*. *Schoterim* est le pluriel de *schoter*, que Michaëlis fait dériver de la racine arabe *satar, écrire*, parce qu'ils étaient chargés de tenir les tables généalogiques (3).

Nous croyons avoir exactement déterminé leurs

(1) *Das Mosaische Recht*, p. 58.
(2) *Der gerichtliche Beweis*, p. 66.
(3) *Mosaisches Recht*, § 51.

attributions judiciaires. Ces fonctions n'étaient pas les seules qu'on leur eût confiées. Au moment du combat, ils proclamaient les ordres et transmettaient les instructions des chefs (1). Déjà en Égypte, on voit les *schoterim* chargés de la surveillance des actes et des travaux du peuple (2). Plus tard, ils sont nettement distingués des juges et des autres chefs de la nation (3). Il y en avait dans toutes les tribus (4) et dans toutes les villes (5). Au premier livre des Paralipomènes, nous les voyons figurer au service des rois (6).

Un grand nombre de lévites se trouvaient dans leurs rangs (7).

(1) Deutéronome, XX, 5-9. Josué, I, 10 et suiv.; III, 2-4.

(2) Exode, V, 6, 10, 14, 19.

(3) Nombres, XI, 16. Deutéronome, I, 15; XX, 9; XXXI, 28. Josué, I, 10; XXIII, 2.

(4) Deutéronome, I, 15.

(5) *Ibid.*, XVI, 18.

(6) XXVII, 1.

(7) 1 Paralipomènes, XXIII, 3, 4. 2 Paralipomènes, XIX, 11; XXXIV, 12.

I

ERREURS COMMISES AU SUJET DE LA COMPOSITION

ET DES ATTRIBUTIONS

DU TRIBUNAL SUPRÈME DE LA PALESTINE.

Beaucoup d'auteurs, même parmi ceux du siècle actuel, se permettent d'affirmer que Moïse institua deux sortes de tribunaux : un tribunal local composé d'Anciens de la ville, un tribunal supérieur et central composé de prêtres (1). Il suffit cependant de lire le chapitre XVII du Deutéronome pour savoir que les prêtres n'étaient pas seuls appelés à l'exercice de la juridiction suprême. On serait resté dans les voies de la modération et de la vérité, si l'on s'était borné à dire que, par cela seul que Moïse plaçait le siége du tribunal central à côté du sanctuaire, il manifestait assez clairement le désir d'y faire entrer quelques membres de la tribu de Lévi. Aussi voyons-nous, plusieurs siècles plus tard, le roi Josaphat appeler en même temps au sein de ce tribunal des chefs laïques et des prêtres (voy., pour

(1) Voy. Warnecros, *Entwurf der hebraïschen Alterthümer*, c. XVII, § 5.

les détails, la note L). Les lévites étaient obligés de s'adonner à l'étude incessante des livres sacrés, et c'était à eux que Moïse, dans ses bénédictions prophétiques, avait confié le dépôt des *jugements de Jacob et des lois d'Israël* (1). Mais il n'en est pas moins vrai que l'on cherche en vain dans le Pentateuque un seul mot qui s'oppose à l'organisation d'un tribunal suprême composé d'éléments exclusivement laïques. A l'exception de Héli et de Samuel, les Juges et les rois, qui exercèrent longtemps la plus haute juridiction, n'appartenaient pas à la tribu de Lévi.

Grotius prétend que les juges inférieurs ne devaient renvoyer la cause au tribunal suprême que lorsqu'il s'agissait d'une question de droit : *Non de facti*, dit-il, *sed de juris quæstionibus hic agitur* (2) ; et Dom Calmet, adoptant cette interprétation, ajoute : « Les questions « de fait s'examineront toujours mieux sur les lieux « et par les juges ordinaires que par les juges éloi- « gnés (3). » C'est encore une de ces distinctions empruntées aux législations modernes et dont on ne trouve aucune trace dans les lois mosaïques. Le système judiciaire adopté par Moïse était beaucoup plus simple. On peut le résumer en quelques mots : compétence absolue des juges locaux pour toutes les questions qu'ils se croyaient capables de résoudre ; intervention du tribunal suprême, pour les causes dont la solution offrait des difficultés exceptionnelles.

(1) Voy. les textes cités p. 286, note 2.
(2) *Annotata ad Vetus Testamentum*, t. Ier, p. 148.
(3) Sous le v. 8 du chap. XVII du Deutéronome.

K

(Tome 1ᵉʳ, page 222.)

CARACTÈRE LAÏQUE DES JUGES D'ISRAËL.

Parmi les chefs d'Israël qui, suivant un usage assez commun dans l'antiquité, empruntaient leur titre de Juge (*schofet*) à l'une de leurs principales fonctions en temps de paix, on ne voit figurer qu'un seul prêtre, Héli; car il est douteux que Samuel, appartenant à la tribu de Lévi, ait été revêtu du sacerdoce. On trouve, au contraire, des Juges appartenant aux tribus de Juda, de Benjamin, de Manassé, d'Issachar, de Sebulon, etc., et il arriva même que cette haute dignité fut confiée à une femme (1).

Il est incontestable que, sur le territoire soumis à leur autorité, les Juges rendaient la justice en dernier ressort; mais nous ignorons si le double ordre de juri-

(1) Juges, III, 9, 15, 31; IV, 4 et suiv.; VI, 11 et suiv.; X, 1-3; XI, 5; XII, 8, 11, 13, 15; XII, 2 et suiv.; XV, 20.

diction prescrit par Moïse était suivi à cette époque d'anarchie, de violence et d'oppression (1).

Les Juifs n'étaient pas le seul peuple de l'antiquité qui avait donné le titre de Juges aux dépositaires de la puissance souveraine. Nous nous contenterons de citer les *Suffètes* des Phéniciens et des Carthaginois, dont le nom dérive manifestement du mot *schofet*, juge (2).

(1) Voy. Juges, III, 10 ; IV, 4,5 ; X, 2,3 ; XII, 7 et suiv. ; XV, 20.
(2) Voy Tite Live, l. XXX, c. 7 ; Aristote, *Politique*, l. II, c. 11 ; Selden, *De diis syris*, prolég., c. 11.

L

(Tome Ier, page 226.)

TRIBUNAL SUPRÊME INSTITUÉ PAR JOSAPHAT.

Dans sa *Dissertation sur la police des Hébreux,* placée en tête du livre des Nombres, Dom Calmet affirme que Josaphat établit dans Jérusalem deux tribunaux supérieurs, l'un de prêtres et de lévites, l'autre de princes des familles de la nation(1). Dans son Commentaire sur le verset 10 du chapitre XIX du deuxième livre des Paralipomènes, il ajoute que Josaphat distingue fort clairement entre la juridiction ecclésiastique et la juridiction civile.

Cette opinion est complétement erronée. Josaphat n'a pas institué deux tribunaux suprêmes; il n'en a créé qu'un seul, en se conformant exactement aux prescriptions de Moïse. Il se contenta de décider que

______

(1) Page IX.

le grand-prêtre Amarias aurait la présidence du tribunal, quand celui-ci serait appelé à se prononcer sur des affaires en rapport direct avec le culte divin ; tandis que, dans toutes les autres circonstances, la présidence devait appartenir à Zabadias, chef de la maison de Juda : mesure sage, prudente et n'ayant rien de contraire au texte du Deutéronome, puisque Moïse avait laissé dans le domaine du législateur futur le droit de régler les formes de l'exercice de la juridiction suprême (1).

Dans l'organisation éminemment théocratique du gouvernement des Juifs, il n'y avait pas, à proprement parler, de juridiction civile distincte de la juridiction religieuse. La loi divine révélée à Moïse embrassait tous les actes de la vie, et la violation de ses préceptes, quels qu'ils fussent, était une atteinte aux croyances nationales. Ainsi que l'a dit fort bien M. Derenbourg, « d'après la nature du droit civil dans une législation « révélée, la cour de justice est en même temps un « synode religieux (2). » Commettre un délit, c'était pécher contre l'Éternel (3). (Voy., pour d'autres détails, la note M.)

(1) Le texte porte (v. 11) que Zabadias présidera « dans les affaires « qui regardent le roi. » L'ensemble du fragment prouve clairement que ces mots désignent les affaires temporelles. Dom Calmet lui-même est forcé d'en faire l'aveu. Sous le verset 10, il s'exprime ainsi : *Pour les affaires qui regardent le roi*, c'est-à-dire, *pour le civil, pour la police.*

(2) *Essai sur l'histoire et la géographie de la Palestine*, p. 84.

(3) Lévitique, VI, 2.

M

(Tome Ier, page 228.)

INTERPRÉTATION D'UN FRAGMENT DU LIVRE DE JÉRÉMIE.

Dom Calmet, dans sa *Dissertation sur la police des Hébreux*, s'exprime ainsi : « Jérémie (XXVI, 9, 10)
« nous marque fort distinctement, sous Joakim, roi de
« Juda, les mêmes tribunaux que nous venons de
« voir sous Josaphat. (Voy. ci-dessus la note L.) Ce
« prophète ayant été condamné par les prêtres et par
« ceux qui passaient pour prophètes, parce qu'il avait
« publié des prédictions fâcheuses contre le Temple,
« tout le peuple s'assembla dans le Temple à ce sujet.
« Les princes de Juda en ayant été informés, mon-
« tèrent du palais du roi, où ils tenaient leurs assem-
« blées ordinaires, et vinrent au Temple, où les prêtres,
« les scribes et le peuple étaient actuellement assem-
« blés, et voulurent prendre connaissance du sujet *de*
« *la condamnation de Jérémie*. Les prêtres et les pro-

« phètes soutinrent, en présence de ces princes, que
« Jérémie était digne de mort ; mais les princes *cas-*
« *sèrent leur sentence,* et ensuite les Anciens du peuple
« remontrèrent à l'assemblée l'injustice du *premier*
« *jugement,* en leur disant que plusieurs prophètes
« avaient autrefois prophétisé, comme Jérémie, contre
« la ville et le Temple, sans que ni les rois ni le peu-
« ple leur eussent fait souffrir pour cela aucun mauvais
« traitement (1). »

La vérité est que, dans l'épisode biblique auquel
Dom Calmet nous renvoie, il ne s'agissait pas de casser
un jugement, par la raison toute simple qu'aucun jugement n'avait été rendu. Jérémie ayant prophétisé
contre la ville et le Temple, les prêtres, les prophètes
et *tout le peuple,* cédant à un mouvement de fanatisme,
voulaient le lapider comme faux prophète ; en d'autres
termes, ils voulaient se débarrasser de ses reproches, à
l'aide d'une de ces exécutions immédiates auxquelles
les commentateurs modernes ont donné le nom de
jugement de zèle (2). Les princes de Juda, qui ne repré-
sentent pas ici un tribunal, mais un conseil de gouvernement, désirant empêcher ce crime, quittèrent le palais
du roi, où ils étaient réunis, pour se rendre au Temple
et faire des remontrances au peuple. Secondés par
« quelques-uns des Anciens du pays », ils parvin-
rent à faire entendre raison à la foule, et Jérémie fut
sauvé (3).

(1) **Pag. IX.**
(2) **Voy. ci-dessus, p. 20.**
(3) **Voy. Jérémie, XXVI, 8-24.**

Il faut pousser très-loin le préjugé et le paradoxe, pour voir dans ces faits la distinction de la juridiction ecclésiastique et de la juridiction civile.

Josèphe a très-inexactement rapporté cet épisode biblique (1).

(1) *Antiq. jud.*, l. X, c. 7.

N

(Tome Ier, page 229.)

RECOURS DU JUGE INFÉRIEUR AU JUGE SUPÉRIEUR

CHEZ LES HÉBREUX.

Suivant les traditions talmudiques, quand le tribunal des Trois avait des doutes sur la solution à donner à la poursuite, il renvoyait la cause au tribunal des Vingt-trois siégeant dans la même ville. Si celui-ci se croyait suffisamment éclairé, il statuait sur le procès, sinon il le renvoyait, à son tour, au tribunal des Vingt-trois siégeant à Jérusalem au pied de la montagne du Temple. De celui-ci la cause passait, au besoin, au tribunal des Vingt-trois siégeant à l'entrée du parvis, et de ce dernier au sénat suprême, dont les décisions faisaient loi pour tous, à tel point que la désobéissance à ses ordres était punie du dernier supplice (1).

(1 Mischnah, *Sanhédrin*, X, 2. En indiquant les juridictions qui devaient être successivement saisies de l'examen de la cause, la Misch-

Il ne faut pas confondre cette faculté accordée aux juges avec un droit passablement exorbitant que, dans les matières civiles, les talmudistes attribuent aux plaideurs eux-mêmes. Quand le demandeur, au lieu de porter la cause devant les magistrats ordinaires, jugeait à propos d'en saisir un tribunal supérieur, son adversaire était obligé de le suivre devant ce dernier. Seulement, pour que le demandeur n'agît pas ainsi par esprit de chicane, le tribunal local devait d'abord examiner si la réclamation était fondée sur des motifs sérieux (1). Selden a traité la matière avec les plus grands détails (2).

nah, à la différence des deux Ghémares, ne parle pas du tribunal de la ville voisine; elle fait directement passer la cause au tribunal des Vingt-trois siégeant au pied de la montagne du Temple. Ce dernier n'était pas inférieur à celui qui tenait ses séances à l'entrée du parvis. Les docteurs hébreux enseignent que, s'il devait d'abord émettre son avis, c'était uniquement parce qu'il se trouvait le premier sur le chemin des plaideurs venus à Jérusalem pour assister aux débats Voy. le commentaire de Bartenora, sous le texte cité (Surenhusius, t. IV, p. 256).

(1) *Sanhedrin*, 31 b.

(2) *De Synedriis Ebræorum*, l. III, c. 2.

O

PRÉROGATIVES JUDICIAIRES DES ROIS D'ISRAËL

ET DE JUDA.

Moïse avait dit que le cœur du roi ne devait pas s'élever au-dessus de celui de ses frères (1); mais, en fait, les souverains d'Israël et de Juda étaient investis d'un pouvoir despotique. Ils disposaient en maîtres absolus de la liberté, de la vie et des biens de leurs sujets. C'est une vérité historique qu'il n'est pas possible de contester, parce qu'elle trouve sa confirmation dans tous les livres de l'Ancien Testament (2). Josèphe connaissait bien le régime monarchique de son pays, quand il écrivait : « Les rois ne se contentent pas de « priver des honneurs, sur de faux rapports, ceux qui « les ont mérités, mais ils leur ôtent même la vie et « font ainsi, non pas un légitime usage de leur pou- « voir en punissant les coupables, mais des actions

(1) Deutéronome, XVII, 14-20.
(2) Voy. ci-dessus, t. Ier, p. 224, note 4.

« d'injustice et de cruauté en opprimant des inno-
« cents (1). »

Comment ces souverains n'auraient-ils pas revendi-
qué le droit de juger, alors que cette noble et importante prérogative était, aux yeux de tous les peuples
de l'Orient, l'un des attributs essentiels de la couronne?
A défaut des pages nombreuses de l'Écriture qui men-
tionnent des jugements rendus par les rois (2), cette
considération seule suffirait pour faire repousser le
système des rabbins. Pour les rois des Hébreux,
l'exercice du pouvoir judiciaire n'était pas seulement
un droit : c'était un devoir. Jérémie s'écrie : « Maison
« de David, ainsi a dit l'Éternel : Faites justice dès le
« matin, et délivrez celui qui aura été pillé d'entre les
« mains de celui qui lui a fait tort ; de peur que ma
« colère ne sorte comme un feu... (3). »

On a souvent cité l'épisode de la vigne de Naboth (4) ;
mais la conduite d'Achab ne prouve nullement que,
comme roi, il n'eût pas le pouvoir de spolier l'un de ses
sujets. Au lieu d'agir avec franchise, il préféra faire
périr Naboth par une sentence arrachée à des juges
iniques, et, immédiatement après, il s'empara de l'immeuble qui faisait l'objet de sa convoitise. C'était

(1) *Antiq. jud.*, l. VI, c. 14. — Ce tableau est vrai pour les Asmonéens
et leurs successeurs de la famille d'Hérode, aussi bien que pour les rois
de Juda et d'Israël. Leurs règnes sont, presque toujours, souillés par
de longues séries de spoliations et de meurtres politiques. (Voyez les
liv. XIII et suiv. des *Antiq. jud.* de Josèphe.)

(2) Voy. ci-dessus, t. 1er, p. 224 et suiv.

(3) Jérémie, XXI, 12 ; XXII, 2, 3. Comp. Osée, V, I, et Isaïe, I, 23.

(4) 3 Rois, XXI.

ajouter l'hypocrisie au crime. Achab osait commettre
d'autres excès que le meurtre juridique d'un sujet
obscur. Violant un précepte exprès du Deutéronome,
il fit mourir tous les fils de Naboth, en même temps
que leur père (1) ; au mépris de la loi divine, il confis-
qua le patrimoine de cette famille et força le prophète
Elie de lui dire : « As-tu assassiné pour hériter (2)? »
Dans le dessein de complaire à Jésabel, il fit tuer en
masse tous les prophètes de Jéhovah (3). Une sentence
de mort était le résultat ordinaire de la moindre
désobéissance à ses ordres (4). Ce n'était pas sans motif
que le Livre des Proverbes renfermait cette sentence :
« L'indignation du roi est comme le rugissement d'un
« jeune lion ; mais sa faveur est comme la rosée sur
« l'herbe (5). »

Ainsi que l'a dit avec raison M. Munck, le droit politique du Talmud appartient en grande partie au
domaine de la spéculation et ne doit être accueilli
qu'avec beaucoup de réserve. Le même auteur fait
remarquer que les Anciens, qu'on voit énergiquement
réclamer contre les prétentions tyranniques de Roboam,
ne font entendre aucune protestation contre l'exercice
du droit de juger par les souverains du pays (6).

Nous avons cité les livres de l'Ancien Testament.
On peut déduire un argument analogue des faits re-

(1) 4 Rois, IX, 26.
(2) 3 Rois, XXI, 19.
(3) 3 Rois, XVIII. 3, 4.
(4) 3 Rois, XVIII, 14 et suiv. ; XX, 39 et 40. 2 Chroniques, XIX, 26.
(5) XIX, 12.
(6) *Palestine*, p. 407.

cueillis par Josèphe. Jules César donne expressément à Hyrcan, fils d'Alexandre, le droit d'exercer le pouvoir judiciaire (1). Hérode, quand il ne prononce pas lui-même des sentences de mort, institue des commissions qu'il charge de ce soin; et c'est une commission composée de ses familiers (συναγαγὼν τοὺς οἰκειοτάτους αὐτῶ) qui condamne au dernier supplice la reine Mariane (2). Son fils Archélaüs est accusé, devant Auguste, de s'être assis sur le trône et d'avoir, *en qualité de roi, fait plaider des causes en sa présence,* avant d'y être autorisé par un décret de l'empereur (3). Son frère Philippe, tétrarque de la Trachonite, se faisait accompagner d'un trône portatif, pour rendre la justice pendant ses voyages (4). Sans doute, les temps avaient changé, et la constitution primitive du gouvernement avait subi bien des atteintes; mais il n'en est pas moins vrai que le droit de juger apparaît toujours en Judée comme l'un des attributs ordinaires de la souveraineté. Pendant le soulèvement des Juifs contre les Romains, Josèphe, devenu le premier fonctionnaire de la Galilée, se réserva le jugement des causes les plus importantes; il ne laissa aux tribunaux inférieurs que la décision des affaires ordinaires (5).

Nous en avons dit assez pour prouver que le jugement

(1) *Antiq. jud.*, l. XIV, c. 17.

(2) *Ibid.*, l. XV, c. 11. Voy. encore l. XVII, c. 3 et 8. Josèphe dit ailleurs qu'il suffisait d'accuser quelqu'un pour déterminer Hérode à le faire mourir (l. XVI, c. 11).

(3) Josèphe, *ibid.*, l. XVII, c. 11.

(4) Josèphe, *ibid.*, l. XVIII, c. 6.

(5) Josèphe, *Bel. jud.*, l. II, c. 25.

des rois par le grand Sanhédrin, et surtout leur flagellation par les ordres de cette assemblée, doivent être rangés au nombre des fables. Les rois des Juifs n'acceptaient d'autre jugement que celui de Dieu. « C'est « envers vous seul que j'ai péché, » s'écrie David en s'adressant à l'Éternel (1), et Salomon ajoute : « Que « mon jugement sorte de votre bouche (2). » C'est en vain que Grotius et une foule de commentateurs, pour donner une apparence de raison à ces traditions rabbiniques, soutiennent que les rois souffraient volontairement, pour donner une marque de repentir, une flagellation qui n'était pas déshonorante, dont ils réglaient la mesure et dont l'exécuteur était une personne jouissant de leur estime (3). C'est tout aussi inutilement que les rabbins eux-mêmes déclarent qu'ils ne s'occupent ici que des rois de Juda (4). Il est vrai que les rois d'Israël déployèrent constamment beaucoup d'énergie et de courage dans la défense de leur autorité souveraine, et que, sous ce rapport, ils se montrèrent supérieurs à ceux de Juda ; mais, même pour ces derniers, il n'est pas possible d'admettre une royauté consentant à se laisser juger et flageller par ses sujets. Tout ce que nous savons de l'histoire des Hébreux proteste énergiquement contre cette étrange doctrine juridique.

On a souvent cité, à l'appui du système que nous combattons, l'appel d'Hérode devant le grand Sanhé-

----

(1) Psaume L, v. 6.
(2) Psaume XVI, 2.
(3) *De jure pacis et belli*, l. I, c. 3, § 20.
(4) Maïmonide, *Sanhédrin*, II ; *Melachim*, III.

drin, pour y répondre de la mort des compagnons
d'Ézéchias, qu'il avait fait exécuter sous prétexte de
brigandage, sans que leur culpabilité eût été constatée
par les juges (1). Mais on oublie qu'à cette époque
Hérode n'était que gouverneur de la Galilée; il n'était
ni roi, ni issu de sang royal. Quand il parvint au pouvoir suprême, l'un de ses premiers actes fut le massa-
cre des magistrats qui avaient eu l'audace de scruter
ses actes (2).

(1) Josèphe, *Antiq. jud.*, l. XIV, c. 17.
(2) Josèphe, *ibid.*, l. XV, c. 1.

P

(Tome I⁰ʳ, page 240.)

ORDINATION DES JUGES ISRAÉLITES.

Avant son entrée en fonctions, le juge nommé devait recevoir une sorte de consécration religieuse (*Semicha*). A l'imitation de ce que Moïse avait fait à l'égard de Josué (1), elle consistait primitivement dans l'imposition des mains, pratiquée par trois juges qui avaient eux-mêmes reçu la *Semicha*. Plus tard, on remplaça cette cérémonie par une formule que prononçaient les consécrateurs : « La main vous est imposée et vous avez « reçu le pouvoir de juger, même dans les causes cri-« minelles. » Quand le juge était absent, on pouvait l'ordonner par une lettre conçue en ces termes : « Soyez « ordonné et recevez le pouvoir de juger, même dans « les causes criminelles. Je vous ordonne, soyez « ordonné. » En réalité, la *Semicha* n'était que l'attestation authentique de la doctrine et de la science du nouveau magistrat (2).

(1) Nombres, XXVII, 18, 23.
(2) Voy. Mischnah, *Sanhédrin*, I, 3; IV, 4. Maïmonide, *Sanhédrin*, I. Toutes les opinions des rabbins ont été minutieusement recueillies par Selden, *De Synedriis Ebrœorum*, l. II, c. 7.

Q

(Tome Ier, pages 241, 242, 243.)

CONTROVERSES

SUR L'ORIGINE ET LA DURÉE DU GRAND SANHÉDRIN.

A l'égard de l'institution et de la durée du grand Sanhédrin, une multitude de rabbins et, à leur suite, une foule de savants chrétiens, dont quelques-uns portent des noms illustres, ont accepté une tradition qui ne résiste pas à la saine critique historique.

Ils voient l'institution du grand Sanhédrin dans le sénat de soixante et dix Anciens, que Moïse institua dans le désert, pour *porter avec lui le poids du peuple* (1). Ils soutiennent que cette haute magistrature a toujours existé parmi les Israélites, depuis la deuxième année après la sortie de l'Égypte jusqu'au règne d'Adrien. Ils prétendent trouver les traces de son existence sous les Juges, sous les rois, pendant la captivité de Babylone, sous la longue domination étrangère qui suivit le retour de l'exil, sous les Asmonéens et les Hérodiens, et enfin

(1) Nombres, XI, 16, 17, 24-29.

sous la domination des Romains. Ils poussent la hardiesse au point de nous donner la liste des *Pères* et des *Nasi* qui se sont succédé depuis Josué jusqu'au rabbin Gamaliel, cité dans le code de Théodose (1). Quelques-uns prétendent même que le grand Sanhédrin subsista jusqu'au cinquième siècle de l'ère chrétienne (2).

Ce système, qui était le produit de l'interprétation forcée de quelques textes détournés de leur sens naturel, est aujourd'hui généralement abandonné. Parmi les Juifs mêmes, tous les hommes distingués par leurs lumières se sont empressés de le répudier ; ils sont unanimes à reconnaître que le grand Sanhédrin est une institution appartenant à l'époque du deuxième Temple. Le savant rabbin Frankel place son origine vers le troisième siècle avant l'ère chrétienne (3). M. Derenbourg affirme que cette haute juridiction n'est certainement pas antérieure au temps des Asmonéens, et, à son avis, il faut placer l'origine du Sanhédrin au moment où Jean Hyrcan rompit avec le parti des Pharisiens (4). Ainsi que Frankel, il avoue que le nom même donné au tribunal suprême (*Sanhédrin*, de συνέδριον) indique une époque où l'influence de la civilisation grecque avait déjà profondément pénétré en Palestine. Zunz attribue l'institution du Sanhédrin au prince maccabéen et souverain pontife Simon (5).

---

(1) *Codex Theod.*, t. B., l. XVI, l. 22.

(2) Voy. ci-dessus, t. Ier, p. 241, note 2.

(3) *Der gerichtliche Beweis*, etc., p. 68 et 69, en note.

(4) *Essai sur l'histoire et la géographie de la Palestine*, p. 86, 87, 93.

(5) *Gottesdienstliche Vorträge*, p. 37 ; cité par Frankel, p. 68.

M. **Munck** dit, à son tour, que le grand Sanhédrin ne remonte pas au delà du gouvernement des Maccabées (1).

Au milieu des guerres et des troubles qui suivirent le démembrement de l'empire d'Alexandre, l'institution d'un grand corps judiciaire, chargé de maintenir l'unité de doctrine et de veiller à la conservation des coutumes d'Israël, était impérieusement réclamée par les intérêts essentiels de la nation. Le grand Sanhédrin vint remplir cette mission indispensable.

Il existait encore au temps de Jésus-Christ (2). Mais à quelle époque faut-il placer sa dispersion? A cet égard on rencontre de nouvelles dissidences. Nous avons vu que quelques savants le font exister jusqu'au cinquième siècle de l'ère chrétienne; mais Selden lui-même, malgré son empressement à accueillir les opinions les plus hasardées des rabbins, prouve, de manière à dissiper tous les doutes, que l'existence de cette haute assemblée nationale peut, tout au plus, être prolongée jusqu'au règne d'Adrien (3).

Nous avons dit que le grand Sanhédrin siégeait dans

(1) *Palestine*, p. 194.

(2) Matthieu, XXVI, 59; XXVII, 1. Luc, XXII, 66. Marc, XIII, 9 ; XIV, 55. XV, 1. Jean, XI, 47. Voy. encore les Actes des Apôtres, IV, 15; V, 21 ; VI, 12. Le Sanhédrin ne siégeait plus alors dans la *salle en pierres taillées* et se réunissait dans un édifice appartenant à la famille de Caïphe. (Voy. Matthieu, XXVI, 57 et suiv.; Derenbourg, *Essai sur l'histoire et la géographie de la Palestine*, p. 201 et 465.)

(3) *De Synedriis Ebræorum*, l. II, c. 15 et 16. Grotius voit la fin de l'existence du Sanhédrin dans la mort des juges qu'Hérode fit décapiter lors de son avénement au trône (*ad* 2 Paralip., XXI, 4). L'épisode de l'exécution des juges est rapporté par Josèphe (*Ant. jud.*, l. XV, c. 1).

une vaste salle du Temple, nommée Lischcat ha-gazith.
Il n'en fut plus ainsi dans les dernières années de l'existence nationale des Juifs. Les talmudistes font con-
tinuellement voyager le Sanhédrin jusqu'au jour de sa
dispersion totale. Il sortit de la ville sainte quarante
ans avant la destruction du Temple, pour s'établir dans
les bazars du mont des Oliviers; il rentra ensuite dans
Jérusalem, mais bientôt il en sortit de nouveau pour
aller siéger successivement à Jamnia, à Usham, à Sepha-
raïm, à Beth-Schairim, à Sepphori et à Tibériade, où
eut lieu sa suppression définitive (1). Cette tradition n'a
rien d'authentique.

(1) *Rosch ha-schana*, 31, a. Selden, *loc. cit.*, c. XV, § 7 Derenbourg,
Essai, etc., p. 465 et suiv.

R

(Tome 1er, p. 217, 244 et 247.)

CONTROVERSES

SUR L'INSTITUTION DES TRIBUNAUX INFÉRIEURS DE LA PALESTINE.

L'époque précise de l'institution des tribunaux des Trois et des Vingt-trois ne saurait être indiquée avec certitude.

Grotius fait remonter à Moïse l'origine du tribunal des Vingt-trois, et il se donne des peines infinies pour adapter à son opinion un passage de Josèphe dont nous parlons ci-après.

Frankel, sans motiver son avis, place l'origine du tribunal des Vingt-trois à l'époque où le général romain Gabinius divisa la Palestine en cinq districts, à la tête desquels il plaça cinq tribunaux supérieurs (1). Cette affirmation, d'ailleurs dénuée de preuves, laisse subsister toutes les difficultés du problème; car, d'une

---

(1) *Der gerichtliche Beweis*, p. 70, en note.

part, il s'agit surtout de savoir quelle était l'organisation de la Judée avant la conquéte romaine, et, d'autre part, les traditions rabbiniques mettent un tribunal de vingt-trois juges, non dans cinq, mais dans toutes les villes du pays (1).

M. Saalschütz, sans discuter la question, se contente de dire que les tribunaux des Trois et des Vingt-trois appartiennent, de même que le grand Sanhédrin, à une époque postérieure à Moïse (2).

M. Derenbourg, tout aussi réservé, se borne à émettre l'avis que le tribunal des Vingt-trois, qui n'a rien d'analogue dans l'Écriture, doit cependant se rattacher à une tradition réelle (3).

C'est surtout un passage de Josèphe qui a donné lieu à de longues et vives discussions. L'historien des Juifs attribue à Moïse l'établissement d'un tribunal de sept Anciens, assistés de deux Lévites. Il ajoute que lui-même, pendant qu'il se trouvait à la téte de la Galilée, y établit, sous sa présidence, un sénat de soixante et dix membres, pour statuer sur les causes les plus graves, laissant le jugement des procès ordinaires à un tribunal de sept juges institué dans chaque ville (4).

C'est dans ce tribunal de sept juges que Grotius, altérant manifestement le texte de Josèphe, prétend découvrir le tribunal des Vingt-trois, dont l'organisa-

----

(1) Gabinius établit ses tribunaux à Jérusalem, à Gadara, à Amoth, à Jéricho et à Séphora. (Josèphe, *Antiq. jud.*, l. XIV, c. 10 à 14)

(2) *Das Mosaische Recht*, p. 56, en note.

(3) *Essai sur l'histoire et la géographie de la Palestine*, p. 91.

(4) *Antiq. jud.*, l. IV, c. 8 ; *Bell. jud.*, l. II, c. 25.

tion et les attributions sont longuement décrites dans
la Mischnah (1). Il est beaucoup plus probable que Josèphe a parlé des tribunaux qu'il avait établis dans la
Galilée, pendant la période révolutionnaire, et que,
procédant avec sa légèreté habituelle, il n'a pas hésité
à attribuer leur type au législateur inspiré des Hébreux (2).

Du reste, les écrits de Josèphe renferment, en cette
matière, une contradiction étrange. On vient de voir
que, dans les *Antiquités judaïques*, il compose les tribunaux ordinaires de sept juges et de deux lévites. Or,
dans sa *Réponse à Appion*, il place la question sur un
tout autre terrain et fait du droit de juger un attribut
inséparable du sacerdoce : « Dieu, dit-il, attribue aux
« sacrificateurs en commun l'administration des choses

(1) Grotius soutient cette thèse dans ses observations sur le Ve chapitre de saint Matthieu. Josèphe dit que Moïse avait adjoint à chaque
tribunal deux lévites. Au lieu de traduire ἀρχή par *magistrature*, l'illustre savant hollandais rend ce mot par *magistrat*. Attribuant ainsi
deux lévites, non à chaque tribunal, mais à chacun des sept juges, il
arrive à une juridiction composée de vingt et une personnes. On voit que
cette interprétation évidemment forcée du texte de Josèphe ne suffit pas
même pour arriver au nombre de vingt-trois juges indiqué par le
Talmud.

(2) Ce reproche de légèreté, que les théologiens catholiques ont tant
de fois adressé à Josèphe, est aujourd'hui répété par les publicistes
israélites les plus distingués. M. Derenbourg dit que cet historien a
grand besoin d'être contrôlé ; que son caractère, pour le moins équi-
voque, doit nous mettre en garde contre la vérité des faits qu'il
raconte ; qu'il n'avait ni une connaissance exacte des livres sacrés, ni
des notions nettes de la science rabbinique ; qu'il a complètement
ignoré une partie importante de l'histoire de sa patrie ; qu'il est toujours muet lorsqu'il s'agit de décrire les institutions de son pays. (*Essai
sur l'histoire et la géographie de la Palestine*, p. 7, 12, 13, 89.) Jamais
les théologiens catholiques ne sont allés jusque-là.

« les plus saintes ; mais il donne au grand-prêtre l'auto-
« rité sur tous les autres. Ce sont eux qui ont soin de
« faire observer la loi et de maintenir la discipline.
« Ils sont juges des différends et ordonnent la punition
« des coupables (1). »

Toutes ces controverses attestent que, tout en admettant dans leurs parties essentielles les traditions rabbiniques concernant l'exercice du droit de punir, nous avons eu raison de ne pas reconnaître l'authenticité de tous les détails. Elles prouvent encore qu'il y aurait au moins de la témérité à affirmer que l'organisation judiciaire de la Palestine s'était maintenue sans altération et sans vicissitudes, depuis Ezra jusqu'à la conquête romaine.

Sous la domination des Romains, les Juifs perdirent le droit d'infliger la peine capitale, ou, du moins, le jugement rendu par leurs tribunaux devait, avant son exécution, être soumis à l'approbation du procurateur (2). On n'est pas d'accord sur l'époque précise où le *jus gladii* leur fut enlevé. M. Derenbourg place ce fait sous le gouvernement de Coponius, sept ans après Jésus-Christ (3). Suivant les sources rabbiniques, il eut lieu quarante ans avant la destruction du deuxième Temple (4).

(1) *Contr. Appion*, l. II, c. 6.
(2) Jean, XVIII, 31.
(3) *Essai*, etc., p. 90, en note.
(4) Selden, *De Synedriis Ebræorum*, l. II, c. 15.

S

(Tome II, page 45.)

SUPPLICES CAPITAUX MENTIONNÉS DANS L'ÉCRITURE.

Outre le supplice de la croix, plusieurs peines capitales étrangères à la législation mosaïque sont mentionnées dans le texte de l'Écriture : *a*) Brûler le condamné dans un four (1); *b*) brûler le condamné à petit feu (2) ; *c*) l'étouffer dans des cendres brûlantes (3) ; *d*) la dichotomie ou la dilacération des membres (4) ; *e*) scier le corps par le milieu (5) ; *f*) écraser le corps sous des pierres, sous de lourdes masses de bois, sous des chariots garnis de pointes de fer (6) ; *g*) précipiter

(1) 2 Rois, XII, 31. Daniel, III, 6.

(2) Jérémie, XXIX, 22.

(3) 2 Maccabées, XIII, 5 et 6.

(4) 1 Rois, XV, 33. 2 Rois, IV, 12. Daniel, II, 5. Ezéchiel, XVI, 40 ; XXIII, 46, 47.

(5) 2 Rois, XII, 31. 4 Rois, VIII, 12. Paul, Épître aux Hébreux, XI, 37.

(6) Juges, VIII, 5-7, 14, 16. 2 Rois, XII, 31. 1 Paralipomènes, XX, 3. Amos, I, 3.

le condamné dans un réduit rempli de cendres et l'y laisser mourir d'inanition (1); *h*) la fosse aux lions (2); *i*) précipiter du haut des murs de la ville (3); *j*) flageller jusqu'à la mort (4); *k*) précipiter du haut d'un rocher (5). Le Livre des Proverbes parle de la roue, mais c'est évidemment une expression allégorique.

Aucune de ces peines n'était admise dans le droit national des Hébreux. Les unes sont des faits de guerre, des actes de vengeance tolérés par le droit des gens, encore barbare, de ces siècles reculés; les autres appartiennent au système de répression adopté par les autres peuples de l'Orient. La fosse aux lions était un supplice assyrien. La dichotomie, le supplice de la scie et la mort sur les cendres étaient des peines persanes (6).

(1) 2 Maccabées, XIII, 5, 6.
(2) Daniel, VI, 16.
(3) 2 Maccabées, VI, 10.
(4) Épître aux Hébreux, XI, 35.
(5) 2 Paralipomènes, XXV, 12.
(6) Hérodote, VII, 39. Diodore de Sicile, XVII, 83. Ctésias, §§ 48 et 55. Valère Maxime, IX, 2. Voy. ci-dessus, t. Ier, p 69 et 70.

TABLE DES MATIÈRES.

FIN.